2022年度教育部人文社会科学研究青年基金项目“服务财政救灾支出缺口的财政巨灾指数保险：风险责任度量和实现机制研究”。项目批准号：22YJC790034

我国巨灾保险制度设计研究

——基于重大自然灾害对宏观经济影响的分析

郭　静　著

中国金融出版社

责任编辑：吕　楠
责任校对：孙　蕊
责任印制：丁淮宾

图书在版编目（CIP）数据

我国巨灾保险制度设计研究：基于重大自然灾害对宏观经济影响的分析／郭静著．—北京：中国金融出版社，2023．8
ISBN 978-7-5220-2114-0

Ⅰ．①我…　Ⅱ．①郭…　Ⅲ．①灾害保险—保险制度—研究—中国
Ⅳ．①F842．64

中国国家版本馆 CIP 数据核字（2023）第 131931 号

我国巨灾保险制度设计研究——基于重大自然灾害对宏观经济影响的分析
WOGUO JUZAI BAOXIAN ZHIDU SHEJI YANJIU：JIYU ZHONGDA ZIRAN ZAIHAI DUI HONGGUAN JINGJI YINGXIANG DE FENXI

出版发行　中国金融出版社
社址　北京市丰台区益泽路 2 号
市场开发部　（010）66024766，63805472，63439533（传真）
网 上 书 店　www．cfph．cn
（010）66024766，63372837（传真）
读者服务部　（010）66070833，62568380
邮编　100071
经销　新华书店
印刷　北京九州迅驰传媒文化有限公司
尺寸　169 毫米×239 毫米
印张　13．5
字数　245 千
版次　2023 年 8 月第 1 版
印次　2023 年 8 月第 1 次印刷
定价　89．00 元
ISBN 978-7-5220-2114-0

摘要

我国地理条件复杂，气候条件异常多变，频繁发生的各种自然灾害，造成的损失极大，是世界上少数受灾害最严重的国家之一。在长期的灾害救助实践中，我国自然灾害的救灾与灾后重建等涉灾支出更多表现的是一种“举国体制”，这种巨灾救助和重建体系可以迅速集中各种资源和力量，并对突发事件进行灵活的处置。但同时也暴露出以下问题：救灾重于防灾；政府背负沉重的负担——政府在灾害救助中承担主体责任，并在一定程度上承担无限责任；私人部门的市场机制和社会化的公众参与相对不足。

保险在管理风险和组织经济补偿方面具有显著的优越性，其作为防范化解各种灾害风险的市场机制，是灾害风险管理体系中的重要组成部分。值得注意的是，政府通过运用保险这一市场化风险分散与损失补偿机制，既可以防止因财政负担过重而引起的灾害发生区域财政救灾支出的巨大波动风险，还可以提高财政救灾资金的利用效率。近年来，政府主导的巨灾保险在世界很多自然灾害频发的国家和地区得以尝试并在进行有益的实践。根据国外的实践经验，财政巨灾指数保险可以在一定范围内解决受灾地区政府因巨灾导致财政救灾资金不足的问题。目前，我国有关省政府正越来越多地利用财政巨灾指数保险工具，为巨灾救济计划提供救灾资金或促进恢复和重建工作。

基于以上研究背景，本书从自然灾害对经济增长的影响以及相应的影响路径出发，选择对经济增长以及各部门经济增长有抑制作用的灾种，分经济区域设计相应的单项巨灾保险和多灾因综合巨灾保险产品，特别针对政府救灾支出可以降低自然灾害对经济增长的影响，以及财政巨灾指数保险可以平滑财政波动风险，设计政府财政巨灾指数保险，实现在一定范围内放大政府财政救灾资金支出规模的目的，解决受灾地区政府因巨灾而导致财政救灾资金不足的问题。同时，可以丰富中国巨灾保险产品体系，完善中国巨灾保险制度设计，为构建融入巨灾保险制度的新型灾害风险管理体系奠定基础。

本书的研究工作主要集中在以下几个方面。

第一，本书在总结国内外巨灾保险制度实践经验的基础上，提出了构建我国巨灾保险制度的要点和思路。

第二，本书应用动态系统广义矩估计（Generalized Method of Moments，GMM）模型，分析了自然灾害对经济增长的影响以及相应的影响路径，并基于中国灾害救助的“举国体制”特点，探讨了政府救灾支出在降低自然灾害对经济增长影响方面的调节作用，为巨灾保险制度设计中重点承保灾因和保险险种类别的确定提供了依据。

第三，巨灾损失数据具有“尖峰厚尾”的特征，通常的损失分布模型很难对其进行有效的拟合。鉴于此，本书将截断形式的 Mixed Erlang 分布与 Pareto 分布进行组合，构建组合分布模型，充分应用了 Mixed Erlang 分布对阈值之前损失数据拟合分布形式的灵活性和精确性，以及 Pareto 分布对阈值之后尾部数据拟合的优良性，从而与以往方法相比，能够从整体上更精确地拟合巨灾风险损失数据。在此基础上，探讨了该组合分布在 VaR、TVaR 和巨灾保险定价等方面的具体应用，为巨灾保险制度设计中巨灾损失风险评估和设计科学合理的风险分散机制提供了一种新的备选模型。

第四，本书以地震灾害为例，通过构建政府财政救灾支出负担积累模型，检验保险可以平滑财政救灾支出波动风险的效果。研究结果表明，政府购买地震财政巨灾指数保险可以有效地平滑财政救灾支出的波动性风险，且波动性随着地震财政巨灾指数保险赔付的增加而减小；当地震财政巨灾指数保险保额分别为 50 亿元、100 亿元、150 亿元和 200 亿元时，可以使财政救灾支出负担积累分别下降 0.0019%、0.0028%、0.0033%和 0.0047%。鉴于此，我国目前部分地区实施的财政巨灾指数保险试点可以起到平滑财政救灾支出的波动性风险，具有推广性。同时，为巨灾保险制度设计中嵌入政府财政指数保险这一新型险种提供了实证依据。

第五，利用面板向量自回归（PVaR）模型，首次基于实证模型量化了自然灾害的财政成本，并考察了自然灾害对财政支出和收入的动态影响机制。此外，利用可解决门槛变量内生性问题的动态面板门槛模型探究了政府救灾支出的最优规模。研究表明，首先，总体来看，平均每年自然灾害造成的财政成本为 1.119%，自然灾害对财政支出具有滞后正向效应，对财政收入具有滞后负向效应。其次，自然灾害财政成本具有区域异质性，具体而言，平均每年东北地区财政成本为 0.89%；东部地区财政成本为-2.63%；中部地区财政成本为 1.4%；

西部地区财政成本为 2.75%。再次，政府自然灾害救灾支出最优规模为 0.095%。分经济区域来看，除东部地区门槛效应不显著外，东北、中部和西部地区政府救灾支出最优规模分别为 0.0903%、0.108%和 0.196%，远低于自然灾害财政成本，需要探寻放大财政救灾资金规模的融资工具。最后，自然灾害财政成本和政府救灾支出最优规模的差额，可以作为巨灾保险在灾害管理体系中的最大责任分担额度，即巨灾保险作为财政救灾资金融资工具可以承担的融资规模，以此界定巨灾保险的灾害风险管理责任。

第六，在总结国内外巨灾保险制度实践经验的基础上，基于自然灾害对经济增长的影响及相应的影响路径，政府救灾支出在自然灾害对经济增长影响的调节作用、巨灾风险评估，以及自然灾害财政成本和政府最优救灾支出规模的基础上，分经济区域设计了中国巨灾保险制度，并重点融入了政府财政指数保险。在此基础上，构建了融入保险机制的灾害风险管理体系。

作者简介

郭　静

单　位

天津商业大学经济学院金融系讲师

研究方向

巨灾保险，农业保险，风险管理

论　文

目前已经《中国·人口资源与环境》《*Asian Economic Journal*》《保险研究》《财经理论与实践》《统计信息与论坛》等SSCI和CSSCI核心期刊发表多篇论文。

项　目

1. 主持2022年度教育部人文社会科学研究青年基金项目"服务财政救灾支出缺口的财政巨灾指数保险：风险责任度量和实现机制研究"（项目编号：22YJC790034）。

2. 参与国家社会科学基金一般项目：混业经营下中国交叉性金融风险的识别、度量及防范研究（项目编号：20BJY240）（第一参与者）。

目录 CONTENT

第一章 绪 论

第一节 选题背景与研究意义

一、选题背景

在全球气候变化和快速城镇化背景下，各类突发重大事件频发，安全生产事故、突发重大公共卫生事件等新型灾害不断涌现，风险暴露加重、脆弱性加大，其损失程度和损失影响加剧，因突发重大事件而引发的系统性次生经济灾害风险叠加。当前，国家层面应对重大灾害风险的灾害综合治理和应急管理体系中多层次的风险管理与保险保障机制的缺位，以及重大自然灾害的频度、强度和灾难损失的提升与巨大的救灾、重建资金缺口和国家层面的巨灾风险管理综合体系与巨灾保险制度缺位的矛盾，已成为我国治理体系与治理能力现代化建设和国家经济稳定发展、防范化解重大风险与脱贫攻坚战重大战略实施中需要破解的重大难题。运用保险机制，使其科学化、制度化融入应急管理体系，以弥补我国应急管理缺陷和“短板”，提高防灾、减灾、抗灾、救灾能力，既是当前学术领域关于巨灾风险管理和巨灾保险理论与实践研究的重大缺口，也是当前国家治理体系和治理能力提升过程中需要研究解决的关键问题。

2013 年 11 月，党的十八届三中全会《中共中央关于全面深化改革若干重大问题的决定》首次提出了“完善保险经济补偿机制，建立巨灾保险制度”战略部署。2019 年 11 月 29 日，中共中央总书记习近平在就我国应急管理体系和能力建设进行第十九次集体学习时强调，要发挥我国应急管理体系的特色和优势，借鉴国外应急管理有益做法，积极推进我国应急管理体系和能力现代化。党的十九届五中全会审议通过《中共中央关于制定国民经济和社会发展第十四个五年规划和二〇三五年远景目标的建议》，从国家发展全局出发，提出了“完善国家应急管理体系，加强应急物资保障体系建设，发展巨灾保险，提高防灾、减灾、抗灾、救灾能力”的战略目标和重大需求，是在我国巨灾风险威胁不断加重、应急管理体系现代化水平亟待提升的背景下作出的科学研判。

我国自然灾害救助体系在长期的灾害救助实践中，更多表现的是一种“举国体制”，这种灾害救助体系可以迅速集中各种资源和力量，并对突发事件进行灵活的处置。但是，从政府的救灾和恢复重建资金筹资角度来看，目前，我国的自然灾害救灾与恢复重建资金过多依赖于财政资金；资金来源的有限性限制了灾害风险管理与灾害救助和重建的水平。在国家关于建立自然灾害防治体系和巨灾保险制度的战略使命推动下，保险本源的风险管理与经济补偿功能融入国家防灾、减灾、救灾，国家治理体系服务于创新政府管理和治理能力现代化开始得到国家的重视，国家关于保险融入防灾、减灾体系，加快建立巨灾保险制度，服务国家治理体系与治理能力现代化建设的战略部署和政策指引，为现代保险的功能创新和全面释放提供了重要政策依据，巨灾保险纳入国家应对突发重大灾害风险的巨灾风险管理体系的战略指导思想，成为本书研究巨灾保险和落地推广的政策支持体系和立法指引的政策依据。

基于此，本书立足于重大自然灾害对宏观经济增长影响的分析，对我国巨灾保险制度进行设计研究。那么，在我国特殊政治、经济、文化体制下，我国自然灾害对宏观经济增长的影响效应如何？在中国“举国”救灾体制下，政府救灾支出能够增强自然灾害的“生产力”效应吗？政府通过运用保险这一市场化机制可以缓解财政负担过重而引起的财政巨大波动风险，并提高财政资金利用效率吗？基于自然灾害对宏观经济增长的影响，我国巨灾保险制度应如何进行设计才能实现巨灾风险的有效分散？基于这些问题，我们需要进行深入探讨，这对制定有针对性的防灾减灾策略，践行党的十九大报告提出的“着力构建与经济社会发展新阶段相适应的防灾减灾救灾体制机制，全面提升全社会抵御自然灾害的综合防范能力”防灾减灾理念，具有重要的指导和实践意义，同时有利于构建融入保险机制的灾害风险防范机制。

二、研究意义

本书在总结目前国内外巨灾保险制度实践经验的基础上，基于重大自然灾害对宏观经济增长影响的分析，对我国巨灾保险制度进行了设计，具有较强的理论意义和实践意义。

（一）理论意义

（1）本书基于自然灾害对宏观经济的影响以及相应的影响路径，就我国的巨灾保险制度进行设计，创新性地将灾害经济学和保险学学科结合，实现了跨学科研究资源在理论层面的融合。

（2）本书结合中国自然灾害发生的特点，从理论上界定巨灾风险、巨灾保险与巨灾保险制度，并在国内外巨灾保险制度实践的基础上，总结了巨灾保险制度设计的要点和思路，为巨灾保险发展提供了区别于传统保险的运行方式和保障效果的基本思路，丰富了巨灾保险理论。

（3）本书将巨灾保险机制嵌入国家应急管理体系和巨灾风险的融资机

制，并就政府灾后存在的救灾资金不足的问题，有针对性地设计了政府财政巨灾指数保险，一方面拓展了巨灾保险制度和应急管理体系建设理论研究，丰富了巨灾风险融资工具；另一方面重塑了巨灾保险体系和发展了巨灾保险理论，有针对性地解决政府所面临的巨灾风险，弥补我国巨灾保险制度建设的理论“短板”。

（4）本书应用动态一般均衡模型从理论层面论证了政府救灾支出最优规模的存在性以及保险资金可以作为政府救灾支出的替代手段，并通过财政巨灾指数保险与公共财政救灾支出机制衔接的理论构建，为保险资金替代政府救灾支出资金奠定了理论基础，提供了财政在灾前运用风险融资策略解决救灾资金不足的理论支撑，进一步拓展了现代财政制度建设的相关理论。

（二）实践意义

（1）本书主要根据《中国民政统计年鉴》的统计资料，采用 1990—2018 年我国 31 个省份的自然灾害面板数据，研究在特殊政治、经济、文化体制下，我国常发生的各类自然灾害对我国各区域经济增长以及各部门经济增长影响的差异性；不但丰富了自然灾害对经济增长影响领域的研究内容，而且对于我国产业结构调整，制订有针对性的防灾减灾规划，以及巨灾保险制度设计中险种类别和承保灾因的确定具有重要的理论及实践指导意义。

（2）本书应用 Mixed Erlang-Pareto 组合分布对巨灾风险进行风险度量和纯保费估计，研究表明，该组合分布对拟合巨灾损失数据具有较好的适用性，既可以为巨灾损失风险评估提供一种新的备选模型，也可以作为评估巨灾保险定价机制合理与否的精算依据。

（3）本书从实证角度考虑了自然灾害财政成本和政府最优救灾支出规模，并以此为基础估量了巨灾保险嵌入灾害管理体系的责任分担额。这对估量自然灾害准备金规模以及搭建自然灾害财政成本的融资机制，进而确保政府遇灾时具备充足的资金保障社会经济生活平稳运行，以及构建财政救灾资金的长效保障机制具有重要的实践价值。

（4）本书基于我国加快推进巨灾保险顶层制度研究与落地推广的紧迫性，从完善灾害管理体系和平安中国建设对发展巨灾保险的迫切需要出发，研究与灾害管理体系有机融合的财政巨灾保险制度，以破解巨大的应急救灾和重建资金缺口与灾害管理体系中的财政巨灾保险保障机制缺位的难题，为落实“十四五”时期完善灾害管理体系，发展巨灾保险，提高防灾救灾抗灾能力，提供决策依据。此外，通过量化自然灾害准备金规模、财政救灾资金缺口、巨灾保险责任承担额度以及评估财政巨灾指数保险工具效果，为设计和评价巨灾保险制度建设水平提供标准。

（5）本书基于理论和实证分析，将保险这一市场化风险分散、风险管理与损失补偿机制嵌入灾害防治、减灾救灾、应急管理、灾后救助及恢复重建各环节，重构灾害风险管理体系，形成政府主导、市场化运行、多层次分布、全社会参与的新型灾害风险防范与管理框架，对完善现有的巨灾保险制度试点项目和灾害风险管理体系具有重要的实践指导意义。

第二节　研究内容、思路和方法

一、研究内容

本书基于重大自然灾害对宏观经济增长影响的巨灾保险制度设计的讨论，共包括八个章节，主要涵盖六个方面。第一，在理论方面，阐述了重大自然灾害、经济增长、巨灾保险制度以及巨灾保险融入灾害管理体系的相关概念和文献研究。第二，我们在总结国内外巨灾保险制度设计实践中的共性、"短板"和成效的基础上，提出了我国巨灾保险制度设计的要点和思路。第三，由于本书既涉及自然灾害对经济增长的影响，又涉及巨灾保险制度的设计方面，因此，我们首先应用动态系统 GMM 模型就自然灾害对经济增长的影响和相应的影响路径，以及政府救灾支出在调节自然灾害对经济增长中影响的作用等方面进行实证分析；并通过稳健性检验进一步强化文章的研究结论，为下文巨灾保险制度设计中保险标的的选择，以及巨灾保险险种类别的确定提供实证依据。第四，构建了 Mixed Erlang-Pareto 巨灾风险评估组合分布模型，并应用该模型就地震和洪水两个典型的巨灾风险进行了风险评估，在此基础上，以地震巨灾风险为例，分析了地震财政巨灾指数保险可以平滑政府救灾支出的波动风险。第五，在理论层面分析保险资金可以替代政府资金的前提下，基于自然灾害财政成本、政府最优救灾支出的视角，度量了巨灾保险在灾害风险管理中的承保额度。第六，提出了巨灾保险制度设计的理念和要素，并以第三、第四、第五、第六章为基础，分经济区域对中国巨灾保险制度进行了设计①，并提出了融入巨灾保险的新型灾害风险管理框架。

本书的研究框架安排如下：第一章是绪论，主要介绍了本书的选题背景和研究意义，提出了研究的主要内容、思路和方法，最后提出创新点和需要进一步完善之处；第二章是理论基础，分别从国内和国外角度总结了关于自然灾害

① 2011 年，国家统计局将中国划分为东北、东部、中部和西部四大经济区域。东北经济区域包括辽宁省、吉林省、黑龙江省；东部经济区域包括北京市、天津市、河北省、福建省、山东省、广东省、海南省、上海市、江苏省、浙江省；中部经济区域包括山西省、河南省、湖北省、湖南省、安徽省、江西省；西部经济区域包括内蒙古自治区、广西壮族自治区、陕西省、甘肃省、青海省、重庆市、四川省、贵州省、云南省、西藏自治区、宁夏回族自治区、新疆维吾尔自治区。

对经济增长、巨灾保险制度以及保险融入灾害管理等方面的相关研究成果，并进行评价，以期为本书的实证研究提供参考和比较依据；第三章在总结国内外巨灾保险制度实践存在的共性、“短板”以及取得的成效的基础上，提出了我国巨灾保险制度设计的要点和思路；第四章分析了自然灾害对经济增长的影响和相应的影响机制，以及政府救灾支出在调节自然灾害宏观经济影响方面的作用；第五章构建了巨灾风险评估模型，限于数据的获取情况，主要以对地震和洪水两个典型的巨灾风险为例，进行了风险评估，为开展地震、洪水单项巨灾保险以及其他巨灾保险险种奠定实证基础，并检验了财政巨灾指数保险在平滑财政支出波动风险方面的作用；第六章从自然灾害财政成本和政府财政最优救灾支出的视角出发，度量了巨灾保险在灾害风险管理中承担的额度；第七章为我国巨灾保险制度的具体设计，在此基础上，搭建了融入保险机制的新型灾害风险管理体系；第八章为结论与相关建议，本章在国际巨灾保险模式比较分析和案例研究以及中国巨灾保险制度设计中存在的问题基础上，进行总结和归纳，为我国今后巨灾保险制度的改革和发展提出合理的政策建议。研究框架见图 1-1。

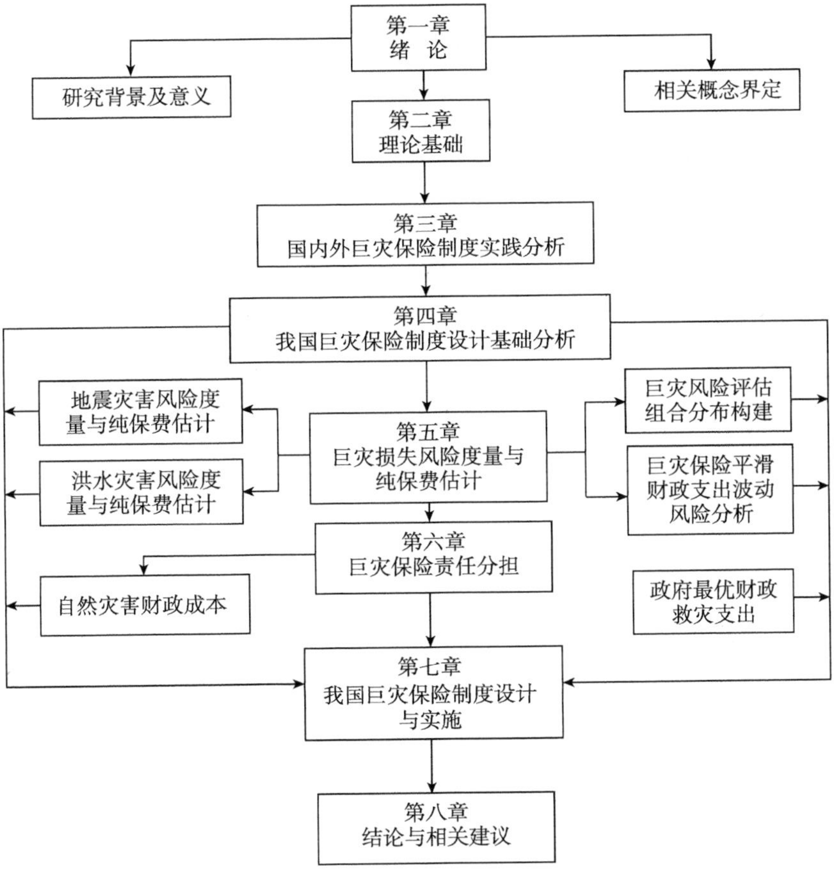

图 1-1　研究框架

二、研究思路

本书基于保险学、灾害经济学和财政学等相关学科理论，并结合计量经济学，在分析自然灾害对经济增长影响及相应影响路径的基础上，探究我国巨灾保险制度设计问题，并在制度设计中重点融入了财政巨灾指数保险。首先，本书运用风险管理与保险理论、巨灾风险可保性扩展理论、准公共产品理论以及市场失灵与政府干预理论，系统阐述巨灾保险制度设计的理论基础，并给出巨灾风险可保性的条件，以及巨灾保险制度设计中需要政府支持的原因。其次，总结回顾目前关于自然灾害对经济增长以及相应影响路径、巨灾风险评估、巨灾保险制度设计以及保险融入灾害风险管理等方面的国外和国内文献。再次，在总结国内外巨灾保险制度实践存在的共性、“短板”以及取得的成效的基础上，提出了我国巨灾保险制度设计的要点和思路，并在中国特色的灾害救助“举国体制”管理模式下，实证分析了自然灾害对经济增长的影响以及相应的影响路径，探讨了政府救灾支出在调节自然灾害对经济增长影响方面的作用，力求从中发现一些规律性的内容，总结对我国巨灾保险制度设计中需要特殊考虑的事项。复次，我们通过构建巨灾风险评估组合模型，应用中国内地1990—2018年的地震损失数据和1985—2017年全球洪水损失数据分别对地震和洪水巨灾风险进行了风险度量和纯保费计算，以期为评估其他类别的巨灾风险提供新的评估方法，为巨灾保险制度设计中保费的估计提供精算依据，并论证了财政巨灾指数保险可以平滑财政的波动风险，可以作为评价我国财政巨灾指数保险的实施具有一定效果的依据。此外，我们还从理论层面验证了保险资金可以起到替代政府救灾资金的作用，并从自然灾害财政成本和政府财政救灾支出最优规模的视角出发，实证分析了巨灾保险放大财政资金的最大额度，即巨灾保险作为财政救灾资金融资工具可以承担的融资规模。最后，综合各章节实证分析，对中国巨灾保险制度进行了设计，在此基础上，构建了融入保险机制的新型灾害风险管理体系，从而对我国的巨灾保险制度设计以及灾害风险管理体制改革提出政策建议。

三、研究方法

（一）文献分析和规范分析相结合

本书通过阅读文献，系统梳理巨灾保险制度的相关理论，为本书的研究提供理论支撑和经验借鉴。此外，在文献分析、国际比较和实证检验的基础上，形成创新思路和方法，以一定的价值判断作为出发点和落脚点，以期为建设具有中国特色的巨灾保险制度提供指导建议。

（二）理论分析与实证检验相结合

本书将理论分析与实证检验相结合，以自然灾害对经济增长的影响为视角，探讨了我国巨灾保险制度的设计。具体来看，本书基于风险管理与保险理论、巨灾风险可保性扩展理论、准公共产品理论以及市场失灵与政府干预理论，利用中国自然灾害数据，采用计量经济学和统计学分析方法就我国自然灾害对经济增长影响和相应的影响机制情况、巨灾风险情况、财政巨灾指数保险平滑财政救灾支出波动风险情况、自然灾害财政成本以及政府最优救灾支出等进行评估和客观分析，为科学设计巨灾保险制度提供依据。

（三）系统分析和比较分析相结合

系统分析方法主要体现在巨灾保险制度设计中，通过将各章节中有关巨灾保险制度设计的要素整合到一起，分经济区域设计了中国特色的巨灾保险制度。本书涉及的另一主要研究方法是比较分析方法，主要集中于各国巨灾保险制度模式的研究部分。比较分析方法就是立足于各个国家的国情，着眼于国家的巨灾保险制度体系，对巨灾保险制度建立的历史背景、发展的社会经济基础以及制度本身的运行状况，进行归类分析和比较研究，以得出一般性的规律，为我国的巨灾保险制度发展提供经验借鉴。除此之外，采取的分析方法还具有以下特点：理论与实践相结合；一般概括与典型分析相结合；经验总结与政策研究相结合。

（四）历史分析与逻辑推理相结合

巨灾保险制度的发展是动态演进的过程。因此，无论是对各国巨灾保险制度的演化规则和原理分析，还是基于中国自然灾害数据进行风险评估设计的中国巨灾保险制度，都必须坚持动态的追踪研究过程，从事物不断发展变化这一规律出发，理性认识历史的演变并预测未来的发展趋势。也就是说，文章的研究要以客观发生的历史为基础，结合逻辑推理，以更好地把握各国巨灾保险制度的动态演变、趋势特征以及运行规律。

第三节 研究创新和不足

一、研究创新

在系统总结和认真研究已有相关文献的基础上，本书形成了以下几点创新和贡献。

第一，本书基于自然灾害对宏观经济的影响及相应的影响路径设计中国巨灾保险制度。首先，本书以我国四个经济区域作为巨灾保险风险区划的依据，实现风险的区域内分散，巨灾保险基金迅速筹集。其次，本书应用我国1990—2018年省际面板数据，通过构建动态系统GMM计量模型，分别研究干旱、洪水、风雹、台风、地震以及低温冷冻等灾害对我国四大经济区人均实际GDP增长率以及各经济部门增长率的影响。再次，本书将从影响经济增长的资本、劳动力和技术进步三要素层面上探讨自然灾害对经济增长的路径传导机制。复次，鉴于中国灾害救助的“举国体制”下政府救灾支出占有最大比重，探讨了中国政府财政救灾支出在调节自然灾害对经济增长影响中的作用。最后，本书以四大经济区域作为巨灾保险制度设计中的风险区划，首次基于自然灾害对宏观经济增长的影响和相应的影响路径，以及政府救灾支出的调节作用，确立了巨灾保险制度设计中重点承保的自然灾害风险、产业类型、巨灾保险险种类别等。

第二，本书首次将Mixed Erlang分布与Pareto分布结合起来，充分应用了Mixed Erlang分布对阈值之前损失数据拟合分布形式的灵活性和精确性，以及Pareto分布对阈值之后尾部损失数据拟合的优良性，构建了Mixed Erlang-Pareto组合分布，实现了对巨灾损失风险的有效评估。此外，针对地震和洪水灾害对中国经济造成较大损失，将该组合分布对地震和洪水巨灾风险进行了风险度量和纯保费估计，为开展地震和洪水单项险种的巨灾保险提供精算基础，同时也拓展了地震和洪水巨灾风险的研究方法。需要说明的是，在数据可得的前提下，同样可以作为评估其他巨灾风险的方法。

第三，本书估算了各个经济区域自然灾害造成的财政成本，可以作为建立自然灾害准备金额度的参考，以免造成灾后财政支出压力。本书还估算了政府救灾支出最优规模，可以提高政府救灾资金的配置效率，寻求放大财政资金、分散巨灾风险的替代手段。在此基础上，本书将巨灾保险的灾害风险管理责任界定为自然灾害财政成本和政府救灾支出最优规模的差额，以期度量巨灾保险放大财政救灾资金的规模，即巨灾保险作为财政救灾资金融资工具可以承担的融资规模，为确定巨灾保险的灾害风险管理责任提供参考。

第四，目前我国已有部分地区试点了政府财政巨灾指数保险，但对于试点效果的研究仅限于定性分析，进行定量评估的研究较少。本书借鉴Borensztein等（2009）关于保险平滑飓风灾害对财政支出波动影响的定量研究，构建了我国财政救灾支出负担积累模型，可以作为政府财政巨灾指数保险试点效果的定量评估方法之一，为进一步扩大试点区域提供依据。此外，本书以地震灾害为例，应用财政救灾支出负担积累模型检验了我国地震财政巨灾指数保险平滑财政波动风险的效果，实证得出地震财政巨灾指数保险可以平滑财政的波动风险。为此，在中国巨灾保险制度设计中，根据中国特色风险管理体制，也将财政巨灾指数保险这一新型险种嵌入了巨灾保险制度设计中，丰富了巨灾保险制度险种类别和体系。

第五，本书基于重大自然灾害对宏观经济影响分析，在对我国巨灾保险制度进行设计的基础上，提出了融入保险机制的新型灾害风险管理体系，创新了灾害风险管理体系，丰富了灾害管理的内容。

二、研究不足

第一，由于自 1990 年起《中国民政统计年鉴》开始系统地记载各类自然灾害造成的直接经济损失、受灾人口等方面的内容，鉴于数据的限制，本书主要从短期分析自然灾害对经济增长的影响，无法从长期分析自然灾害对经济增长的影响，并设计巨灾保险制度，影响了研究的全面性，这使提出的政策建议的适用性受到限制。

第二，本书在考察巨灾保险分担额度时，仅仅是从政府的视角出发，缺乏对家庭和企业购买巨灾保险额度的度量。

第三，鉴于数据的限制，本书在评估洪水灾害风险时，应用的是全球洪水数据，对于研究中国洪水问题，研究结论可能存在一定偏差。

第四，在研究自然灾害对经济增长影响的实证分析中，应用动态系统 GMM 模型控制了可能存在的内生性问题，但无法从根本上消除，尽管这个问题的存在可能不会对实证结果产生干扰。

第二章　理论基础

第一节　相关理论

一、风险管理与保险理论

自然灾害风险管理过程主要包括灾前的风险防范、灾时的应急救助和灾后的恢复与重建，并通过识别、分析和评估各类灾害风险，采取相应的预防和控制措施对其进行管理，从而以最低的成本，实现灾害风险的有效控制和管理，以及保障风险管理过程中处置风险决策的科学、合理。风险管理过程强调灾害风险管理的多层面、多元化和多学科共同合作，通过建立协调、沟通机制，对灾害风险进行全过程、系统以及综合的管理，构建全面整合的综合灾害风险管理模式。

1961 年，Karl H. Borch（1990）在分析保险效用理论、保险一般均衡理论、人寿保险和商业保险等保险学领域以及风险管理决策理论时，将 Von Neumann 和 Morgenstem（1944）创立的期望效用理论应用其中。自此之后，期望效用理论得到了广泛的应用，保险和风险管理相关的领域都以其为基础进行相关研究。该理论假设保险人和被保险人的风险偏好满足“独立性公理”条件，分别具有唯一的效用函数或效用函数族。20 世纪 80 年代出现的以对偶理论为代表的风险和不确定性决策理论，为评估关联度较高的个体风险价格和相应的最优再保险安排提供了理论基础，进一步推动了巨灾风险和巨灾保险的相关理论的研究。具有较高的关联度风险个体，如地震、洪水等巨灾风险一旦发生，将导致大量保险标的个体同时遭受损失，产生巨大的理赔金额。具有关联度较高特点的巨灾风险定价区别于传统风险保险定价，由于巨灾风险具有“尖峰厚尾”的特点，对于巨灾风险的分析和研究主要集中在巨灾风险损失的尾部，即损失超过某一阈值之后的分布情况。

另外，当多个个体风险的损失分布族相同时，其组成的聚合风险最大，对应最高的巨灾保险价格。与此同时，也反映出与一般保险业务的经营相比，保险公司在巨灾保险业务中所面临的成本较高，再保险公司分保巨灾保险业务时不仅面临较高的成本，还面临巨额的损失赔付的风险，需要预留较高的风险准备金。此后，Denuit、Dhaerte 和 Van Wouve（1999）在包括期望效用理论和对偶理论的预期效用理论中融入了巨灾风险的相关理论，因此，预期效用理论可以作为巨灾保险和非巨灾保险之间的相互协调的理论基础。

二、巨灾风险可保性扩展理论

保险公司承保的风险须具有可保性，才能实现有效、可持续经营。风险具有可保性的前提和理论基础是遵循大数法则。参照卓志和丁元昊（2011）令一组期望为 μ_i，方差为 σ_i^2 的随机变量 X_1，…，X_n，这里，X_i 为被保险人 i 遭受的巨灾风险损失，且假定 X_i 服从正态分布。此时大数定律可表示为：$\forall_{\varepsilon} > 0$，$\lim\limits_{N\to\infty}\Pr[\,|\overline{X}-\overline{\mu}|<\varepsilon\,]=1$，这里 $\overline{X}=\sum\limits_{i=1}^{N}\dfrac{X_i}{N}$ 为损失的均值；$\overline{\mu}=\sum\limits_{i=1}^{N}\dfrac{\mu_i}{N}$ 为期望损失。此外，假定 ε 为保险人的破产概率 ε，鉴于监管规则等法律制度，保险人的破产概率不趋于 0。随着本容量的不断扩大，由中心极限理论可知，变量 $z=\dfrac{\sum\limits_{i=1}^{N}X_i-N\overline{\mu}}{\sigma_N^2}$ 逐渐趋于正态分布，其中，$\sigma_N^2=\sum\limits_{i=1}^{N}\sigma_i^2+2\sum\limits_{j=2}^{N}\sum\limits_{i=1}^{j-1}\sigma_{ij}$ 表示保险人损失的方差，$\sigma_{ij}=Cov(X_i,\ X_j)$。当 z 趋于正态分布时意味着 $\Pr\left[\dfrac{\sum\limits_{i=1}^{N}X_i-N\overline{\mu}}{\sigma_N}<z_{\varepsilon}\right]=1-\varepsilon$，即在破产概率为 ε，被保险人的期望损失为 $N\overline{\mu}$ 的条件下，则保险人的资本量为 $z_{\varepsilon}\sigma_N$。假设 N 个风险单位都服从独立同分布，则 $\sigma_{ij}=0$，从而 $\dfrac{z_{\varepsilon}\sigma_N}{N}=\dfrac{z_{\varepsilon}\sqrt{\overline{\sigma^2}}}{\sqrt{N}}$，其中，$\overline{\sigma^2}=\sum\limits_{i=1}^{N}\sigma_i^2/N$。所以当每份保险单的资本成本趋近于零，保费水平接近于期望损失时，这些具有较小方差、独立同分布的风险单位满足可保性条件，一般被认为是可保风险。

传统的可保性风险一般要求风险单位是同质的、风险是纯粹而非投机性的、只有损失而无获利的机会、风险的发生可以预测以及保险标的不能同时遭受损失等。巨灾风险具有造成损失大、发生概率低、难以预测，以及同时导致大量保险标的遭受损失等特点，一般被认为不具有可保性。传统的风险可保性条件主要是依赖于保险人具有管理风险的专业化优势，能够获得处置被保险人所面临风险的专业化优势，主要是以风险组合为理论基础。

现今，在竞争激烈的保险市场，如果保险人严格按照可保性条件确定承保对象，可能会丧失部分市场份额，不利于保险公司扩大承保业务。因此，保险公司可能会通过提高其承保技术和管理灾害风险的能力，扩展灾害风险的可保性，这样就使可保性和非可保性风险的界限越来越模糊，巨灾风险在保险公司承保能力范围内也成为一种可保风险。保险人提高巨灾风险的可保性，主要通过以下手段：第一，在保险单中设置免赔额和赔偿限额；第二，联合多家保险公司组成共保体；第三，国内和国际再保险市场；第四，应用资本市场中的金融衍生产品进行风险分散；第五，可以开发跨期保险产品，在时间上分散风险；第六，设立专门的巨灾风险准备金。此外，在保险公司承保巨灾风险的能力不足时，公共部门可以介入，如保险公司可能由于会计准则、税收政策等原因，提取巨灾准备金的意愿较低，此时一个好的解决办法是对巨灾保费和巨灾基金进行税收优惠；为开展巨灾保险业务的保险公司提供最后的担保，扮演最后保险人的角色。

三、准公共产品理论

巨灾保险一般被认为是具有正外部性的准公共产品。首先，保险人在承保巨灾保险的过程中采取的防灾减灾措施将增强承保区域的整体风险防御能力，未投保巨灾保险的居民也能够从中受益。其次，居民投保巨灾保险不仅能够增强自身风险抵抗能力，而且能够减少巨灾损失对未受灾居民甚至社会的不良影响，维护经济社会的平稳运行。因此，巨灾保险在一定程度上是具有外部性的准公共产品。

在市场经济中，私人产品主要是指在消费和收益上分别具有竞争性和排他性的产品。在市场经济环境中，通常能够保证其有效地供给，不需要其他外界因素的干预。公共产品主要包括两类，分别为纯公共产品和准公共产品。纯公共产品在消费和收益上分别具有非竞争性和非排他性的属性，准公共产品一般被认为是“混合产品”，介于纯公共产品和私人产品之间，在消费和收益上分别具有有限的非竞争性和有限的非排他性特点。在市场经济环境中，无论是纯公共产品，还是混合公共产品都无法通过价格调节机制实现市场的有效供给，存在市场失灵的现象。因此，需要政府采取诸如税收优惠、财政补贴等措施来矫正市场机制的不足，保证其有效供给。但需要特别注意的是，财政常规配置的无偿性不仅不能发挥市场竞争机制的作用，还会导致财政在直接介入准公共产品的供给时，存在运行和管理低效率等问题；而如果仅引入市场机制进行供给，则会存在由于收益低而缺乏供给积极性的问题。

保险市场的健康有序运行，是当市场交易达到均衡时，保险产品的供给方和需求方能够按照自己的意愿进行交易，不存在外界因素的干预。市场失灵现象在我国巨灾保险市场主要表现为巨灾保险产品供给不足、投保人的需求不能满足等。究其原因，主要是由于市场机制在调控和配置巨灾保险这样的准公共产品时，存在市场失灵，不能实现资源的有效配置，需要外界因素的介入。准公共产品的不可或缺性以及单一的政府或市场供给存在的低效率，决定了对具有准公共产品特性的巨灾保险产品的供给一般采用政府和市场相互协作的运作模式，遵循共同分担的原则，充分发挥政府和市场各方的作用。

四、市场失灵与政府干预理论

市场机制本身存在一定的局限性，不能解决社会经济生活中的所有问题，在某些领域和时期会存在市场失灵的问题。市场失灵现象从理论上来讲，主要表现在以下几个方面：第一，个人效益和社会效益之间的矛盾产生的“外部性”问题；第二，市场供给“准公共产品”不能实现资源的有效配置，效率较低；第三，市场中存在不完全竞争和垄断因素；第四，与信息不对称问题相关的风险，例如，在保险领域，一些市场失灵和市场缺陷的表现有：一是巨灾保险的准公共产品属性导致市场供给不足；二是竞争的非理性严重扭曲了市场价格；三是信息不对称导致的逆向选择和道德风险。

政府干预机制具有“无偿配置”财政资源和“有偿使用”市场资源的双重特性，两者相互结合和补充。为实现特定的社会经济发展目标，政府干预主要致力于通过对微观个体的补偿机制，使其顺应社会经济效益目标而放弃个人利益所承担的相关成本，实现“正的外部性”的扩大化，社会经济活动资源配置的有效性和合理性的有机统一。此时，需要政府采取一定的措施，比如优化政策性保险市场、规范市场秩序、建立财政补贴和兜底机制等，对市场机制配置资源进行矫正。在国际范围内，主要有以下三种理论阐释了相关政府干预巨灾保险市场的内容。

（一）自由市场理论

Stigler（1971）认为，政府无须对市场进行干预，市场通过价格机制可以进行自我调节达到均衡状态，实现资源的有效配置。政府的介入通常有利于利益集团，造成社会不公平，进而阻碍实现最优均衡点。政府监管的设计和运作是为实现产业利益的最大化，导致监管被生产者所利用，以满足其私人利益。Fair 和 Jaffe（1972）运用四种测算方法，指出完全竞争的市场，在均衡的状态下，可以实现风险自动转移达到供需平衡。

支持自由市场理论的一个主要论点为巨灾风险的渐进可保理论。Malley 等（2003）与 Fair 和 Jaffee（1972）认为，通过创新风险管理工具，如发行巨灾债券和巨灾期权，可以实现巨灾风险的渐进可保。支持自由市场理论的另一个主要论点为巨灾风险全球性风险分散理论。Cummins（2006）对美国和欧洲的洪水灾害展开相关研究，发现二者的相互关联性较低。这样，如果一个保险公司承保的巨灾保险种类和区域不同，就可以使风险达到时间和空间的有效分散，满足大数定律，增强自身的承保能力。在此基础上，Cummins（2006）进一步指出，通过承保全球范围内不同类别的风险可以实现风险转移。

在自由市场理论框架下，巨灾保险的最优供给模式是完全采用商业化的供给模式。政府的过度干预反而会带来弊端：一方面，会释放错误的信号，扰乱市场的定价机制，阻碍市场实现最优均衡；另一方面，会不可避免地带来利益“寻租”问题，使资源产生错配和浪费。某些利益集团可能趁机进行财富的转移，从而获得额外的不当利益。

（二）公共利益理论

公共利益理论从巨灾保险的性质出发，提出政府干预是必然选择。Musgrave（1959）认为，巨灾保险具有准公共产品特征，市场根据风险成本对其进行准确定价存在一定难度。从供给方来看，巨灾风险一旦发生，赔付金额巨大，影响自身的稳定经营，供给动力严重不足；从需求方来看，主要是保险产品的价格过高，加上投保得到赔付具有正外部性，因此，巨灾保险的需求也严重不足。

巨灾风险渐进可保理论在公共经济中失效。此时，保险市场效率低下，偿付能力不足。为保障民生，实现社会公平和效率之间的平衡，政府必须参与巨灾保险制度建设。由于巨灾风险渐进可保理论在公共经济中失效，政府干预巨灾保险市场是必然选择，需要矫正巨灾保险市场供需失衡的“失灵现象”。

巨灾风险全球性风险分散理论认为，巨灾风险可以通过跨区域的方式实现风险转移，反对政府干预巨灾保险市场，支持自由竞争的市场。与此相反，Gollier（2002）指出，在经营巨灾保险产品时，保险公司限于现金盈余、会计准则以及税收政策等影响，很难跨区域实现巨灾风险的分散，但可以充分发挥政府的强权优势开展巨灾保险项目，实现巨灾风险的跨期、跨区域分散。

公共利益理论认为市场存在缺陷，在完全自由市场条件下，巨灾保险的供给和需求都会出现严重不足，难以实现巨灾风险的有效分散。政府为保护公共利益，需要介入巨灾保险市场。因此，政府需要通过强制或半强制的政策推进巨灾保险制度的建立，对巨灾保险制度建设进行必要的干预。政府应该代替商业保险公司为居民提供巨灾保险。政府能够有效解决巨灾保险的市场失灵，有效配置资源，保障巨灾保险的供给和需求，达到巨灾风险有效地转移和分散的目的，助推整个社会福利水平的提高。

（三）市场增进理论

Lewis 和 Murdock（1996）最早提出了市场增进理论，认为政府对市场的干预可以使市场更好地发挥资源配置的作用。市场增进理论与公共利益理论都认为，巨灾保险市场存在失灵，难以实现资源的有效配置，政府的介入存在一定必要性。但是，该理论认为，政府不能完全取代商业保险公司，应积极地采取各项政策措施协助商业保险公司，使其非市场优势和商业保险公司的市场优势相互协同，共同配置资源。Linnerooth-Bayer 和 Amendola（2000）认为，巨灾风险管理要兼顾公平与效率，通过政府与市场的结合，创新避险工具进行多种形式的分担。

在政府与市场应该结合的论点基础上，以 Kunreuther（2009）为代表的学者研究了两者的具体合作模式，提出政府与市场之间应建立公私协作的伙伴关系，共同管理巨灾风险。公私协作关系的特点在于各风险分担主体共同参与，承担有限责任。政府在公私伙伴协作关系中承担最后担保人的角色，商业保险公司承担参与者和实施者的角色。公私伙伴合作模式能够将政府与市场多个主体相结合，实现巨灾风险管理中效率与公平的平衡。

基于公私伙伴合作模式，部分学者在政府和市场的职责界定方面进行了研究。Crossi 和 Kunreuther（2009）认为，在公私伙伴合作模式中，政府与市场应当明确各自的职责。一方面，政府主要负责制定法律等顶层设计工作，鼓励商业保险公司参与巨灾管理；Bruggeman 等（2012）通过研究大量政府介入巨灾保险市场的方式，指出目前政府主要通过补助与补贴性质的手段提高巨灾保险参与率。另一方面，商业保险公司负责巨灾保险费率厘定、产品销售、核保与理赔等具体工作，并开发新型风险管理工具提高参与水平。

市场增进理论认为，政府和市场应各自发挥其优势，相辅相成，共同参与到巨灾保险市场中，承担彼此的职责，在一定程度上介于自由市场理论和公共利益理论之间。商业保险公司具有完善的经营模式、丰富的保险销售渠道和专业的风险管理技术，应承担巨灾保险市场中的主要责任。政府应通过出台相关的法律、法规规范保险公司的经营行为，给予承保公司政策上的支持，以及提供最后的风险保障等举措间接地干预巨灾保险市场。

第二节　国内外文献综述

一、自然灾害与经济增长的文献研究

（一）自然灾害对经济增长的促进作用研究

自然灾害对经济增长有一定的促进作用。虽然自然灾害会导致物质资本存量的减少，但资本存量的更新以及新技术的应用，又会促进经济的增长。Okuyama（2003）研究发现，地震灾害的发生容易导致旧设备的损坏，这些旧设备的更新将会使新技术得以应用，进而加速资本周转率，从而在一定程度上促进经济增长。这个效应即“生产率效应”，使整体经济增长率获得永久性上升。同样地，Noy（2011）在对发展中国家（以越南为例）的灾害宏观经济影响中发现，由于灾害破坏了较多的财产和资本，实际上引发了短期的经济繁荣，这

与“创造性破坏”的假设一致。但 Sftewart 和 Fitzgerald（2001）以及 Benson 等（2004）认为，GDP 增长主要是由于“追赶效应”，以及灾害引起的需求增加，而不是由于新技术的更快变化。此外，Benson 等（2004）还强调，由于缺少时间和经济能力所限，灾后实施新技术是比较困难的。因此，对于自然灾害促进经济增长的观点存在较大争议。

（二）自然灾害对经济增长的抑制作用研究

自然灾害的发生对经济增长产生一定抑制作用。自然灾害的发生对经济增长有抑制作用，主要在于其造成了一定的人员伤亡，并损坏了基础设施、设备和存货等。Rasmussen（2004）通过多国样本数据研究发现，自然灾害导致当年的实际 GDP 增长率下降了大约 2%。进一步地，严重的自然灾害甚至会使经济处于相对于灾前更低的均衡水平（Fomby 等，2013；Loayza 等，2012）。从长期来看，Jaramillo（2009）使用 113 个国家 36 年的面板数据，通过结构模型研究了自然灾害与经济增长之间的关系。研究表明，只有极少数具有严重毁灭性自然灾害历史的国家才能真正消除自然灾害的负面影响。Hochrainer（2009）研究发现，自然灾害会对国内总产值产生负面影响，尽管可能造成的影响很小。

（三）自然灾害对经济增长的无影响研究

因为大多数灾害具有地域性和局部性，影响范围有限，只要灾害的严重程度不深并采取有利的恢复重建政策，一般不会对经济增长产生长期的不利影响。Albala-Bertrand（1993）对拉丁美洲和加勒比海地区 1960—1979 年灾害案例进行了研究，其研究结果显示，从长期来看，自然灾害对经济增长无影响或有稍许的积极影响。同样地，Hallegatte 和 Dumas（2009）使用一个修正的内生增长理论模型检验了“创造性破坏”的假设，得出否定结论，认为“灾害对经济增长没有显著影响，大灾还可能导致贫困陷阱”。此外，Casellif 等（2004）、Cavallo 等（2013）等的研究发现，自然灾害对中期经济增长的影响不存在显著性，即自然灾害对中期经济增长的影响较小，中期经济增长主要取决于技术进步。

（四）自然灾害的经济影响取决于社会经济、经济部门类别以及灾害类型和强度

第一，灾害类型和强度。Toya 和 Skidmore（2007）使用 1960—1990 年的跨国数据，就不同自然灾害类型对经济增长的影响进行了研究，研究发现气象灾害对经济增长产生负向作用，但地质灾害的发生对经济增长不产生显著的作用。Raddatz（2007）、王艺明等（2008）和吴先华等（2014）也得出了同样的结论。第二，社会制度和经济发展。自然灾害具有自然和社会属性，一般认为民主水平和政府支出水平较高，以及教育水平、人均收入和贸易开放程度更高的国家

可以减少灾害对经济的负向影响。第三，自然灾害对不同经济部门的影响。经济结构的层次性决定了自然灾害对经济增长影响的层次性。进一步地，Loayza等（2012）对94个国家（包括68个发展中国家和26个发达国家）1961—2005年的面板数据应用系统GMM进行研究。研究发现，干旱对农业和非农业部门的经济增长均产生负面影响。相反，洪水往往会产生积极影响。地震对农业部门经济增长产生负面影响，但对非农业部门经济增长产生积极影响。风暴往往会对国内生产总值增长产生负面影响，但这种影响是短暂的且影响很小。Fomby等（2013）、Felbermayr和Gröschl（2014）以及杨萍（2012）等也得出了类似结论。

（五）自然灾害对经济增长的影响机制研究

自然灾害对宏观经济的影响取决于其相应的影响路径。自然灾害可能通过导致某国或某地区的国际收支严重失衡，受灾区域产品供应不足，财政救灾支出过多而产生的“挤出效应”等路径，或通过资本存量的更新和积累，新技术的应用带来的高生产率以及人力资本的累积效应等路径，对经济增长产生影响。具体来看，Skidmore和Toya（2002）研究发现，资本存量的更新和新技术的引进会增加全要素生产率，使减少的资本回报率转化为劳动力回报率的增加。进一步地，王艺明等（2008）通过建立两部门内生增长模型发现，自然灾害对人力资本的积累在长期有显著的正向作用，即自然灾害的发生促进人力资本的积累。由此可见，探究自然灾害对经济增长影响的内在路径机制，须分析自然灾害对资本、劳动力和技术等要素的影响机制。

二、巨灾保险制度的研究

（一）巨灾风险损失评估的研究

极值理论（EVT）的发展为巨灾损失的分析提供了一种较为精确的统计评估方法。目前，国内外学者将极值理论应用到巨灾风险评估与巨灾保险定价，主要体现在以下几个方面。

第一，对巨灾损失数据应用单一的损失分布函数进行拟合。如孙伟和牛津津（2008）、周贺君和金燕生（2009）对地震损失分布应用Gamma、Lognormal和Weibull等分布进行拟合。此外，一些学者为了更好地拟合巨灾损失数据超过一定阈值的尾部部分，构建了基于POT的广义Pareto（GPD）模型，并以地震灾害为例，研究了地震造成损失的尾部特征。模型除了广泛应用于地震灾害损失风险分析中，也应用于其他领域的风险分析中。邵腾伟和冉光和（2011）、解强（2008）等分别运用POT-GPD分布对农业、火灾损失数据进行拟合。

第二，一些学者应用一个组合分布对巨灾损失数据进行整体拟合。其中运用一个轻尾分布来拟合损失数据的主体部分，一个标准的尾部分布Pareto或

GPD拟合损失数据的尾部部分，这比应用单一的损失分布可以达到更好的拟合效果（Klugman等，2012）。李云仙等（2017）将Lognormal和GPD分布进行组合，然后应用该组合分布对中国大陆地区的地震损失数据进行拟合，并计算出不同置信度水平下的VaR值和ES值。Beirlant等（2016）、Klugman等（2012）将指数分布与Pareto分布进行组合，损失数据主体部分的其他分布，如Weibull分布Ciumara（2006）、Scollnik和Sun（2012）或对数正态分布；Cooray和Ananda（2005）、Scollnik（2007）、Pigeon和Denuit（2011）也被使用。Nadarajah和Bakar（2014）、Bakar等（2015）、Caldernn-Ojeda和Kwok（2016）研究了对数正态分布或威布尔分布与各种厚尾分布进行组合。

此外，为了降低主观假定分布带来的拟合误差，通常应用非参数方法对数据的主体部分进行拟合。如肖海清和孟生旺（2013）应用非参数法和GPD组合模型对全球洪水损失数据进行了拟合，得到了洪水再保险纯保费。但当存在删失数据时，非参数方法将会失效。Mixed Erlang分布是一个分布形式灵活的渐近指数分布，任何正的连续分布都可以用该分布进行逼近，并可达到任意给定的精度，可以有效地降低主观假设分布带来的误差。在国外，Mixed Erlang分布由于分布形式灵活、拟合精度高等若干优势已在巨灾损失分布拟合中得到很好的应用。由于Mixed Erlang分布具有轻尾的特性，在拟合厚尾分布时会出现过度拟合现象，而Pareto类分布可以很好地对厚尾损失数据进行拟合。为此，Lee和Lin（2010）将Mixed Erlang分布和Pareto分布进行组合对巨灾风险进行拟合。Verbelen等（2015）将Lee和Lin（2010）的Mixed Erlang模型融入了截断数据，扩展了Mixed Erlang分布的应用范围。

（二）国内外巨灾保险制度研究

1. 国内巨灾保险制度研究

陈华和赵俊彦（2008）认为，巨灾保险制度建设的重点是建立完善的巨灾风险分散机制，这样能够最大限度地实现巨灾风险的有效分散，降低巨灾风险造成的损失，保障保险公司的稳健运营。此外，在巨灾保险制度建立初期，主要开展承保单一灾害风险的单项巨灾保险，在巨灾保险制度实践不断发展成熟时，可以开展综合性巨灾保险，承保多种灾害风险。沈蕾（2008）着重从理论层面研究了美国巨灾保险制度的基本内容，认为我国巨灾保险制度建立中存在理论基础薄弱的问题，在加强理论研究的基础上，提出了采取政府和保险公司相互协作的运作模式，建立完善的巨灾保险法律、法规体系，给予承保公司税收优惠以及财政支持等政策建议。姜瑞华和郭跃（2009）在总结了我国巨灾风险的基本特征的基础上，为实现巨灾风险的有效分散，提出了一些完善巨灾风险管理制度的设想，包括成立灾害风险管理的专业机构，组建专业的应急管理队伍，建立完善的灾害预警系统，将灾害风险管理纳入国家安全的战略发展高度，以防为主，实现防、抗、救、建相结合，完善和制定综合减灾法律、法规体系，建立救灾物资储备中心等。谢家智（2004）认为，政府和市场相结合、协同运作的模式相较于政府财政补偿、市场补偿是最有效的灾害损失补偿机制，该机制可以实现两者的优势互补，特别是在开展自然灾害保险时应充分推广该模式。王和（2011）在总结中国传统灾害风险管理体制存在一定弊端的基础上，提出了新型灾害风险管理的“举国体制”，这里的“举国”主要是通过巨灾风险管理体制和机制的创新，强调政府的引导作用，不仅是要举政府财政之力，更重要的是强调举市场和举全民之力，充分调动政府、市场和社会公众的积极性，最终形成全社会共同参与管理、共同分散风险的多层次风险保障体系，构建新型巨灾风险管理体制。此外，他认为“法定保基本，商业为补充”是在设计巨灾保险制度承保险种时应重点遵循的准则，在实现“保基本、广覆盖”的目标下，可以根据不同区域的自然灾害特征、经济发展水平，不同主体的偏好等设计差异化的巨灾保险制度，以满足巨灾保险的差异化需求。庹国柱教授认为，可以分自然灾害类型对巨灾保险制度进行设计，如地震、台风、洪水、干旱以及低温冷冻等。此外，在巨灾保险制度设计的要素中，应考虑灾害的损失评估、承保责任限额、保障额度、保费水平、政府的财政支持、巨灾风险基金的融资渠道以及巨灾风险基金的融资规模等要素。此外，在巨灾风险基金评估研究方面，田玲和姚鹏（2013）以及田玲、吴亚玲和沈祥成（2016）分别运用 VaR 与 CVaR 方法，利用中国地震损失数据，针对单一巨灾风险地震的基金规模进行测算，并通过实证结果表明，使用 VaR 方法测算的地震巨灾保险基金的规模小于 CVaR 方法测算的规模。朱张婷（2016）对全国范围内的联合巨灾基金（包括所有已在我国发生的巨灾风险）的规模进行测算，制定资金缴纳标准。田玲、彭菁翌和王正文（2013）通过构建巨灾保险基金规模函数，理论推导发现，单独巨灾保险基金规模总和不小于联合巨灾保险基金规模，且巨灾保险基金规模随着风险容忍度的变化而改变，并通过实证研究得出一定承保比例下巨灾风险基金的具体规模。

2. 国外巨灾保险制度研究

一些国家根据自身国情对巨灾保险制度进行有针对性的设计，并开展相应的实践工作。在国外的巨灾保险制度实践中，主要采取综合保险模式，并强调政府和市场的相互协作，进而降低道德风险和逆向选择导致的巨灾风险可保性不足的问题。Anderson（1976）、Gurenko 和 Lester（2004）等的观点具有一定的代表性，他们指出在灾害风险管理中，巨灾保险的损失补偿机制起到至关重要的作用，需要对各种巨灾风险进行统筹考虑，特别是重大自然灾害风险，开发综合巨灾保险，实现巨灾风险的有效分散。此外，Kunreuther（2009）、Robert 和 Klein（1998）等认为，巨灾保险制度最优的运作模式是政府和市场的相互协同运作，这一模式能够充分发挥各自优势，符合现实且具有一定的发展潜力。

Anderson（1976）认为，在巨灾保险制度设计中，应包括巨灾风险保障的标准化、承保区域存在差异化；政府财政补贴，保障范围应包括居民住宅和小企业的财产，联邦政府的再保险或最后担保机制，巨灾风险准备金的建立，保单设计中有最高保险金额的限制以及政府和市场协同运作等要素，其中政府与市场的合作是巨灾保险系统的重要内涵。Robert 和 Klein（1998）认为，飓风、地震等巨灾风险一旦发生将导致大量的人员伤亡和财产损失，政府和市场的相互协作，可以实现对这些巨灾风险的有效处置。Harrington 和 Niehaus（2001）研究了巨灾保险在美国的供给存在不足，以及保费过高导致的需求不足等问题。值得注意的是，政府在巨灾保险的推广过程中起到了重要的作用，如通过出台相关政策，鼓励商业保险公司将巨灾风险转移到国内或国外资本市场，积极安排再保险，扩大巨灾风险的分散范围，提高巨灾保险的供给能力。Gurenko 和 Lester（2004）建议，多发自然灾害国家制定财政救助支出可持续以及融资工具多样化等策略，并着重强调巨灾风险综合管理中市场机制的重要作用。

三、自然灾害对财政支出的影响

自然灾害的发生对一国的财政和宏观经济政策的影响。自然灾害对国家财政的影响是直接的、负面的。自然灾害往往造成重大物质财产损失和人员伤亡，灾后重建和恢复需要大量财政资金的投入，往往导致财政收支不平衡。具体而言，税收的减少和救灾支出的增加，对国家财政产生了双重损害，影响了国家财政收支平衡。一方面，灾害风险的发生中断了生产者的生产，影响其收益，进而降低国家税收收入；另一方面，灾害造成公共基础设施损坏和民众生活困难，政府需要履行灾后救助和恢复重建职责，进而导致财政支出增加。Nishizawa 等（2019）测算了严重自然灾害对太平洋岛国财政收入和支出的影响。结果表明，自然灾害每年造成的财政损失占 GDP 的 1%~1.5%。为应对自然灾害对财政的影响，防止财政支出的波动，一国政府往往调整自身的财政政策。Noy（2011）应用 VaR 技术结合 22 个发达国家和 20 个发展中国家的季度自然灾害和财政面板数据研究了自然灾害对政府财政政策的影响。结果表明，在发生重大自然灾害后，发达国家和发展中国家采取不同的财政政策，发达国家倾向于增加支出，削减税收；而发展中国家则会削减支出，增加税收。发展中国家采取逆周期的财政政策主要是为灾后重建筹集资金。此外，Rasmussen（2004）表明，自然灾害发生后，充足的财政资金对于灾时救助和灾后恢复重建工作有着至关重要的作用，否则将扰乱社会生活秩序，不会出现有效的重建。因此，自然灾害发生后，充足的财政救灾资金对降低灾后恢复重建成本，安定受灾人民的生活，都是至关重要的。Noy（2009）、Hillier 和 Dempsey

(2012) 研究表明，充足的财政资金提供了一个更新资本和应用新技术的机会，进而带来生产率的提高，削弱自然灾害对社会经济的影响，短期内可能促进经济增长。因此，财政救灾资金在应对自然灾害对经济增长产生的负面影响，实现经济的可持续增长方面具有重要的作用。但灾后生活救助和重建工作导致的政府支出增加，可能会挤占其他公共领域的预算支出，如教育、医疗以及基础设施建设等，进而对人力资本积累和经济的潜在增长率产生长期影响。这意味着政府救灾支出可能存在最优规模，需要在财政支出的机会成本和收益之间进行权衡。国内有关政府灾后救助行为的研究相对较少，主要集中于以下两方面：第一，自然灾害救助政府救灾支出的预测和最优规模，郭显光(1998) 采用层次分析法和标准差系数法确定各指标的权重，然后用加权法求出各地市政府救灾支出在“冬令款”“春荒款”和“新灾款”的分配比例。赵黎明和王忠（2010）以 ARIMA（0，0，3）模型对中国灾害救助支出进行了预测。田玲和高俊（2012）通过应用消费者—政府随机决策模型，得到由刻画社会福利损失水平的各参数内生决定的政府最优救灾支出规模。在假定自然灾害的发生是否具有随机性的基础上，国外研究方面主要集中于应用静态模型以及一般随机模型，探究政府救灾支出的最优规模。

四、保险融入灾害风险管理体系的研究

保险作为一种应对灾害风险的市场机制，是灾害损失补偿机制中重要的组成部分，在应急管理体系中具有非常重要的作用。Motoyama（2017）通过构建一般均衡模型，理论层面得出保险是政府救灾支出的替代工具。目前，国内主要是从理论层面探究了保险在灾害管理中的作用。具体来说，财产保险、责任保险、意外伤害保险等各类保险的不断涌现和发展，可以完善社会应急管理体系，为突发事件特别是自然灾害事故造成的损失提供保障，化解社会矛盾和纠纷，维持社会稳定持续发展，充分发挥保险的社会“稳定器”和社会“减震器”作用。随着经济的进一步发展，灾害管理更多的是借助市场机制来运行，一个以私营部门融资为主、只有有限政府补助的体制便会出现。赵苑达(1999) 认为，保险补偿相较于灾后财政补偿具有更多的优势，保险补偿一方面可以弥补财政支出不足，降低财政支出压力；另一方面，保险补偿能够顺应灾害风险发生特点和灾害损失趋势，在各种损失补偿方式中应占据主导地位。卓志（2012）提出，应该将保险纳入防灾减灾体系，成为政府改进公共服务，加强社会管理的有效政策工具。在国际方面，主权风险融资方案，如加勒比巨灾风险保险基金，可以为小经济体提供充足的灾后重建资金，实现巨灾风险在各经济体间进行分散，同时能够降低各经济体的保险费率。此外，主权融资方案包括应急信贷、巨灾债券等金融工具，不但可以实现保险资金的保值增

值，而且能够实现巨灾风险在更大范围内进行分散，确保灾后政府的基本服务不受影响，直至其他资金到来之时。目前，我国在自然灾害救助体系中，政府是自然灾害损失的第一承担者，但政府救灾的幅度是有限的。魏钢和焦洁（2017）指出，政府通过购买巨灾保险，可将政府救灾支出的不确定性转变为确定的财政预算，有助于灾后获得充足的资金，确保国民经济持续、快速、健康发展。

第三节　研究对象的界定

一、宏观经济

宏观经济主要以经济增长作为衡量指标，最常见的有关经济增长的定义主要有两种：其一，保罗·安东尼·萨缪尔森（2006）在《经济学》一书中将经济增长定义为，在一个相当长的时期内，一个国家或地区所生产的物质产品和劳务的持续增长，即实际总产出的增长率。此时，我们可以认为生产可能性边界曲线随着时间的推移，不断向外扩展。其二，在《经济增长理论》一书中，刘易斯（1994）将经济增长定义为人均实际产出在一定时期内的持续增长，即人均实际产出增长率。

基于数据的获得性，为便于分析，本书主要应用人均实际产出（GDP）增长率来衡量经济增长。此外，为了度量自然灾害对不同经济部门的影响，本书分别定义了农业增长率、工业增长率和服务业增长率三个变量，作为自然灾害对不同经济部门影响的衡量指标。

二、重大自然灾害

根据《国家自然灾害救助应急预案》的有关规定，为及时、客观、全面地反映自然灾害风险特点和造成的损失情况，以及开展的救灾工作情况，民政部对原《自然灾害情况统计制度》进行了修订，并于 2008 年 5 月 7 日由民政部以民函〔2008〕119 号文印发。《自然灾害情况统计制度》包括填报说明、报表目录及表式、指标解释和灾害种类术语解释 4 个部分。

鉴于《中国民政统计年鉴》详细、系统地记载了 1990—2018 年我国 31 个省份常发生的干旱、洪涝、地震、风雹、台风以及低温冷冻和雪灾等自然灾害造成的人口受灾、农作物受灾、房屋倒塌和直接经济损失情况。限于灾害数据的获得性，本书参照《国家自然灾害救助应急预案》和《自然灾害情况统计制度》将自然灾害界定为：以自然变异为主因，对人类生命财产和生存条件造成危害的各类事件统称为自然灾害，主要包括干旱、洪涝、地震、风雹、台风以及低温冷冻和雪灾等灾害事件。

一般认为，对经济增长产生显著负向影响的自然灾害为重大自然灾害。本书参照 Fomby 等（2013）为每一类自然灾害设定阈值作为重大自然灾害和一般自然灾害的区分，如果一年内某类自然灾害的受灾人口数占总人口数的比重大于 10%，即 D_{it} =（受灾人口数$^{k}_{i,t,f}$）/（人口总数$_{i,t-1}$）时，则自然灾害强度 $D_{it}=1$ 界定为重大自然灾害；否则，自然灾害 $D_{it}=0$ 界定为一般自然灾害。这里，i 表示某地区，t 表示时间，k 表示灾害类型，f 表示 t 时间内发生的次数。

三、巨灾保险制度

巨灾的概念随着社会和经济的发展而不断变化，受灾害发生的时间和区域，地区的政治、经济和宗教信仰，以及灾害预警和灾后恢复重建能力等因素的影响较大。巨灾风险主要涵盖四类灾害事件，分别为重大自然灾害、公共卫生事件、社会公共安全和人为事故灾难。与一般风险相比，巨灾风险具有发生概率低、影响范围广、损失程度大以及风险个体的高度相关性等特点。另外，此类灾难性事故发生的原因都具有不可抗力的特性，即人类自身无法通过采取一定措施进行避免或消除的。巨灾风险所导致的重大财产损失和人员伤亡可能会威胁到一国或某一地区的可持续发展。

本书主要以巨灾风险中的自然灾害风险为研究对象，我们将巨灾定义为：巨灾风险一般是指是由地震、台风、洪水、干旱、风雹、低温冷冻等不可抗力的自然变异风险因素造成的，具有影响范围广、破坏力强的特点，且发生规律难以预测，但一旦发生将会导致重大人员伤亡和物质财产损失，对社会的稳定持续发展和社会福利水平产生重大威胁。巨灾保险是将此类自然灾害事件通过保险形式进行风险分散和经济损失补偿。巨灾保险制度为通过保险形式进行的制度安排，这里的制度包括相关的法律法规、风险分散机制、保障范围、保险费率和保险限额等要素。本书将重大自然灾害界定为巨灾保险制度中的“巨灾”，以下简称自然灾害。

中国面临的灾害及应对风险都会有自己特征和独特的实践经验，我们需要研究建立适合中国特色的巨灾保险制度体系。从应对巨灾风险角度设计保险，既不同于完全的商业保险，又不同于政府的制度安排，对于国家治理体系和治理制度中的巨灾保险制度安排，需要基于政府主导作用，充分发挥市场经济体制下的资源配置作用、更好的市场机制作用和全社会参与的力量。通过国家对于治理体系和治理制度的安排，会启发和拓展更好的市场机制作用的发挥。从国家机制维度看，巨灾保险制度作为灾害风险管理体系不可或缺的重要组成部分，是政府与市场协同运作、风险防范与经济补偿相结合、风险多层次共担与分级分担机制，是提升城市与国家韧性和国家应急管理能力与水平的重要制度。

第三章　国内外巨灾保险制度实践分析

第一节　国内外巨灾保险制度实践

一、我国巨灾保险制度实践

（一）我国巨灾保险的发展历程

（1）1979—1995 年巨灾保险恢复发展初期阶段。1951 年《强制财产保险条例》的颁布，标志着地震灾害风险正式纳入了强制财产保险的承保责任范围，但受限于当时的承保技术于 1959 年停办。1979 年，地震保险业务经国务院批准，恢复开展。此时，地震灾害风险纳入了财产保险、工程保险和农业保险的保障范围，保障水平进一步提高。但限于经济发展以及保险市场发展水平较低，再加上人们的风险和保险意识较为薄弱，地震巨灾保险业务的投保率较低。

（2）1996—2007 年巨灾保险发展转折阶段。1996 年 5 月，鉴于地震巨灾保险投保率较低，未积累充足的投保和理赔数据，不利于拟定科学合理的保险费率，影响保险公司的稳健经营，中国人民银行发布《财产保险基本险》和《财产保险综合险》后，将地震巨灾风险列入保险合同的免责条款中。中国保险监督管理委员会在 1998 年成立后，为确保保险公司的偿付能力，促进保险公司的稳健、有序运行，规定保险公司不得将地震灾害巨灾风险纳入保险责任承保范围，且不得接受地震巨灾保险的法定分保业务。虽然后来监管政策有所调整，但以主险的形式承保地震灾害风险的较少，基本上都是将地震灾害风险纳入企业财产保险的附加险中进行承保。该阶段为巨灾保险发展的缓慢、被动阶段。

（3）2008—2014 年巨灾保险发展的突破阶段。2008 年四川汶川大地震造成了巨大的人员伤亡和财产损失，但巨灾保险的赔付率仅占直接经济损失的 0.1%。鉴于此，社会各界呼吁建立巨灾保险制度化解巨灾风险，通过履行其损失补偿职责，降低政府财政支出压力。2013 年《中共中央关于全面深化改革若干重大问题的决定》以及 2014 年《国务院关于加快发展现代保险服务业的若干意见》，都提出要“建立巨灾保险制度”。至此，中国巨灾保险制度开始上升为国家意志安排，巨灾保险制度探索开启了新篇章。2014 年 5 月，正式签署的

《深圳市巨灾救助保险协议书》，标志着巨灾保险制度落地进入试点阶段，实现了中国巨灾保险制度由不断探索到实践的突破。

（4）2015年至今巨灾保险的快速发展阶段。2015年4月，中国城乡居民住宅地震巨灾保险共同体（以下简称地震共保体）在北京成立，该地震共保体由45家财产保险公司组成，标志着保险业在政策的推动下，也开始对建立科学、合理的巨灾保险制度进行有益的探索。2015年7月，作为发起人的中再产险正式在境外市场发行“第一只巨灾债券”。2016年5月，《建立城乡居民住宅地震巨灾保险制度实施方案》的发布，标志着巨灾保险制度正式落地实施。2016年7月，首次正式发布城乡居民住宅地震巨灾保险；2016年12月，该地震产品正式上线上海保险交易所；2019年6月，正式上线该地震产品的理赔系统。这不但拉开了巨灾保险制度在全国范围内先行先试的帷幕，而且标志着巨灾保险产品有了正式的场内交易、运营和理赔平台。截至2020年1月初，除深圳外，广东、云南、河北、上海、四川、海南、黑龙江、重庆等全国超过10个省份都对巨灾保险制度进行了实践，扩大了巨灾保险制度风险分散和防灾减灾能力，巨灾保险也进入快速发展阶段。

（二）我国巨灾保险的试点现状

继深圳开展巨灾保险试点后，各地结合自身灾害风险特点和经济发展状况，对巨灾保险制度实践工作进行了有益的尝试和探索，主要可以概括为民生保障型、指数型和住宅地震型巨灾保险制度。

1. 民生保障型

民生保障型巨灾保险主要将人身伤亡救助和补偿财产损失纳入保障范围，以保障民生为基本要求，主要有深圳、宁波、厦门等试点地点。

（1）深圳

深圳2014年5月开始试点巨灾保险，是全国首个试点城市，该试点项目由深圳市政府作为投保人出资向保险公司购买巨灾保险服务，具体由民政局签署。保障范围和保障对象如表3-1所示。人身伤亡救助额度为每人每次灾害事故10万元。深圳市政府针对深圳可能发生核事故，在主险条款基础上有针对性地安排了核疏散风险保障附加险。深圳巨灾保险方案在试点一年后得到了改进和完善。首先，在灾因方面，将承保的自然灾害种类增加到15种；其次，将住房损毁项目纳入了保险责任范围，每次每户赔偿限额为2万元；再次，为有效分散风险引入“共保体”承保模式；最后，政府采用向社会公开招标的采购方式，改变了过去单一来源采购方式，保障期限为2015年6—12月。2016年在2015年的基础上，增加了防灾减灾专项经费，经费来源为保费的5%～8%。2017—2018年，有关保障和服务内容沿袭2016年的方案。2019年，分灾害类型调整了承保责任限额，保障范围和保障力度逐步扩大和增强，增加了台风灾害人员救助费用，人身伤亡每人每次最高赔付提高到 25 万元。此外，2019 年防灾减灾费用占保费的比例提高至 10%，体现了灾害风险管理工作从过去的减少灾害损失向“防患于未然”的工作重点和方式的转变。2020 年沿袭 2019 年的巨灾保险方案。

（2）宁波

2014 年 11 月，宁波市政府作为投保人出资向保险公司购买公共巨灾保险服务，试点项目具体由民政局签署。保障对象和保险责任范围如表 3-1 所示，与深圳试点项目不同的是，宁波市巨灾保险项目包括家庭财产损失救助项目，每户每次最高 2000 元。2017 年，宁波市巨灾保险试点项目在原有的自然灾害保险基础上，增加了公共安全险，赔付限额分别为 6 亿元和 1 亿元，保障范围在原有的自然灾害风险基础上，扩展到突发公共安全风险，如重大安全生产事故和暴恐。自 2018 年 1 月 1 日起，宁波市巨灾保险工作由试点阶段进入正式实施阶段，期限为 3 个自然年。在此阶段，巨灾保险项目在保障范围、赔付标准等方面较巨灾保险试点时期作出了更加细致的说明，巨灾保险方案逐步完善，主要体现在以下几个方面：第一，人身伤亡抚恤的赔付限额提高至 20 万元；第二，根据房屋破坏程度的不同区分赔偿限额，根据损坏程度分为每户每次 2000 元或 3000 元；第三，设置了住房进水赔付阈值，当居民住房的进水水位超过 150 公分时，每户可获得 3000 元的赔偿金额；第四，提高了救灾安置赔付金额，由试点时期的每人每次 90 元增加至 150 元。

（3）厦门

2017 年 5 月 12 日，厦门市政府作为投保人的巨灾保险方案正式在厦门实施，由 5 家保险机构组成的共保体共同承保，厦门市成为继深圳、宁波之后第三个试点巨灾保险项目的城市，保障范围和保障对象如表 3-1 所示。在该试点项目中，人身伤亡、住房倒损和财产损失的赔付限额分别为 20 万元、10 万元和 5000 元，是目前所有巨灾保险试点项目的最高赔付标准，保险时期为 3 年，其间，巨灾保险保障范围与保障额度保持不变。厦门巨灾保险制度概括起来有五大特色：

第一，保障标准高：相较于其他试点地区的人身伤亡、住房倒损和财产损失最高赔付限额，厦门市巨灾保险试点赔付标准最高。第二，人群覆盖广：户籍人口、常住人口以及在厦流动人口都纳入了保障范围。第三，无城乡差别：巨灾赔偿方案实行城乡无差别一体化。第四，承保责任范围广：保障责任范围包括人身伤亡、住房倒损和财产损失三项，范围较广；承保灾因包括自然灾害、家庭和森林火灾以及突发紧急事件。第五，风险机制新：建立巨灾风险准备金机制，资金来源低风险年份保费结余的一定比例。

深圳、宁波和厦门巨灾保险具体试点工作可以概括如表 3-1 所示。

表 3-1　民生保障型巨灾保险试点情况

城市	投保人	保险人	保障对象	开始时间	保险责任范围
深圳	深圳市民政局	人保财险、国寿财险、太平洋产险和华泰财险组成的共保体	行政区域范围内的户籍人口、常住人口，以及临时来深圳的人员	2014 年 5 月	地震、台风、海啸、暴雨、泥石流、滑坡等 15 种灾害，救助项目为人身伤亡的医疗费用、残疾救助金、住房损失补偿、身故救助金及其他相关费用
宁波	宁波市民政局	人保财险	行政区域范围内的所有人口	2014 年 11 月	台风、暴雨、洪水等自然灾害造成的居民人身伤亡及家庭财产损失，以及重大安全生产事故和暴恐等突发公共安全风险损失
厦门	厦门市政府	以人保财险为首席承保人的 5 家保险机构组成的共保体	户籍人口、常住人口、在厦流动人口	2017 年 5 月	自然灾害、居民家庭火灾、森林火灾以及危及社会公共安全的突发紧急事件，巨灾保险赔偿项目包括人身伤亡及医疗救助、住房倒损、财产损失等

2. 指数型

广东、黑龙江、上海等地主要试点指数型巨灾保险。该保险主要以简化了保险公司查勘定损流程为特点，主要是以灾害本身的物理参数为依据设定触发值，如台风风速、地震震级等。当灾害发生后，根据第三方发布的指数；当达到触发值时，保险公司按预先设定的赔付标准进行赔付即可。

（1）广东

2016 年，广东省在所辖 10 个地市开展巨灾保险试点工作，省、市两级财政出资的比例为 3 : 1，台风、强降雨和地震 3 类自然灾害纳入保险责任范围，赔付标准依据相关部门发布的降雨量、台风和地震等级参数，并按灾害类别分层赔付。在选择承保单位上，试点地市可以按照自身需求选择一家或多家保险公司组成的共保体。保险公司或共保体可以按照“一市一方案”的原则，为试点地区定制个性化的保险方案。2017 年，在试点地市范围方面，由原有的 10 个地市增加至 14 个地市；在承保责任范围方面，梅州市在原有台风和强降雨的承保责任基础上，根据洪水灾害损失严重的实际情况，增加了洪水灾害风险；在保险期限方面，巨灾保险合同保障期限由原来的 1 年延长至 3 年，不但有助于评估巨灾保险制度的成效，积累巨灾理赔数据和服务经验，体现巨灾指数保险的风险平滑作用和效果。广州市于 2019 年 3 月 19 日正式启动巨灾指数保险试点项目，将台风和强降雨两项灾因纳入承保责任范围，保险金额分别为 3. 5 亿元和 3 亿元，市、区分摊保费的比例为 1 : 1，台风保险金额为 3. 5 亿元，强降水保险金额为 3 亿元。一旦发生风险事故，赔款将给到区政府。

这种灾害损失赔偿机制可以节约政府救灾时间和提高救助效率，推动了政府灾害风险管理体制的改革创新。

（2）黑龙江

2016年6月，黑龙江省就实施巨灾保险的必要性和可行性调研完毕，决定采纳瑞士再保险设计和建议的保险方案，选取干旱、低温、降雨过多三个灾因，在黑龙江28个贫困县进行试点，保险费率为4.00%。另外，投保流域洪水指数保险，费率为6.16%，总保费为1亿元，总保险额度为23.22亿元，并根据一年试点的效果对保险指标、阈值、费率调整完善情况确定下一年度试点方案，试点期为3年。黑龙江省财政厅为被保险人，由瑞士再保险公司设计并承担80%份额的再保险，阳光农业相互保险公司为保险人。

试点项目第一年：2016年6月1日至2017年5月31日。

试点项目2016年保险方案覆盖区域为28个贫困县，承保4个灾因，包括：干旱灾因、降水过多灾因、低温灾因三种气象灾因指数保险，以及卫星监测流域洪水灾因指数保险。年度合计保险金额为23.22亿元，年度总保费为1亿元，如表3-2所示。

表3-2　黑龙江省农业财政巨灾指数保险保单细分组成结构

保险分项	保险赔付计算期间	保险最大赔付额（万元）	合计保费（万元）
夏季降水过多指数保险	2016年6月至8月	39985	1599
夏季降水过多指数保险	2016年9月至10月	11424	457
夏季降水过多指数保险	2017年5月	5712	228
夏季干旱指数保险	2016年6月至8月	79696	3199
春季干旱指数保险	2017年5月	34272	1372
低温指数保险	2016年1月至12月	28561	1142
流域洪水指数保险	2016年6月至2017年5月	32516	2003
合计	—	232166	10000

资料来源：内部资料。

该保险方案按照灾因和保险赔付计算期间分成7个保险组成部分，如表3-2所示，其中第1项至第6项按照保险赔付计算期间在28个县进一步分割成168个细分保险单，包括降水过多灾因指数保险部分的84个细分保险单，其中最大的保险赔付额为龙江县夏季降水过多灾因指数保险单的2758万元；干旱灾因指数保险部分的56个细分保险单，其中最大的保险赔付额为龙江县夏季干旱灾因指数保险单的5516万元；低温灾因指数保险部分的28个细分保险单，其中最大的保险赔付额为龙江县的1970万元；表3-2第7项是流域洪水灾因指数保险单。该保险方案结构的设计意图是无灾时不触发保险赔付，小灾时触发适度保险赔付，大灾和巨灾时触发高额赔付直至最大赔付保额。

试点项目第二年：2017 年 6 月 1 日至 2018 年 5 月 31 日。

鉴于 2016 年夏季降水过多灾因和夏季干旱灾因指数保险触发保险赔付额与实际旱灾损失存在巨大差异，省财政厅根据各相关单位意见向试点保险方案设计单位瑞士再保险公司提出整改要求。如表 3-3 所示，试点项目第二期保险方案覆盖区域仍为 28 个贫困县，承保 4 个灾因部分，包括旱灾、降水过多、低温三个气象灾因指数保险，以及卫星监测和报告的流域洪水灾因指数保险。年度合计保险金额为 13.25 亿元，比首期年度合计保险金额 23.22 亿元减少了 9.97 亿元的合计保险金；年度总保费仍为 1 亿元；三个气象灾因指数保险在 28 个被保险县根据增加的赔付期间分割为 273 个细分保单，比首期 168 个细分保单增加了 105 个细分保单。因此，年度保险额被分散在广大的时间和空间，使任何一次严重巨灾的最大赔付额限制在微小额度内，而无法实现巨灾保险赔付；每一份细分保单的子保额可能包含三个类型的保额，即低于保费的确定性赔付的保额（不是保险），或有赔付属性保额（是保险），难以甚至不可能触发赔付的保额（不是保险）。所以，历史灾因数据验证的年度平均总赔付仅占年度总保额的 5%。另一个调整是保险方案设计单位瑞士再保险公司要求对降雨过多灾因指数设置日降雨量 60 毫米的上限，即如果日降雨量超过 60 毫米，以 60 毫米为降雨量计算。

表 3-3　2017 年保险结构

保险分项	保险赔付计算期间	合计保额（万元）	合计保费（万元）
2017 年夏季干旱指数保险	2017 年 6 月至 8 月	34833.54	2787
2017 年秋季干旱指数保险	2017 年 9 月至 10 月	2626.35	210
2018 年春季干旱指数保险	2018 年 3 月至 5 月	12540.11	1003
2017 年夏季降水过多指数保险	2017 年 6 月至 10 月	24234.78	1939
2017 年秋季降水过多指数保险	2017 年 9 月至 10 月	5007.03	401
2018 年春季降水过多指数保险	2018 年 3 月至 5 月	758.19	61
2017 年夏季低温指数保险	2017 年 6 月至 8 月	6339.7	507
2017 年秋季低温指数保险	2017 年 9 月至 10 月	7588.99	607
2018 年春季低温指数保险	2018 年 3 月至 5 月	6071.32	486
流域洪水指数保险	2017 年 6 月至 2018 年 5 月	32500	2000
合计	—	132500.01	10001

试点项目第三年：2018 年 6 月 1 日至 2019 年 5 月 31 日。

2018 年 8 月 12 日，省财政厅在相关省直单位对几经修改的最终续保方案确认同意后，正式续保。如表 3-4 所示，试点项目第三期保险覆盖区域仍为 28 个贫困县，承保 4 个灾因部分，包括干旱、降水过多和低温三个气象指数保险，以及卫星监测和报告的流域洪水指数保险。此时，年度合计保险金额为 13.25 亿元，与 2017 年保险方案总保额一致，比首期年度合计保险金额 23.22 亿元减少了 9.97 亿元的合计保险金，年度总保费仍为 1 亿元，三个气象灾因指数保险结构基本不变，仍然将 28 个被保险县分割为 273 个细分保单，比照首期 168 个细分保单，增加了 105 个细分保单。鉴于降水灾因和干旱灾因是灾情的主要矛盾，将流域洪水灾因的保费从 2000 万元降至 400 万元，剩余的 1600 万元加到降水过多灾因保险部分至 4000 万元，使降水过多保障额度由 3 亿元提高至 5 亿元。虽然保留流域洪水指数保险部分，但保费由原保单的 2000 万元减至 400 万元，保额也相应减至 1.25 亿元，保留基差风险赔款条款，即只要省防汛办发布“洪水应急响应”，保险公司就支付 80 万元保险赔付。

表 3-4　2018 年保险结构

保险分项	保险赔付计算期间	合计保额（万元）	合计保费（万元）
2018 年夏季干旱指数保险	2018 年 6 月至 8 月	39496.00	3160
2018 年秋季干旱指数保险	2018 年 9 月至 10 月	531.74	43
2019 年春季干旱指数保险	2019 年 3 月至 5 月	9972.26	798
2018 年夏季降水过多指数保险	2018 年 6 月至 8 月	40391.30	3231
2018 年秋季降水过多指数保险	2018 年 9 月至 10 月	8345.05	668
2019 年春季降水过多指数保险	2019 年 3 月至 5 月	1263.64	101
2018 年夏季低温指数保险	2018 年 6 月至 8 月	6530.57	522
2018 年秋季低温指数保险	2018 年 9 月至 10 月	7398.11	592
2019 年春季低温指数保险	2019 年 3 月至 5 月	6071.32	486
流域洪水指数保险	2018 年 6 月至 2019 年 5 月	12500	400
合计	—	132499.99	10001

黑龙江农业财政巨灾指数保险试点项目经过前期两年的研究和三年的试点实践，为巨灾保险融合财政救灾预算改革提供了充实的理论研究、政策探索、实证经验和教训。鉴于此，本书认为，政府采购巨灾指数保险时，必须坚持两个设计原则：①保险方案确定的年度保额不应该根据灾因数量、灾因监测站点数量、赔付计算时段数量分割为细分保单子保额，内容烦琐，应该坚持简单明了；②保险方案确定的保额不应该包括确定性赔付保险额度和确定性不赔付保

险额度；也必须坚持一个验证原则，即将拟采用的灾因指数保险结构套用足够年数的历史灾因数据，验证历史保额赔付率，特别是针对已知严重灾害年的年度保额赔率进行验证，确定在严重灾害年保险赔付额接近或达到年度保险额；该项目可以在坚持设计和验证原则的基础上在全省和全国进行更广泛的试点和推广。一个巨灾保额标准为：政府针对严重自然和人为灾害可能发生的财政资金与财政救灾预算资金之间的缺口，是财政预算风险巨灾指数保险保额设定的依据。

黑龙江农业财政巨灾指数保险项目实现了三个方面的创新突破：第一，以预先设定的阈值为理赔根据，公开透明、理赔效率更高；第二，首次聚焦农业领域，扶贫目标突出；第三，政府作为投保人和被保险人，灾害事故发生后，保险金的迅速支付，可以有效解决政府救助资金支出压力。

（3）上海

2018 年 5 月 29 日，上海市在黄浦区启动首个巨灾保险项目，黄浦区政府作为试点项目的投保人，承保人为多家财产保险公司联合组成的共保体，承保灾因为台风、暴雨和洪水，承保责任范围为住房倒损、室内家庭财产损失以及自然人死亡。目前，上海市气象部门已受太平洋财产保险上海分公司的委托，开展黄浦区气象灾害的风险防范工作，如对黄浦区暴雨洪水灾害风险进行普查，绘制暴雨洪水灾害风险地图以及报告社区灾情信息等。此外，还将完善气象灾害的监测与预警系统以及与保险公司的联动机制，这使当出现重大气象灾害，可联合开展台风、暴雨洪水等气象灾害的风险预警、防范等服务，重点面向黄浦区社区街道的高风险区域以及重点风险防范单位。灾前风险防范不仅能够减少人们生命财产损失，提高城市抵御风险的能力，也有利于降低理赔率，提高保险公司的经营效益。此外，在灾后理赔方面，当达到理赔触发点时，保险公司直接将保险金赔付给受灾群众，可提高受灾群众自身灾后救助效率，具有一定的针对性。黄浦区巨灾保险试点工作的最大特点在于共保体将保费收入的一定比例投入灾害风险防范工作以及提高灾害系统预警的准确性方面，做出了从灾后理赔到注重灾前风险防范的积极探索，切实提升全区自然灾害防御能力。

（4）湖北

2019 年 5 月，湖北省在 4 个地区进行巨灾保险的试点工作，投保人为湖北省政府，保险人为 8 家保险公司组成的共保体，保费总额约为 1 亿元，由省和试点地区财政共同分担，但根据各试点地区财力的不同，采取差异化的保费分担机制，如非贫困县地区的省、市县级财政的分担比例为 5∶5；贫困县地区的省、市县级财政的分担比例为 6∶4，两种保费分担机制主要在十堰、黄冈和恩施州进行实施。特别地，在武汉，省财政、市财政两级政府保费的分担比例为

3∶7。除保费分担机制实行差异化的分担机制外，巨灾保险的试点险种也存在地区差异，既有需要查勘定损的传统保险模式，试点地区为十堰、黄冈和恩施州；又有根据预先设定的阈值进行理赔的指数保险模式，试点地区为武汉。每人最高赔付金额为10万元；每户每间倒损房屋赔偿6000元，最高赔偿5万元；当自然灾害造成水稻、玉米等种植作物以及生猪养殖损失时，根据农产品所处的生长时期、受灾程度等按比例分段赔付，每亩赔偿限额为200元，每头生猪赔偿限额为150元。

指数型巨灾保险试点的具体情况如表3-5所示。

表3-5　指数型巨灾保险试点情况

城市	投保人	保险人	保障区域	开始时间	保险责任范围
广东	试点地区居民	人保财险、平安产险、太平洋产险共保体	湛江、韶关、梅州等14个地市	2016年	台风、强降雨以及破坏力较强的地震
黑龙江	黑龙江省财政厅	阳光农业相互保险公司和瑞士再保险公司	黑龙江省28个贫困县	2016年7月	流域洪水、降雨过多、干旱及积温不足等造成的农作物损失
上海	黄浦区政府	太平洋、中国平安、中国人保共保体	黄浦区辖区	2018年5月	台风、暴雨、洪水导致区域内住房及其室内家庭财产发生损失，以及突发事件导致自然人死亡
湖北	试点地区居民	以人保财险为首席承保人的8家保险公司组成的共保体	武汉、十堰、黄冈和恩施州	2019年5月	暴雨洪水造成的人身伤亡、农房倒塌、农产品的绝收或死亡，以及政府财政救助支出

3. 住宅地震型

住宅地震型巨灾保险试点的地区主要有云南、四川两地，该类型的巨灾保险主要保障地震及其次生灾害导致的住房损失和人员伤亡等。住宅地震巨灾保险在全国范围内开展，保单具有标准化特点，灾后理赔定损依据主要根据民政部门制定的标准，赔款到户。

（1）云南

2015年8月20日，云南省大理白族自治州进行农房地震保险试点工作，是全国首个试点地震保险的地区。保费由三级政府省、州、县财政全额承担。根据震级的不同，农房地震保险进行分档确定赔偿限额，范围为2800万元到4.2亿元，每人每年10万元的死亡救助赔偿限额。此外，该地区建立地震风险准备金，资金来源为当年保费收入和低风险灾害年承保利润的一定比例，并通过保值增值等多种手段逐步扩大准备金规模，增强抵御地震灾害风险的能力。2019

年 8 月 7 日，大理州开始试点政策性农房地震保险，保险责任范围方面，除承保地震灾害风险外，扩大到洪水、雷电、冰雹等自然灾害，以最大限度地保障人们的生命财产损失，保险期间为 2019—2020 年。政府引导的农房地震保险为市场发挥灾害风险管理方面的优势创造了条件，放大政府财政救灾资金支出压力，转移区域巨灾风险损失和平滑财政支出波动风险，提高居民灾后重建能力，构建了政府救助、政策性保险、商业保险等多层次的巨灾风险保障体系。

（2）四川

2015 年 4 月 28 日，《四川省城乡居民住房地震保险试点工作方案》（以下简称《试点方案》），标志着四川正式启动城乡居民住宅地震保险的试点工作。《试点方案》主要包括以下几个方面：第一，保费由各级政府和个人共同分担，各级财政承担 60%，个人承担 40%。第二，为增强抵御重大地震灾害风险的应对能力，建立地震保险巨灾基金，建立初期由财政拨付 2000 万元，并进行多渠道融资，包括政府根据当年地震灾害的发生以及财政收支情况等进行财政拨款，保费收入的一定比例以及社会的捐赠等。这里，保险公司将年度实收保费的 20%转入到地震保险基金中，实现资金的逐步积累；社会捐助的款项全额转入到地震保险基金中。关于地震保险基金的管理，主要采取单独立账、专项管理的模式。

地震巨灾风险多层次分担机制是该试点方案的特色部分，主要包括原保险、再保险、地震保险基金以及政府紧急预案等。各层具体分担责任如下：第一层次，原保险与再保险。原保险与再保险分担层次可以从限额封顶和保费倍数封顶两个角度进行界定。当限额封顶时，小于 1.8 亿元（含）的赔款由原保险公司承担；再保险公司承担 1.8 亿~3 亿元的赔款；保费倍数封顶时，赔付率小于 300%（含）的部分由原公司承担，300%~500%的部分由再保险公司承担。第二层次，地震保险基金。承担的额度取大于 3 亿元的全省年度赔款和 5 倍实收保费的部分中两者的最高者。第三层次，比例回调机制。当赔款总额超过原保险、再保险和地震保险基金承担的限额总和时，启动比例回调赔付机制。第四层次，政府紧急预案，当年度赔款超过上述三个承担层级时，当地政府按照《自然灾害救助条例》实施救助措施。

四川地震保险试点方案多层次风险分担机制如图 3-1 所示。

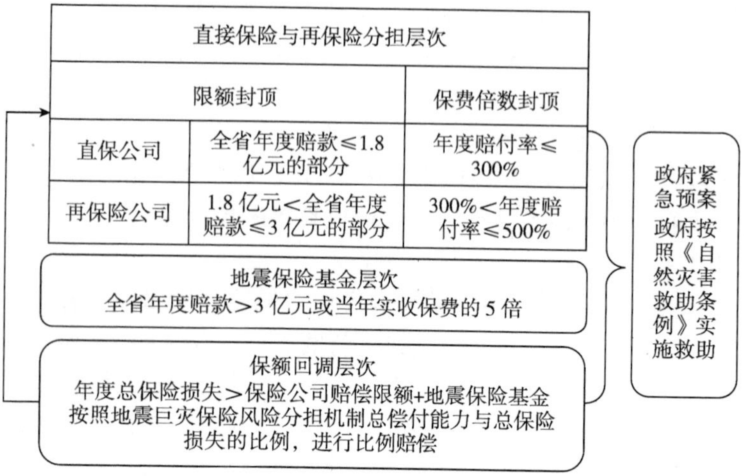

图 3-1　四川地震保险试点方案多层次风险分担机制

住宅地震型巨灾保险试点的具体情况如表 3-6 所示。

表 3-6　住宅地震型巨灾保险试点情况

地区	投保人	保险人	保障区域	开始时间	保险责任范围
云南	试点地区居民	诚泰财险、人保财险、平安产险等 5 家保险公司组建地震共保体	大理州所辖 12 县（市）	2015 年 8 月	5 级（含）以上地震造成的农村房屋的直接损失、恢复重建费用、居民死亡救助等
四川	试点地区居民	中国人保为首席承保人的 3 家财产保险公司组成的共保体，再保险人为中国财产再保险公司	乐山、绵阳、甘孜、宜宾等 18 个市（州）	2015 年 4 月	5 级（含）以上地震造成的农村房屋直接损失和城镇居民死亡

（三）我国巨灾保险试点的基本特征

（1）政府引导、市场参与的协同运作模式。目前，试点区域一般以政府为主导、市场参与的协同运作模式，不断对巨灾保险制度进行探索，并在实践中发现问题，进行不断完善。政府部门牵头组织实施，并积极出台各项政策，提供保费补贴或全额承担保费，督促保险公司开展承保、理赔以及防灾防损工作，为承保公司提供良好的运行环境。商业保险公司通过引入再保险机制，或者联合其他保险公司组成共保体，提高抗风险和服务能力。此外，部分试点地区还设立巨灾基金，筹资渠道主要包括政府出资、保费收入一定比例的转入、社会救助等，逐渐积累巨灾风险保障资金。

（2）广覆盖、保基本、多层次风险分散和保障体系。试点地区一般包括所辖区域范围内的所有的人口，体现了广覆盖的原则；人身伤亡赔付限额为 10 万元，体现了保基本的原则。这两个原则，主要是保障受灾群众灾后能够获得最基本的救助和资金支持。在巨灾风险分散层面，基本上构建了多层次风险分散保障机制，包括原保险、再保险、巨灾保险基金以及政府的最后救助。在巨灾风险保障层面，主要包括三个层面：一是政府全额购买或提供保费补贴的巨灾救助保险；二是个人自愿购买的商业保险；三是政府救助或社会捐赠，实现了风险保障的多元化，提高了社会公众抵御灾害风险的能力。

（3）因地制宜，制度体系多元化。各地区的巨灾保险试点方案既相互通融，又各具特色。从相同点来看，设定的保险责任范围、赔偿标准等方面，都体现了广覆盖、保基本的原则。从不同点来看，一是灾种的区别，除了自然灾害，有的试点地区还将重大安全生产事故、暴恐、家庭以及森林火灾等纳入巨灾保险责任范围。二是覆盖人群范围的区别，保障范围除了户籍人口和常住人口，有的试点地区还将流动人口纳入保障范围。三是风险分担机制的区别。除了原保险、再保险和个人外，有的地区还设立了巨灾保险准备金，一方面发挥超额赔付保障作用，另一方面逐步积累巨灾风险保障资金，在对接资本市场中实现保值增值，提高应对重大灾害的能力。同时，承保机构与其他再保险机构合作，在更大范围内实现巨灾风险的有效分散。

（4）将巨灾保险纳入灾害风险管理体系。巨灾保险除了履行损失补偿的职责外，还需要充分发挥其处置风险的专业性。通过与气象、应急管理等部门的沟通和合作，积极地参与防灾减灾体系建设，提高整个城市的安全保障能力和韧性。如在深圳市巨灾保险试点方案中，要求保险公司除履行其损失补偿责任外，还需要提供定期灾害损失报告、建设灾害数据平台等服务。在黄浦区巨灾保险试点方案中，要求保险公司将一定比例的保费收入投入防灾减灾培训、完善灾害预警体系等工作中，并对风险防范重点单位、社区和街道提供有针对性的风险防范服务，提高整个社会灾害防御能力。

（5）人身风险保障为主，对农业巨灾风险的关注低。目前，试点的巨灾保险方案保障责任范围主要以人身风险和居民住宅为主，相对忽略了农业巨灾风险。试点地区保障责任范围包括农业巨灾风险的地区仅有黑龙江和湖北。虽然目前的政策性农业保险将多数自然灾害风险纳入保障范围，但仅仅保障农作物的种植成本，保障水平低，急需补充性巨灾保险进一步满足更高层次的需求。此外，目前开展巨灾保险的地区主要集中在东部沿海发达城市，政府财力较为充足，基本上采取政府全额购买巨灾保险或提供较高的保费补贴，中部、西部地区是自然灾害高发地区，试点巨灾保险的地区较少，财政补贴的比例也相对较低。

二、国外典型巨灾保险制度实践

（一）地震巨灾保险制度实践

1. 日本地震保险制度

日本由于地处太平洋火山地震带，地震多发，损失严重，但由于其具有相当完备的巨灾保险制度，在一定程度上降低了地震灾害损失，实现了地震巨灾风险有效的分散。1966年，日本《地震保险关联法》的颁布，为地震保险制度奠定了法律基础。日本地震保险附加在火灾保险之上，保险责任范围是建筑物及家庭财产，企业财产不属于承保责任范围。商业保险公司负责开展地震保险业务，然后将地震保险业务全部分出给日本地震再保险公司（以下简称JER），JER对于集中的地震保险合约有三种处理方式：一是转分保给商业保险公司；二是向日本政府进行再保险；三是JER自身承担剩余的部分。分层赔付的具体安排如图3-2所示。

第一层，JER单独为地震支付赔偿额，上限为1153亿日元。目前仅有东日本大地震的赔偿额超过了该层限额，说明该层赔付能够使JER应对大部分地震。

第二层，政府和商业保险公司同样分担赔付责任，和JER共同支付1153亿日元至4379亿日元的赔付金额。第二层的设置可以降低JER的财政压力，同时可避免商业保险公司在再保险阶段出现的逆向选择。在该层，政府和商业保险公司首先按照1∶1的比例进行赔付，当达到1863亿日元的赔付金额后，即商业保险公司承担355亿日元赔付后，转由JER与政府继续赔付。JER在本层的赔付限额为1258亿日元，直至赔付总额达到4379亿日元。

第三层，政府赔付超过4379亿日元的赔付金额中的大部分赔付金额，约占总额的99.7%。同样，先由政府与商业保险公司进行赔付，赔付总金额达到18447亿日元后，此时商业保险公司在该层赔偿额为43亿日元，再由JER与政府共同赔付。JER在本层的赔付限额为28亿元，政府支付超额赔款再保险中的大部分金额，赔付限额为108289亿日元。

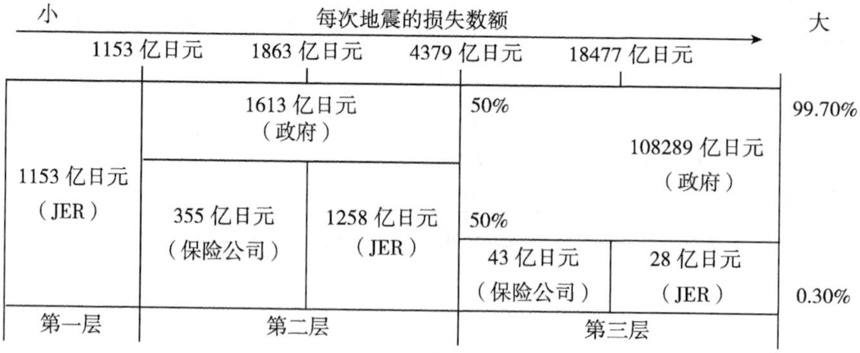

图3-2 日本地震损失分摊

2. 新西兰的地震保险制度

新西兰地处环太平洋地震带，地震活跃频繁、强烈。在新西兰的各种自然灾害中，受地震灾害影响最大。新西兰 1944 年制定的《地震和战争损害法案》，是第一部巨灾保险法律。1993 年《地震委员会法案》免去了地震与战争委员会机构办理战争保险的责任，并将其更名为地震委员会（Earthquake Commission，EQC）。EQC 由国家财政部独资成立，办理政策性自然灾害保险业务的机构，受财政部管辖。新西兰地震保险被强制附加于火灾保险合同，地震巨灾保险体系由 EQC、财产保险公司和保险协会共同构成。EQC 经过几次改革后，目前已经成了独立的法人机构。

新西兰地震保险的风险分散机制是该地震保险制度的一大特色，地震委员会通过再保险市场、地震保险基金、政府等多渠道分散地震巨灾风险，具体风险分散层次为：EQC 全部承担 0～15 亿新西兰元，为第一风险分散层；再保险人承担 15 亿～40 亿新西兰元，为第二风险分散层；自然灾害基金承担 40 亿新西兰元以上，为第三风险分散层；第四层，当自然灾害基金耗尽仍然不足以赔偿损失时，由政府承担最后赔偿责任，为此，每年地震委员会会向政府支付一定的保证金。新西兰地震损失分摊如图 3-3 所示。

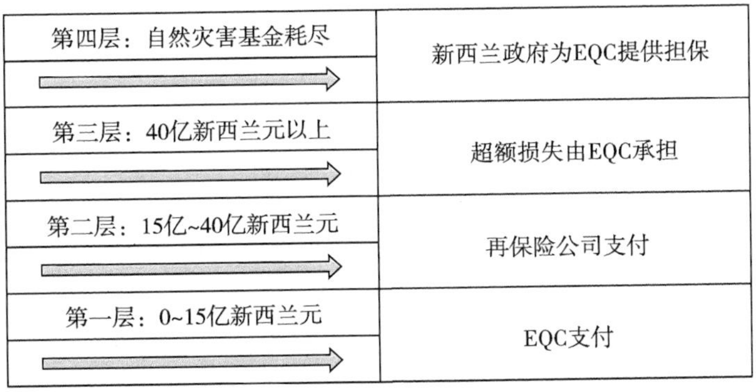

图 3-3　新西兰地震损失分摊

（二）洪水巨灾保险制度实践

1. 美国洪水巨灾保险

洪水是 20 世纪美国最严重的自然灾害，历史上造成了巨大的生命与财产损失。为了更好地降低损失、抵御洪水、缓解财政压力，1968 年，联邦政府牵头成立了美国国家洪水保险计划（NFIP）。NFIP 由隶属于联邦紧急事务管理局（FEMA）的联邦保险管理总署（FIA）管理。FIA 在其中起着主导作用，不仅负责制定联邦洪水保险条例，如保单设计、保费厘定、确定保险责任与除外责任等，进行灾后理赔，还进行灾害预防、灾后恢复重建等工作。商业保险公司仅负责出售洪水保险产品，其将保费收入全部转交给 FIA，不承担赔付责任。

同时，FIA 依据售出的保单数量向商业保险公司支付佣金。值得注意的是，在国家洪水保险计划中，投保人主要是指社区而非居民个人，这里的“社区”的定义是任何州、地区或行政分区。社区自愿参加 NFIP，但若在部分区不加入 NFIP，则不能够得到联邦政府任何形式的援助。当然，若社区参加 NFIP 还要满足一定的设防条件，这种约束机制一方面保证了洪水保险的覆盖面，另一方面又降低了洪水灾害损失和理赔率。

《国家洪水保险计划》的赔款及日常费用的开支主要通过洪水保险保费收缴筹集而来，并利用美国发达的资本市场，将巨灾风险证券化，实现资产的保值增值（见图 3-4）。当洪水保险基金消耗完毕时，可以申请国家财政拨款以应对巨灾损失。此外，《国家洪水保险计划》作为联邦政府自然灾害项目，可以享受联邦免税待遇，有效降低支出。若投保人需要更高的保障，对限额以外的财产可以投保商业保险。NFIP 按照洪水风险地图实行差别费率；在承保对象上，NFIP 保障责任范围是居民家庭和小企业的财产，而非大中企业财产。因为大中企业通常具备较强的抵御洪水灾害的能力，可与商业保险公司协商是否将洪水灾害列为综合保险单的可保风险。

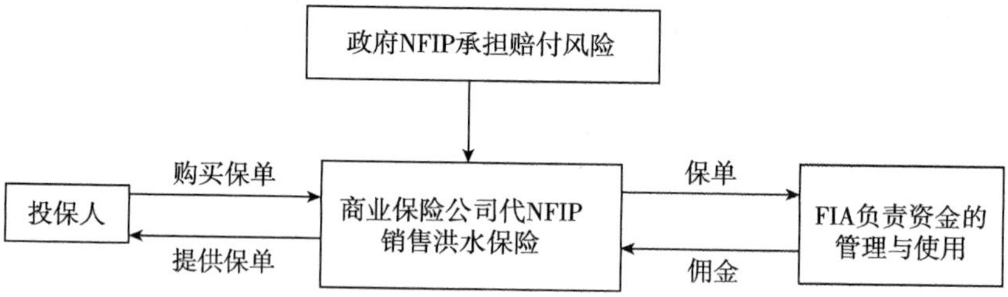

图 3-4　美国洪水保险的组织运营模式

2. 英国洪水保险制度

英国的洪水保险制度是进行完全市场化运作的典型代表，政府不参与洪水保险产品的经营运作。在政府按照保险协会要求提供防洪措施和防洪信息的前提下，保险公司在标准家庭及小企业财产保险承保的风险中加入洪水风险。英国保险协会在洪水保险制度中的主要作用是监督保险公司的行为以及督促政府的防洪工作。英国保险协会还与政府共同商讨签订洪水保险方面的协议，确定政府与保险公司双方的责任和义务。“君子协议”和《洪水保险供给准则》就是由保险协会同英国政府签订的。这两个协议在没有直接的洪水保险立法的英国发挥了巨大的指导作用，规范了政府和保险公司的行为，保障了英国洪水保险的成功运行。此外，商业保险公司主要通过英国发达的再保险市场实现洪水巨灾风险的分散。

英国洪水保险体系的组成部分可依据机构性质分为两类：英国中央政府及其下属 Defra 和地方政府属政府性质，是洪水保险制度的领导者；保险公司和商业保险公司则属于商业性质机构（见图 3-5）。虽然英国政府在洪水保险中不是实际巨灾风险的承担者，但政府需要负责制订一系列防洪工程建设计划，并付诸实施，还需要及时地向商业保险公司提供与洪水风险相关的资料，保证洪水风险控制在能够承保的范围内。保险公司在政府履行了这些职责时才会提供洪水保险。当然，如果没有政府的各种防洪措施和服务，洪水风险的可保性就会大大降低。因此，英国高度市场化的洪水保险，同样离不开政府的协助和配合。

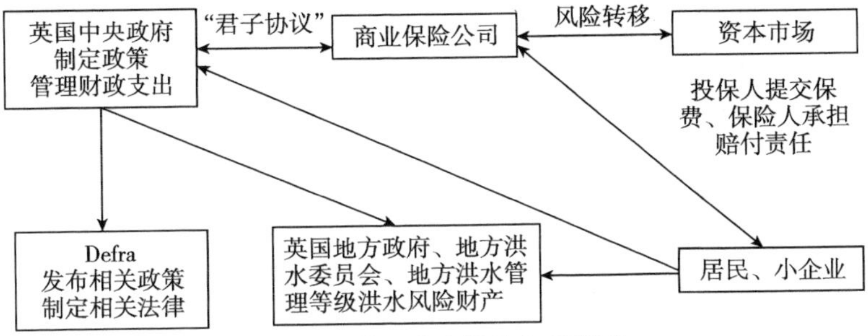

图 3-5　英国洪水保险经营模式

（三）加勒比地区的气象财政指数保险

CCRIF 加勒比海巨灾风险保险机制作为世界上第一个多国政府组建的保险共同体成立于 2007 年，也是第一个传统保险市场和资本市场成功开发的保险工具。CCRIF 是在日本政府资助和世界银行技术指导下开发的，其资本是通过一个多方资助信托基金实现，资助方包括加拿大政府、欧盟、世界银行、英国和法国政府、加勒比海发展银行、爱尔兰和百慕大政府，以及成员国政府支付的会员费，到目前资助方已经增加了很多。2014 年，为促进保险方案创新和吸收新成员加入，CCRIF 机制改组成为一家独立组合公司（Segregated Portfolio Company，SPC），名称为 CCRIF SPC，现有 22 个成员，19 个加勒比海国家政府、3 个中美洲国家政府。CCRIF SPC 通过 4 个指数保险工具，即台风风速指数保险、地震烈度指数保险、降雨过度指数保险、海岸渔业指数保险，当灾害风险指数达到预先设定的指数时，CCRIF SPC 为加勒比海和中美洲成员国政府提供短期流动性，缓解国家财政短期救灾支出压力，以维持受灾国公共服务功能的正常运转和尽快开展灾后恢复、重建。2013 年之前，CCRIF 指数型巨灾保险仅承保地震和热带气旋两种灾害，之后增加了降雨过度灾害。CCRIF 统一规定触发保险理赔的最低值，且使用统一的数理模型对损失进行评估，参与国获得的赔付金额由选择的保险金额来决定，并受最高赔付额的限制。

财务稳定是 CCRIF SPC 的经营原则。2018—2019 年，CCRIF SPC 向 17 个加勒比海国家出具了 33 张地震指数和台风指数保险单，向 15 个加勒比海国家出具了 18 张降雨过多指数保险单，向 2 个中美洲国家出具了 4 张地震指数、台风指数、降雨过多指数保险单。为分散风险，针对地震指数保险和台风指数保险，CCRIF SPC 在自留了 2500 万美元保额的基础上，购买了三层总额为 14500 万美元的超赔再保险，如图 3-6 所示。

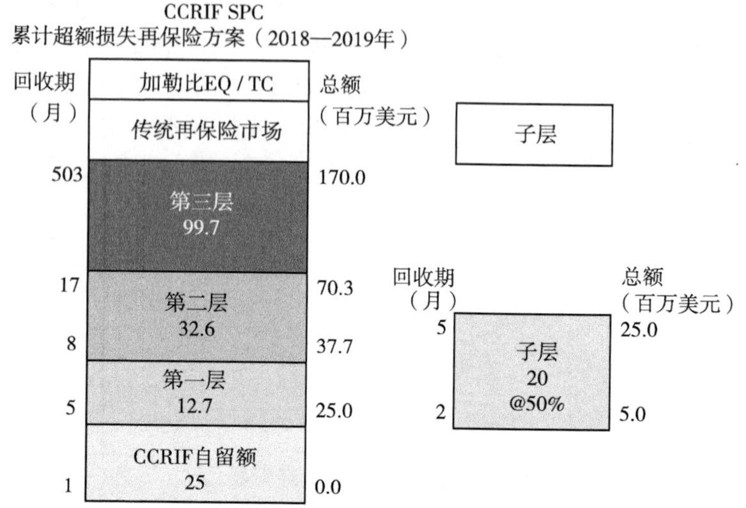

图 3-6　CCRIF SPC 2018—2019 年加勒比海地震指数和台风指数超赔再保险结构

针对加勒比海降雨过多指数保险额度，CCRIF SPC 自留了 770 万美元，在此之上，购买了 3650 万美元超赔再保险，如图 3-7 所示。

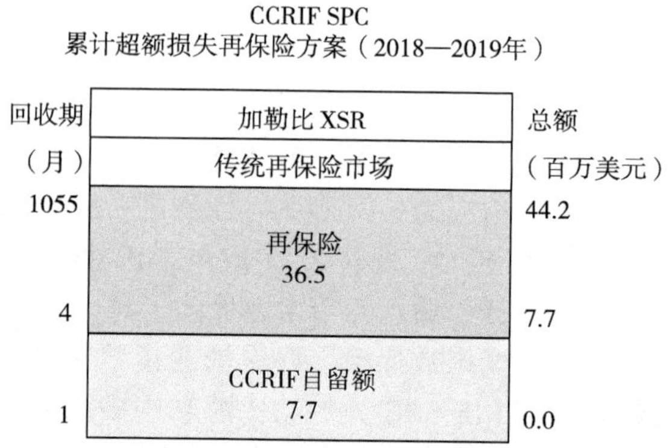

图 3-7　CCRIF SPC 2018—2019 年加勒比海降雨过多指数保险超赔再保险结构

如图 3-8 所示，CCRIF SPC 就中美洲台风指数和地震指数保险额度，自留了 150 万美元，购买了 2 层合计 1850 万美元的超赔再保险，就中美洲降雨过多指数保险额度，自留了 300 万美元，购买了 900 万美元超赔再保险。

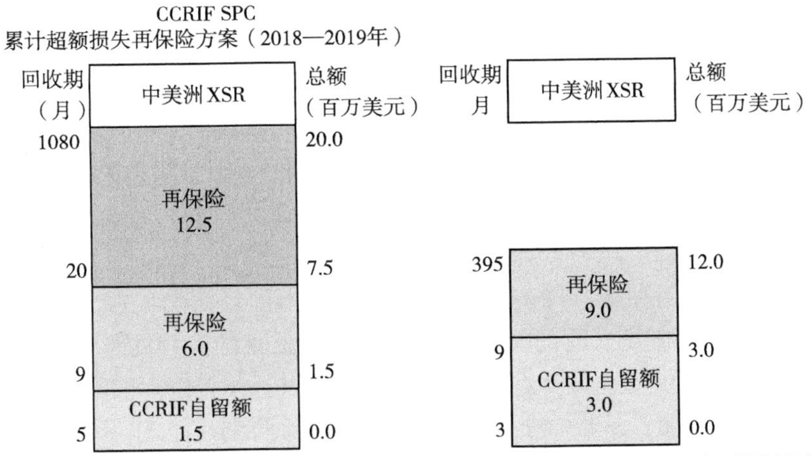

图 3-8　CCRIF SPC 2018—2019 年中美洲台风、地震、降雨过多指数超赔再保险结构

CCRIF SPC 在 2018—2019 年的资本风险暴露包括上述再保险计划内 3720 万美元的合计自留额，以及 1824 年一遇损失点的再保险最高限额 2.18 亿美元之上的 4880 万美元。因此，2018—2019 年的保险偿付能力远高于巨灾模型测算的年度累积 1000 年一遇损失点，完全符合财务安全的指引。在亚特兰大飓风季前，CCRIF SPC 成员国政府于 2020 年 6 月 2 日成功向 CCRIF SPC 续保了其 4 项指数保险，总保额达 10 亿美元。为支持社会和经济受到新冠疫情严重破坏的加勒比海国家政府，欧盟根据其全球新冠疫情响应计划，通过欧盟韧性建设机制，为 2020 年 CCRIF SPC 的续保提供了 10 亿欧元的保费补贴支持。

由以上分析可见，巨灾指数保险是当自然灾害参数（或参数组合）达到预先设定的赔付触发水平时，由 CCRIF SPC 按照合同约定向投保国家政府履行灾害救助和灾后恢复重建等所需资金的赔付义务。从 2007 年发起至今，CCRIF SPC 已经支付了 41 笔合计 1.52 亿美元的台风指数保险、地震指数保险、降雨过多指数保险赔偿款给 13 个成员国政府，款项支付均在灾害发生后 14 天内完成。

上述巨灾保险制度试点国家的共同点为：第一，这些国家和地区都有相关的法律法规作为保障；第二，巨灾保险制度都有核心机构负责建立、管理和运行；第三，巨灾保险制度需要政府和保险公司的协同配合，相辅相成，发挥各自优势。与此同时，由于国情不同，各个国家和地区的巨灾保险制度也表现出一定差异性，具体而言包括以下几个方面：

（1）单项/综合：有的国家和地区针对某个或某几个特别严重的巨灾风险建立单项巨灾保险制度。而有的国家和地区，面临较低的巨灾风险，则建立了综合性巨灾保险制度，涵盖多种风险。

（2）承保主体：承保主体主要包括政府主导、市场主导以及政府和市场相互合作三种类型。在市场主导中，保险公司参与承保运营的所有环节，政府不参与其中，也不提供任何财政补贴。这种独特的巨灾保险体系类型得益于英国完善的保险市场，使巨灾风险可在再保险市场上进行有效分散。而大多数国家和地区不具备这样的条件，因而需要政府的参与，形成政府引导模式，即由政府制定法律，设立专项巨灾保险基金，指定核心机构负责基金的运营管理，并承担相应的保险责任等；或者形成政府与保险公司共同参与型，各司其职，巨灾损失共同承担。

（3）单独险/附加险：许多国家和地区针对本国经济影响较大的自然灾害建立单项巨灾保险制度，有的国家和地区以一个独立的险种的形式提供，有的是将巨灾风险纳入其他保险产品的保障责任范围内，或者以附加险的形式存在。

（4）强制/自愿：从根本上看，各国的巨灾保险制度均有不同程度的强制性。一些保险业不太发达的国家和地区，为了提高参保率，满足大数法则的要求，使保险能够充分发挥其风险分散、损失补偿等功能，实施了强制的巨灾保险制度。但大多数国家和地区采用差异化的处理方式，如日本的地震保险区别企业和家庭，即企业可以自愿购买地震保险，但家庭在购买家庭财产保险时，则被强制要求购买地震保险；英国巨灾保险采取完全由商业保险经营的模式，进行自愿购买。

（5）政府的作用：由于各国的巨灾保险制度选择的模式不同，政府所起的作用也不同，但是在所有国家和地区的巨灾保险制度建设过程中，均不能缺少政府的参与。即使在保险业比较发达的英国，政府也承担提供防洪体系建设、灾害预警和风险评估等公共服务的职责。在政府主导和政府与市场合作的模式中，政府将发挥更大的作用，包括制定法律、设立专项基金、指定基金经营管理的核心机构、政策倾斜、税费扶持、担任最后保险人等。

（6）损失分摊方式：各国的巨灾保险制度对巨灾损失的分摊采用不同的方式，一是被保险人自留，即通过免赔额的方式，由被保险人承担一部分损失；二是保险公司，即保险公司按照保险合同条款进行赔付；三是再保险，即通过再保险合同将巨灾风险分散给再保险市场；四是巨灾风险证券化，将巨灾风险在资本市场进行分散；五是政府的最后救助，一般是当所有的市场手段均不足以赔偿灾害损失时，由政府提供最后的紧急融资担保，包括紧急贷款等。

（7）费率差异情况：由于各个国家的巨灾风险情况不同，大多数国家和地区采用差别费率模式，即根据巨灾风险严重程度不同，将全国划分为几个区域；同时，结合承灾体的脆弱性等因素，按照不同区域设置不同的承保条件和费率。有的国家和地区，由于巨灾风险地域性不强，实行全国统一费率。

（8）是否设置赔偿限额：除新西兰外，大多数国家和地区提供的巨灾保险均设置一定的赔偿限额，即用有限的财力尽可能满足多数人的基本生活保障。

同时，投保人可自愿投保商业保险，作为巨灾保险的补充，满足更高的补偿需求。

(9) 是否设置免赔额：免赔额的设置，一方面可以降低道德风险，另一方面可以减少小额赔付案件进而节省保险资源，但大部分国家和地区只有较低的免赔额或者没有免赔额。

第二节　我国巨灾保险试点的成效和问题

一、我国巨灾保险试点取得的成效

(一) 多层次风险转移的巨灾保险制度基本框架初步建立

第一，初步建立了“三位一体”的风险保障体系，包括政府灾害救助、政策性保险以及商业保险，这也是对建立政府、市场、社会公众参与灾害风险管理的有益探索，为巨灾保险制度在全国推广奠定了基础。第二，巨灾风险一般不具有可保性，但是在政府和市场的合作下，巨灾保险的损失补偿和风险管理的功能已在试点地区初步显现。第三，构建了巨灾风险的多层次转移机制。保险公司通过组建共保体、引入再保险机制等形式，提高了自身的承保能力；通过设立巨灾风险基金，并逐步积累到一定金额，可以对接资本市场实现保值增值，解决巨灾风险可保性不强的问题。总之，包括个人、保险公司、政府、再保险、巨灾保险基金等多层次的风险转移体系初步形成。

(二) 完善了灾害风险评估体系

保险公司作为营利性企业，为提高自身经营利润，在灾前、灾中和灾后有很强的动力采取防灾减损措施，达到减少理赔量的目的。此外，保险业在参与防灾减灾和灾害救助工作中，可以充分发挥其在风险评估中的专业优势，有助于试点地区建立风险快速评估机制，实现专业评估、精准救助，使灾害风险管理体系更加科学，进一步完善综合防灾减灾体系。

(三) 促进了政府职能的转变，提高了财政支出效率

第一，政府通过购买巨灾保险服务，当灾害事件发生后，保险公司或共保体按照保险合同的约定，将一定数额的保险金给付给政府。政府在获得保险金后，可以将其作为救灾资金的补充，迅速转移支付给受灾地区，满足其灾时救助和灾后恢复重建的资金需求，特别是那些对商业保险支付能力不足的受灾民众能够从中获益。第二，放大了财政资金的支出规模，提高了财政支出的效率。保险公司通过将所收取的保费投入资本市场，可以实现保费的保值增值，政府作为投保人和被保险人在灾害发生后，能够获得数倍于保费的保险资金，降低

了自身财政救灾支出压力，保障社会经济平稳运行，使巨灾保险充分发挥社会“稳定器”的作用。

（四）逐步积累巨灾风险损失和赔付数据

巨灾风险具有发生低概率、损失大的特点，使其可保性较差。充足的巨灾理赔数据是提高保险公司定价能力，确保巨灾保险费率科学、合理的基础，也是解决巨灾保险供给和需求不足的重要条件之一。目前，虽然巨灾保险的试点地区较少，参保率较低，试点方案存在一定差异，但随着政府政策的不断推动和支持，试点地区的数量将逐渐增多，试点险种的逐渐趋同，可以逐步聚合理赔和损失数据，为聚合丰富的独立同分布的风险标的损失数据，运用大数定律的相关理论厘定保险费率，奠定了坚实的基础。

二、我国巨灾保险试点中存在的问题

（一）试点的规范性缺乏法律制度基础

目前，试点地区在参保对象、承保范围、保费补贴标准等方面存在一定差异化，制度设计呈碎片化，还存在巨灾救助基金运作细则不明确，各主体间权、责、义界定不清，只是一种政府引导下的临时性和不确定性的契约行为等一系列问题，主要原因在于与试点工作相配套的法律体系的缺位，使得在试点工作中涉及的多方利益关系职责模糊不清，包括政府与保险人的职责，以及保险活动当事人之间利益的分配等。现行的《中华人民共和国保险法》（以下简称《保险法》）主要适用于商业保险，具有准公共产品特性的巨灾保险，在某种程度上类似于政策性保险，《保险法》很难对其进行调整规范。

（二）保费补贴对经济发展落后的地区构成挑战

在巨灾保险试点工作中，各试点地区往往是政府全额支付保费或支付保费的一定比例，这意味着政府在出台相关政策不断进行推动的过程中，必须维持充足的财政资金，否则在巨灾保险供给和需求都不足的情况下，很难长期持续稳健发展。但当前我国面临的国际环境形势复杂、经济下行压力显著等问题，经济发展进入新常态，财政收入增速减缓，政府财政的高额保费补贴很难较长时间维持，也对经济发展落后地区的财政构成较大压力。

（三）制度推广受到地域局限性影响

首先，试点地区主要集中在东部沿海发达城市，范围非常有限。其次，巨灾保险试点项目涉及的灾害类型较少，且一些是试点地区较少发生的灾害，如干旱灾害影响范围较广，但试点的灾种中很少包含干旱灾害，需求降低，很难扩大覆盖面。再次，不同地区巨灾保险制度的试点方案存在一定的差异性，如承保的灾害种类、开展的险种类别都存在一定差异性，这意味着巨灾风险很难在灾种和地域范围内实现风险对冲。最后，多数试点地区仅处理过小额赔付案件，缺乏大规模巨灾理赔实践。从这些方面来看，巨灾保险制度抵御灾害风险的能力以及进一步推广有待检验。

（四）试点方案操作细则不够具体完备

巨灾保险试点方案中没有详细规定一些自然灾害的理赔触发条件，如台风、暴雨等，以致赔案的门槛较低，赔案较多，导致查勘定损难度大、工作量大；目前，对于虚报损失等问题的问责和惩戒办法尚未明确等。以深圳市为例，虽然深圳是首个巨灾保险制度试点城市，具有一定的探索性和试验性，但可能由于试点的时间较短，制度设计中还存在很多不足的地方，如巨灾保险如何和巨灾风险基金衔接，巨灾风险基金的提取和运行，风险分散机制中各主体承担的职责以及政府的支持政策等，都处于模糊的状态，都未出台相关的管理办法和实施细则，有待相关法律、法规和细则进一步明确。

（五）未能有效调动个人的投保积极性

巨灾保险试点工作虽然取得了一定成效，但各试点地区除了政府全额出资购买保险产品外，公众自主投保的项目都存在投保率偏低的问题。比如，2017年7月至2018年6月，四川城乡居民住宅地震巨灾保险试点期间，参保人群累计164.3万户，但普通参保人群仅占12.7%。2017年7月6日，上海保交所公布的河北省张家口市城乡居民住宅地震巨灾保险投保数据情况显示，虽然保费为政府全额补贴，但享受全额补贴的户数约占总投保户数的87%，个人参保率并不是很高。

第三节 我国巨灾保险制度设计要点和思路

一、我国巨灾保险制度设计要点

（一）采用政府和市场合作模式

巨灾保险制度模式的选择决定了巨灾保险制度的性质以及巨灾风险责任最后承担者的问题，主要包括三种模式，分别为政府主导型、市场主导型和政府与市场相互合作型。政府主导型是指政府成立专门的机构或委托保险公司提供巨灾保险；市场主导型是指巨灾保险产品的供给完全是商业保险公司的行为，投保人根据自身经济条件和需求情况自愿投保，政府一般不承担任何责任；政府与市场相互合作型，从各国的巨灾保险制度实践情况来看，采用完全市场化的方式可能面临巨灾风险可保性和可负担性不足的问题，也需要高度发达的再保险市场。因此，两者相互协作的模式是大多数国家和地区的最优选择。这种模式可以发挥保险公司在风险评估技术和销售网络方面的优势，政府能够提供一定的政策支持，可以充分发挥政府和市场双方的优势。但这种协作方式如何进行结合没有统一标准，不同的国家和地区，甚至是不同的时期均存在很大的差异。从中国的实际情况看，政府和市场相互协作的模式是一种较好的选择。

（二）分区域设计巨灾保险产品，构建多层次风险分散机制

多层次巨灾风险分散机制是巨灾保险制度有效运行的核心环节之一，主要通过防灾减灾工程建设，发达的再保险市场，以及巨灾风险证券化等渠道实现巨灾风险的有效分散，保障了巨灾保险制度平稳、有序运行。中国目前巨灾保险的试点方案，风险分散手段主要是通过几家保险公司联合组成的共保体，较少有再保险公司参与。可见，在探索多层次的巨灾风险分散机制中，培育、发展、完善我国的再保险市场存在一定紧迫性和必要性，当然也应该积极利用国际再保险市场实现巨灾风险在全球范围内分散。此外，在各国巨灾保险的实践中，多数国家和地区选择对财产损失和人员伤亡影响较大的自然灾害作为重点承保对象，并在一定程度上实施强制手段。中国地域广阔，自然灾害的发生呈现一定的区域性。因此，中国巨灾保险制度可以以区域为风险区划单位进行设计，并针对区域自然灾害特点有针对性地开发单一保险产品或综合保险产品，如在东部沿海地区，开展单一的台风巨灾保险；在西部地震活跃地区，开展地震巨灾保险；在中部长江流域地区，开展洪水巨灾保险等。

（三）建立巨灾保险基金，科学估算基金规模

多数国家和地区在巨灾保险制度中设立了承担超过原保险和再保险赔付限额的巨灾保险基金。中国应当以中央政府、地方政府和保险业为主，引导社会各界广泛参与、出资设立巨灾保险基金，形成制度化、长期化和社会化的基金储备机制。在设立巨灾保险基金的同时，应当成立管理巨灾保险基金的专门机构，并实行单独立账和核算，专款专用，同时可通过国内外资本市场对基金进行运作以实现保值增值。此外，应合理、科学地估算巨灾保险基金规模，提高基金使用效率。

（四）设立专门的机构推动巨灾保险的发展

巨灾保险制度的设计具有系统性和复杂性，不仅仅是开发和推出一个巨灾保险产品。中国现有的灾害管理体制中，国家的风险管理职能被分散于国家减灾委员会、应急管理部等各个政府部门。由于缺少沟通、协调的机构，各个政府部门的决策难以落实的问题时有发生。目前，从国家减灾委员会和应急管理部的职能来看，都难以作为各个部门的协调机构承担协调、组织巨灾保险制度建设和实施的工作。巨灾保险制度作为一种制度安排，政府应当尽快组建中央

协调机构，加快研究、明确建设中国巨灾保险制度的整体规划、实施步骤、各项措施与各方职责等，协同各方力量整体性地推进巨灾保险制度建设。

（五）加快制定巨灾保险制度相关的法律、法规

完善的法律、法规体系是巨灾风险管理与巨灾保险制度最重要的配套措施，有利于巨灾保险制度的规范运作。中国现有的有关巨灾保险的法律规定，分散于各部门法中，如《中华人民共和国突发事件应对法》《中华人民共和国防震减灾法》《中华人民共和国防洪法》等。我国应当从整体上立法，由国务院出台巨灾保险的专门的法律、法规，明确巨灾保险的适用范围、参保对象、实施形式、保费补贴、经营的组织体系等，并随着实践的深入不断完善巨灾保险的法律、法规系统。此外，可以针对频繁发生、破坏性强的各项巨灾，如地震、台风、洪水、干旱等，分别建立单项的巨灾保险法。

二、我国巨灾保险制度设计的思路

本书以我国四个经济区域为风险区划，根据自然灾害对经济增长影响的显著程度和路径，财政救灾支出对自然灾害宏观经济影响的调节作用，巨灾风险损失评估以及自然灾害巨灾保险基金适度规模的积累等，围绕个人和家庭、企业和政府三个受灾主体进行巨灾保险制度设计。此外，在世界上主要国家的巨灾保险制度的实践中，地震、洪水、干旱等都是巨灾保险制度设计中重点承保的灾害类型。鉴于此，本书针对中国巨灾保险制度设计，在政策性巨灾保险制度满足基本保障需求的基础上，针对更高层级的需求将分区域设计地震、洪水、干旱以及台风等重要灾因的单项巨灾保险，财政巨灾指数保险以及区域特色的商业保险等，最终将政策性农业巨灾保险、单项巨灾保险、财政巨灾指数保险和商业保险相互结合，把保险机制嵌入各经济区域应急灾害管理体系中，逐步建立起一个完备的巨灾保险制度体系，满足多层次的保障需求，减轻政府财政压力，积极稳妥地推进巨灾保险工作。

巨灾保险制度设计的整体框架体系：一是颁布相关的政策法规；二是政府救灾预算支出，在预留一定的风险防范措施、应急管理和灾后重建支出外，将一部分救灾预算可用于巨灾保险保费补贴、巨灾保险赔付补贴以及政府作为投保人购买财政巨灾指数保险的保费支出；三是在政府引导下，协同市场机制，构建“政府引导，市场参与”的多层次巨灾风险分散保障体系，风险分散渠道除包括原保险、再保险外，还可以通过巨灾风险证券化、金融衍生产品等转移到国内外资本市场，把保险机制嵌入各经济区域应急灾害管理体系中，逐步建立起一个完备的巨灾保险制度体系，满足多层次、多元化的风险保障需求，减轻政府财政救灾压力，积极稳妥地推进巨灾保险工作，最终实现满足保险、金融机构累计风险损失；满足政府救灾、重建财政负担；满足社会及各行

业巨灾损失补偿的巨灾保险需求。总体来看，巨灾保险制度框架体系如图 3-9 所示。

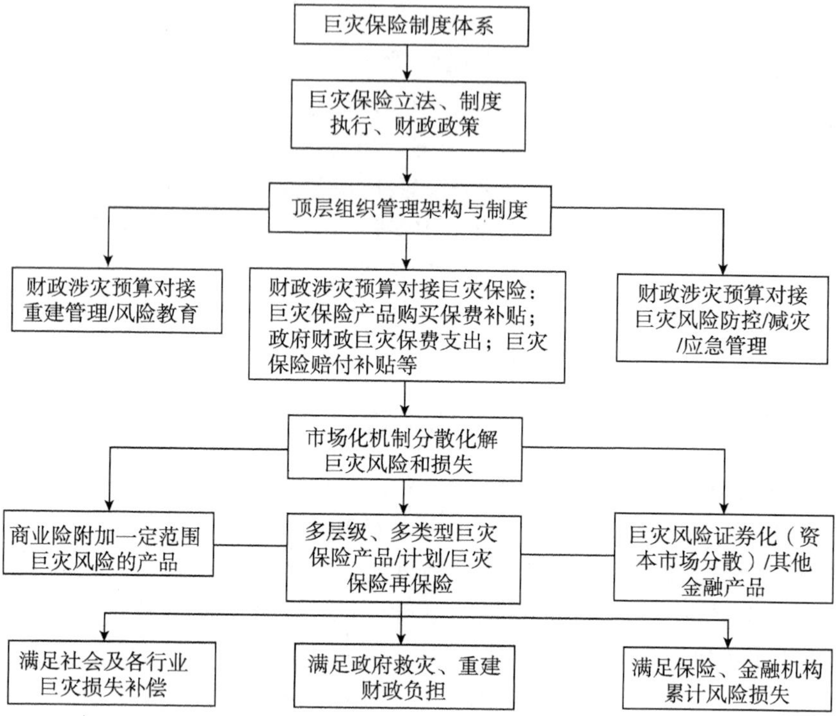

图 3-9　巨灾保险制度框架体系

第四节　本章小结

本部分首先阐述了我国巨灾保险发展历程和具体实践情况，以及国外典型国家的巨灾保险实践。然后总结了国内外巨灾保险制度实践的共性、取得的成效和存在的问题，在此基础上提出了构建我国巨灾保险制度的要点和思路。

在接下来的章节，我们在第四章根据自然灾害对经济增长和各经济部门的影响，以及相应的影响路径，确定巨灾保险制度设计中巨灾保险产品的类别以及重点承保的灾因。第五章通过构建巨灾风险评估模型，对巨灾风险进行度量和巨灾纯保费进行估计，为巨灾保险制度设计中保险限额和保费的估计提供参考依据。第六章通过对自然灾害财政成本和政府最优救灾支出规模的估量，以期在巨灾保险制度设计中确定巨灾保险准备金的规模，政府支出的最优规模以及巨灾保险在财政救灾资金融资机制中最大承担额度。第七章在第三章、第四章、第五章和第六章的基础上，进行巨灾保险制度设计。

第四章　我国巨灾保险制度设计基础分析

——基于自然灾害对宏观经济的影响

第一节　我国自然灾害概况

人类在改造自然的同时也经受着自然给人类文明进步带来的灾难，自然灾害不仅会造成人员伤亡、财产损失和资源破坏等，还会引发严峻的社会效应。我国地域辽阔，地质条件复杂，气象条件多变，在全球气候和地质条件多变的背景下，无论是自然灾害的种类、强度还是破坏程度，都有新的变化。

一、自然灾害总的情况

1990—2019 年，平均每年我国自然灾害造成的受灾人口、因灾死亡人口、紧急转移人口、倒塌房屋、农作物受灾面积和直接经济损失分别为 34841. 61 万人次、6357. 7 人、940. 5 万人、256. 9 万间、3998. 32 万公顷和 2868. 66 亿元（见表 4-1）。2020 年，我国自然灾害总体呈以下趋势：洪水灾害影响范围广；风雹灾害较 5 年均值明显偏多，呈现点多面广的特点；台风灾害时空分布区域差异明显；干旱灾害具有明显的区域性特征，且发生时间具有阶段性；地震灾害强度总体较弱，中强地震的发生主要集中在西部；低温冷冻也呈现出一定区域特点，主要集中在东北和西部地区。值得注意的是，2020 年南方地区在主汛期遭遇 1998 年以来最严重的且影响范围最广的洪水灾害，虽然因灾死亡失踪人数下降了 53%和倒塌房屋数量下降了 47%，但较近 5 年均值，受灾人次上升 23%、紧急转移安置人次上升 62%和直接经济损失上升 59%。长期来看，由于我国地理环境、气候条件以及经济发展状况都呈现明显的区域特征，自然灾害的发生和损失分布情况也将会呈现区域分布特征。

表 4-1　1990—2019 年中国自然灾害情况

年份	受灾人口/万人次	因灾死亡人口含失踪/人	紧急转移人口/万人	倒塌房屋/万间	农作物受灾面积/万公顷	直接经济损失/亿元
1990	29348	7338	579. 2	247. 4	3847	616
1991	41941	7315	1308. 5	581. 5	5547	1215. 1
1992	37174	5741	303. 6	196. 6	5133	853. 9

续表

年份	受灾人口/万人次	因灾死亡人口含失踪/人	紧急转移人口/万人	倒塌房屋/万间	农作物受灾面积/万公顷	直接经济损失/亿元
1993	37541	6125	307.7	271.6	4867	933.2
1994	43799	8549	1054	512.1	5504	1876
1995	24215	5561	1064	439.3	4587	1863
1996	32305	7273	1216	809	5975	2882
1997	47886	3212	511.3	288	5343	1975
1998	35216	5511	2082.4	821.4	2229	3007.4
1999	35319	2966	664.8	174.5	4998	1962.4
2000	45652.3	3014	467.1	147.3	5469	2045.3
2001	37255.9	2583	211.1	92.2	5215	1942
2002	37841.8	2840	471.8	175.7	4711.9	1717.4
2003	49745.9	2259	707.3	343	5438.6	1884.2
2004	33920.6	2250	563.2	155	3710.6	1602.3
2005	40653.7	2475	1570.3	226.4	3881.8	2042.1
2006	43453.3	3186	1384.5	193.3	4109.1	2528.1
2007	39777.9	2325	1499.1	146.7	4899.3	2363
2008	47795	88928	2682.2	1097.7	3999	11752.4
2009	47933.5	1528	709.9	83.8	4721.4	2523.7
2010	42610.2	7844	1858.4	273.3	3742.6	5339.9
2011	43290	1126	939.4	93.5	3247.1	3096.4
2012	29421.7	1530	1109.6	90.6	2496.2	4185.5
2013	38818.7	2284	1215	87.5	3135	5808.4
2014	24353.7	1818	601.7	45	2489.1	3373.8
2015	18620.3	967	644.4	24.8	2176.9	2704.1
2016	18911.7	1706	910.1	52.1	2622.1	5032.9
2017	14448	979	525.3	15.3	1847.8	3018.7
2018	13000	589	524.5	9.7	2081.43	2644.6
2019	13000	909	528.6	12.6	1925.69	3270.9
均值	34841.61	6357.7	940.5	256.9	3998.32	2868.66

（一）人口受灾情况

1990—2020 年，受灾人口和因灾死亡人口从绝对数量来看，总体上呈下降趋势，但紧急转移安置人口总体上呈现上升趋势见图 4-1 至图 4-3。在这 30 年间，有 20 个年份的受灾人口高于平均水平，主要集中在 1990—2009 年包括 17 个，2010—2020 年，受灾人口仅有 3 年高于平均水平。因灾死亡人口高于平均水平的年份有 9 个，除 2010 年之外，都集中在 1990—1999 年，2000—2020 年均值因灾死亡人口仅为 2221 人（剔除 2008 年数据），仅是 1990—1999 年均值（剔除 2008 年）的 40%。由此可见，随着时间的推移和经济发展水平的不断提高，因灾死亡人口呈现明显下降的趋势。有 13 个年份的紧急转移人口超过平均水平，这里，洪水、台风、地震等灾害发生严重年份与紧急转移人口的高值年份相吻合，如 1990 年的青海省海南自治州地震、东南沿海台风，1994 年广东的洪水灾害，1998 年的长江流域洪水灾害，2008 年的汶川大地震，2012 年东南沿海的台风灾害，2013 年的四川芦山地震。

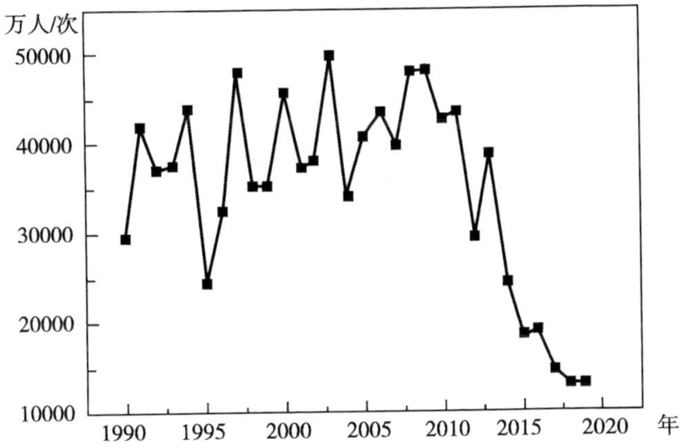

图 4-1　受灾人口数

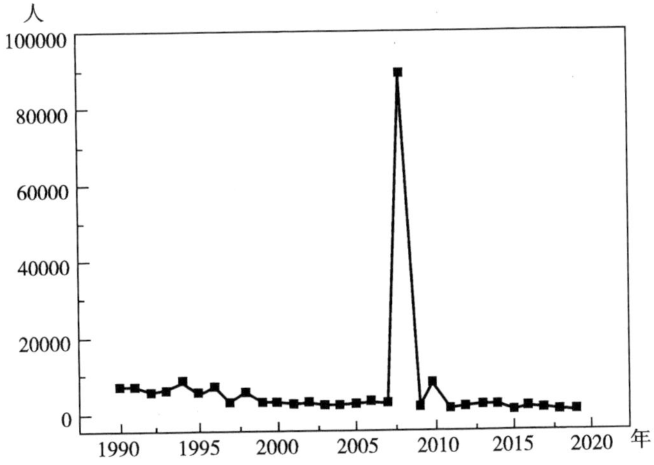

图 4-2　因灾死亡人口数（含失踪）

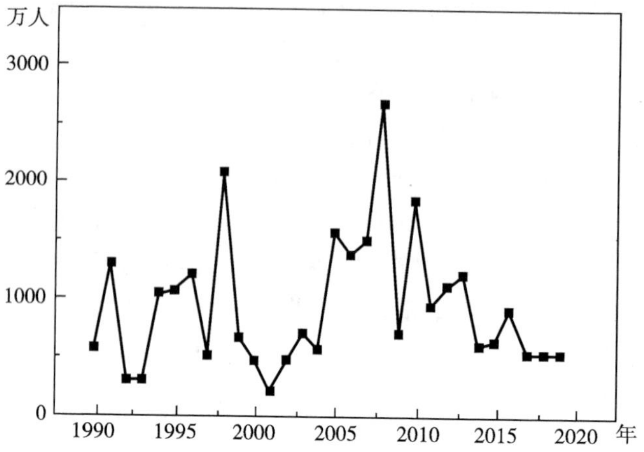

图 4-3　紧急转移人口数

（二）直接经济损失情况

1990—2020 年，直接经济损失从绝对数量看上升趋势明显（见图 4-4）。具体来看，直接经济损失高于平均水平的年份共有 11 个年份，主要集中在 2010—2020 年，包括 8 个年份，主要原因一方面是由于灾害严重年份造成的经济损失大，另一方面是我国经济总量随着经济发展的迅速积累，故自然灾害导致的直接经济损失也呈明显上涨的趋势特征。

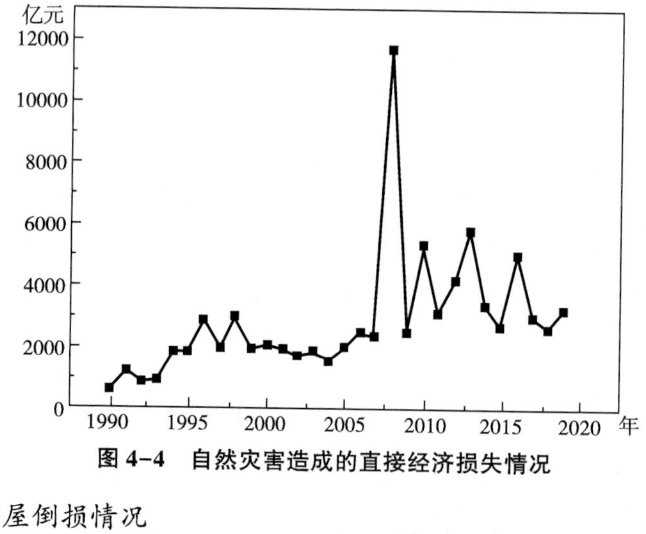

图 4-4　自然灾害造成的直接经济损失情况

（三）房屋倒损情况

1990—2020 年，倒塌房屋数量从绝对数量看均呈缓慢下降趋势（见图 4-5）。具体来看，因灾导致的倒塌房屋数量超过平均水平的 10 个年份，全部集中在 1990—2010 年，且与洪水、地震等重灾年份吻合，如洪水灾害的重灾年份为 1991 年、1998 年、2003 年等，地震灾害的重灾年份为 1990 年、2008 年和

2010 年。

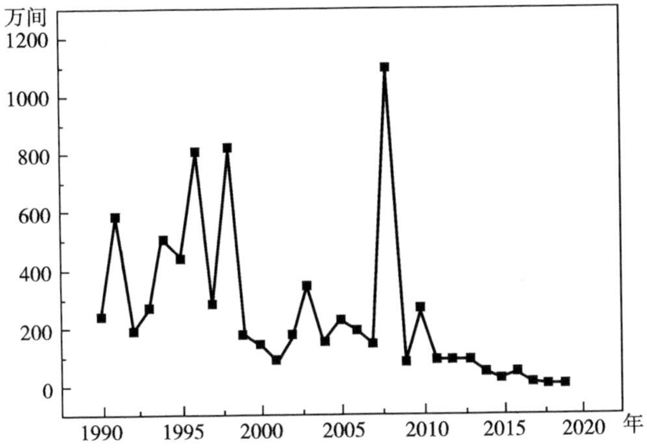

图 4-5　倒塌房屋数量

从相对数量看，直接经济损失占 GDP 比重、财政支出比和财政收入比都表现出明显下降的趋势（见图 4-6 和图 4-7）。具体来看，1990—2019 年直接经济损失占 GDP 的比例均值为 1.86%，共有 12 个年份超过平均值，除 2008 年外，全部集中在 1990—2000 年。直接经济损失占财政支出的比例在 1.2%～36.3%之间波动，波动幅度较大，平均年比值为 12.39%，有 12 个年份超过平均值，除 2008 年外，全部集中在 1990—2000 年，其下降趋势明显。直接经济损失占财政收入的比例在 1.4%～38.9%之间波动，平均年比值为 13.48%。同样地，超过平均值的年份有 12 个，除 2008 年外，全部集中在 1990—2000 年（见表 4-2），下降趋势明显，和直接经济损失占 GDP 比重和财政支出比呈现的趋势基本一致。

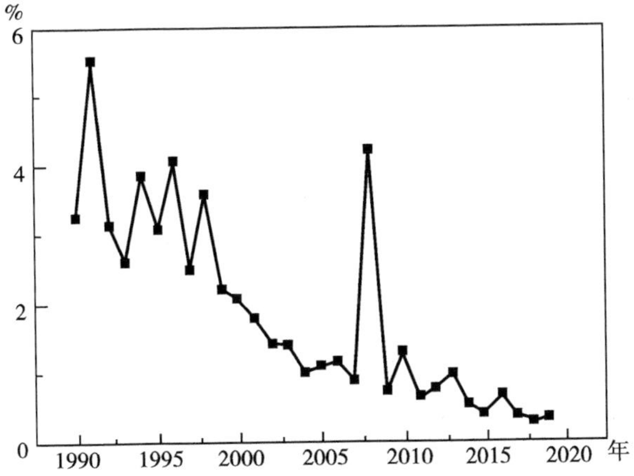

图 4-6　自然灾害损失占 GDP 比重

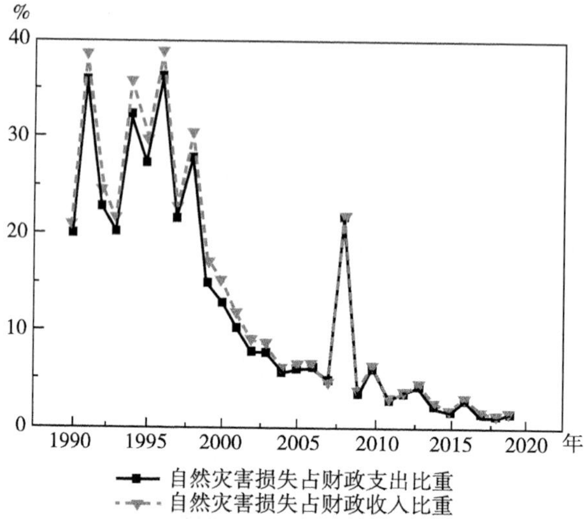

图 4-7　自然灾害损失占财政支出和财政收入比重

表 4-2　1990—2019 年我国自然灾害直接经济损失占 GDP、财政支出和财政收入的比重

年份	GDP/亿元	财政支出/亿元	财政收入/亿元	自然灾害占 GDP 比/%	自然灾害占财政支出比/%	自然灾害占财政收入比/%
1990	18923. 3	3083. 59	2937. 1	3. 26	19. 98	20. 97
1991	22050. 3	3386. 62	3149. 48	5. 51	35. 88	38. 58
1992	27208. 2	3742. 2	3483. 37	3. 14	22. 82	24. 51
1993	35599. 2	4642. 3	4348. 95	2. 62	20. 1	21. 46
1994	48548. 2	5792. 62	5218. 1	3. 86	32. 39	35. 95
1995	60356. 6	6823. 72	6242. 2	3. 09	27. 3	29. 85
1996	70779. 6	7937. 55	7407. 99	4. 07	36. 31	38. 9
1997	78802. 9	9233. 56	8651. 14	2. 51	21. 39	22. 83
1998	83817. 6	10798. 18	9875. 95	3. 59	27. 85	30. 45
1999	89366. 5	13187. 67	11444. 08	2. 2	14. 88	17. 15
2000	99066. 1	15886. 5	13395. 23	2. 06	12. 87	15. 27
2001	109276. 2	18902. 58	16386. 04	1. 78	10. 27	11. 85
2002	120480. 4	22053. 15	18903. 64	1. 43	7. 79	9. 09
2003	136576. 3	24649. 95	21715. 25	1. 38	7. 64	8. 68
2004	161415. 4	28486. 89	26396. 47	0. 99	5. 62	6. 07
2005	185998. 9	33930. 28	31649. 29	1. 1	6. 02	6. 45
2006	219028. 5	40422. 73	38760. 2	1. 15	6. 25	6. 52
2007	270704	49781. 35	51321. 78	0. 87	4. 75	4. 6
2008	321229. 5	62592. 66	61330. 35	4. 22	21. 64	22. 09

续表

年份	GDP/亿元	财政支出/亿元	财政收入/亿元	自然灾害占 GDP 比/%	自然灾害占财政支出比/%	自然灾害占财政收入比/%
2009	347934.9	76299.93	68518.3	0.73	3.31	3.68
2010	410354.1	89874.16	83101.51	1.3	5.94	6.43
2011	483392.8	109247.8	103874.4	0.64	2.83	2.98
2012	537329	125953	117253.5	0.78	3.32	3.57
2013	588141.2	140212.1	129209.6	0.99	4.14	4.5
2014	644380.2	151785.6	140370	0.52	2.22	2.4
2015	686255.7	175877.8	152269.2	0.39	1.54	1.78
2016	743408.3	187755.2	159605	0.68	2.68	3.15
2017	831381.2	203085.5	172592.8	0.36	1.49	1.75
2018	914327.1	220904.1	183359.8	0.29	1.2	1.44
2019	988528.9	238858.4	190390.1	0.33	1.37	1.72
均值	311155.4	69506.25	61438.7	1.86	12.39	13.49

（四）农作物受灾情况

1990—2020 年，农作物受灾面积和成灾面积从绝对数量看呈下降趋势（见图 4-8 和图 4-9）。具体来看，30 年间，农作物受灾面积高于平均水平的年份有 16 个，全部集中在 1990—2009 年；农作物成灾面积高于平均水平的年份有 16 个，和农作物受灾面积呈现相同的趋势，全部集中在 1990—2009 年（见表 4-3）。从相对数量看，农作物受灾率在 11%与 39%之间波动，年均值为 26%，超过平均水平的年份有 18 个；农作物成灾率在 5%与 21%之间波动，年均值为 13%，超过平均水平的年份同样有 18 个（见表 4-3）。总体来看，农作物受灾面积、农作物成灾面积、农作物受灾率以及农作物成灾率都呈明显的下降趋势特征。

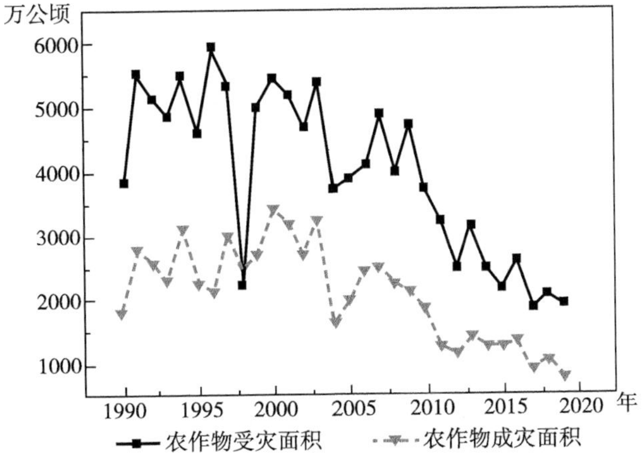

图 4-8　农作物受灾面积和成灾面积

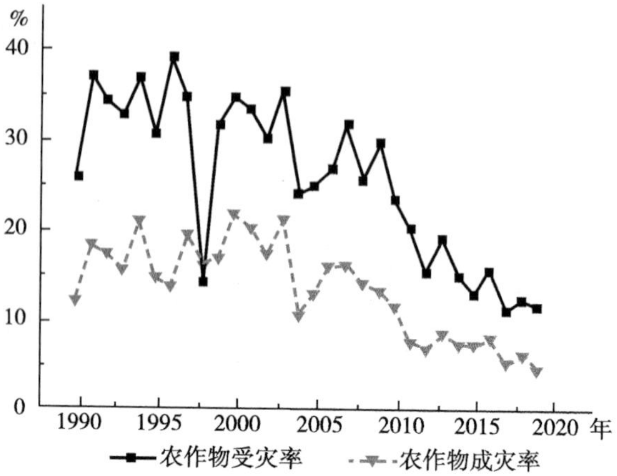

图 4-9　农作物受灾率和成灾率

表 4-3　农作物受灾和成灾情况

年份	受灾面积/万公顷	成灾面积/万公顷	播种面积/万公顷	受灾率/%	成灾率/%
1990	3847	1781. 9	14836. 2	25. 93	12. 01
1991	5547	2781. 4	14958. 6	37. 08	18. 59
1992	5133	2589. 5	14900. 7	34. 45	17. 38
1993	4867	2313. 3	14774. 1	32. 94	15. 66
1994	5504	3138. 2	14824. 1	37. 13	21. 17
1995	4587	2226. 8	14987. 9	30. 6	14. 86
1996	5975	2123. 4	15238. 1	39. 21	13. 93
1997	5343	3030. 7	15396. 9	34. 7	19. 68
1998	2229	2518. 1	15570. 6	14. 32	16. 17
1999	4998	2673. 4	15637. 3	31. 96	17. 1
2000	5469	3437. 4	15630	34. 99	21. 99
2001	5215	3179. 3	15570. 8	33. 49	20. 42
2002	4711. 9	2716	15463. 6	30. 47	17. 56
2003	5438. 6	3251. 6	15241. 5	35. 68	21. 33
2004	3710. 6	1629. 7	15355. 3	24. 16	10. 61
2005	3881. 8	1996. 6	15548. 8	24. 97	12. 84
2006	4109. 1	2463. 2	15214. 9	27. 01	16. 19
2007	4899. 3	2506. 4	15301	32. 02	16. 38
2008	3999	2228. 3	15556. 6	25. 71	14. 32
2009	4721. 4	2123. 4	15724. 2	30. 03	13. 5
2010	3742. 6	1853. 8	15857. 9	23. 6	11. 69

续表

年份	受灾面积/万公倾	成灾面积/万公顷	播种面积/万公顷	受灾率/%	成灾率/%
2011	3247.1	1244.1	16036	20.25	7.76
2012	2496.2	1147.5	16207.1	15.4	7.08
2013	3135	1430.3	16370.2	19.15	8.74
2014	2489.1	1267.8	16518.3	15.07	7.68
2015	2176.9	1238	16682.9	13.05	7.42
2016	2622.1	1367	16693.9	15.71	8.19
2017	1847.8	920.1	16633.2	11.11	5.53
2018	2081.43	1056.9	16590.2	12.55	6.37
2019	1925.69	791.3	16593.1	11.61	4.77
均值	3998.32067	2100.847	15663.8	25.81	13.564

二、分自然灾害类型情况

（一）洪水、干旱、风雹和低温冷冻

值得我们注意的是，自然灾害对我国的农业冲击尤其严重。1990—2019年，影响农业生产的主要灾害是干旱、洪水、风雹和低温冷冻。从受灾面积来看，平均每年洪水灾害、干旱灾害、风雹灾害和低温冷冻灾害导致的农作物受灾面积分别为1081.99万公顷、2036.92万公顷、397.76万公顷和367.69万公顷。从相对数来看，每年洪水灾害、干旱灾害、风雹灾害和低温冷冻灾害导致的农作物受灾面积平均占农作物总受灾面积的26.77%、48.88%、10.24%和9.16%，这四类灾害导致的年均受灾面积占总受灾面积的95%（见表4-4）。总体来看，干旱灾害对农作物生长的影响最大，洪水灾害次之，风雹和低温冷冻灾害对农作物的影响较小，干旱和洪水灾害导致的农作物受灾面积和受灾率呈下降趋势，风雹和低温冷冻导致的农作物受灾面积和受灾率呈缓慢上升趋势，但波幅不大（见图4-10和图4-11）。

表4-4　洪水、干旱、风雹和低温冷冻灾害造成农作物受灾情况

年份	洪水受灾面积/万公顷	干旱受灾面积/万公顷	风雹受灾面积/万公顷	冷冻受灾面积/万公顷	洪水受灾率/%	干旱受灾率/%	风雹受灾率/%	低温冷冻受灾率/%
1990	1180.4	1817.5	635.4	214.1	30.68	47.24	16.52	5.56
1991	2459.6	2491.4	424.7	171.5	44.34	44.91	7.66	3.09
1992	942.3	3298	522.5	370.5	18.36	64.25	10.18	7.22

续表

年份	洪水受灾面积/万公顷	干旱受灾面积/万公顷	风雹受灾面积/万公顷	冷冻受灾面积/万公顷	洪水受灾率/%	干旱受灾率/%	风雹受灾率/%	低温冷冻受灾率/%
1993	1638. 7	2109. 8	662. 8	471. 6	33. 56	43. 21	13. 57	9. 66
1994	1732. 8	3042. 3	379. 3	191. 8	31. 48	55. 27	6. 89	3. 48
1995	1273. 4	2345. 5	447. 9	357. 8	27. 79	51. 18	9. 77	7. 81
1996	1814. 7	2015. 2	414. 5	204. 8	38. 62	42. 88	8. 82	4. 36
1997	1141. 5	3351. 6	449. 3	228. 7	21. 37	62. 73	8. 41	4. 28
1998	2229. 2	1423. 6	474	866. 5	44. 46	28. 39	9. 45	17. 28
1999	902	3015. 6	359	662. 6	18. 05	60. 34	7. 18	13. 26
2000	732. 3	4054. 1	230. 7	279. 5	13. 39	74. 13	4. 22	5. 11
2001	604. 2	3847. 2	362. 7	297. 8	11. 57	73. 68	6. 95	5. 7
2002	1228. 8	2212. 4	747. 7	421. 2	26. 17	47. 13	15. 93	8. 97
2003	1920. 8	2485. 2	479. 1	448. 3	35. 24	45. 59	8. 79	8. 22
2004	731. 4	1725. 3	579. 7	371. 1	19. 71	46. 5	15. 62	10
2005	1093. 2	1602. 8	297. 7	442. 8	28. 16	41. 29	7. 67	11. 41
2006	800. 3	2073. 8	438. 7	491. 3	19. 48	50. 47	10. 68	11. 96
2007	1046. 3	2938. 6	298. 6	407. 2	21. 36	59. 98	6. 09	8. 31
2008	647. 7	1213. 7	418	1469. 6	16. 2	30. 35	10. 45	36. 75
2009	761. 3	2925. 9	549. 3	367. 3	16. 12	61. 97	11. 63	7. 78
2010	1752. 5	1325. 9	218	412. 1	46. 83	35. 43	5. 82	11. 01
2011	686. 3	1630. 4	330. 9	444. 7	21. 14	50. 21	10. 19	13. 7
2012	773	934	278. 1	161. 8	30. 97	37. 42	11. 14	6. 48
2013	875. 7	1410	338. 7	232	27. 93	44. 98	10. 8	7. 4
2014	471. 8	1227. 2	322. 5	213. 3	18. 95	49. 3	12. 96	8. 57
2015	562	1061	291. 8	90	25. 82	48. 74	13. 4	4. 13
2016	853. 1	987. 3	290. 8	288. 5	32. 53	37. 65	11. 09	11
2017	541. 5	987. 5	226. 8	52. 5	29. 31	53. 44	12. 27	2. 84
2018	395	771. 2	240. 7	341. 3	18. 98	37. 05	11. 56	16. 4
2019	668	783. 8	222. 84	58. 57	34. 69	40. 7	11. 57	3. 04
均值	1081. 99	2036. 92	397. 76	367. 69	26. 77	48. 88	10. 24	9. 16

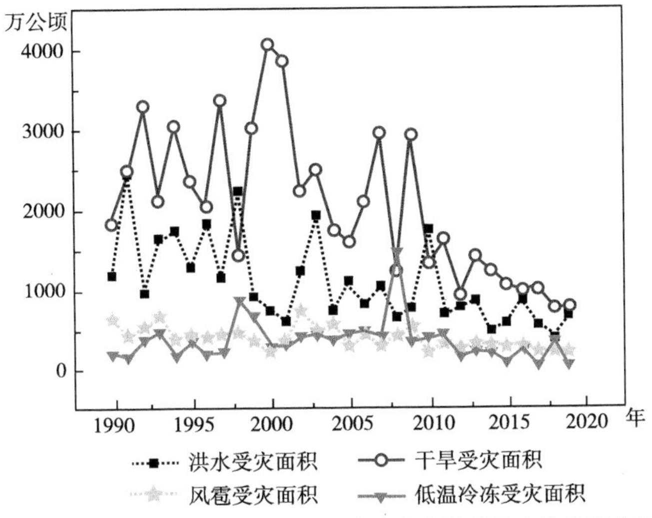

图 4-10　洪水、干旱、风雹和低温冷冻灾害导致的农作物受灾面积

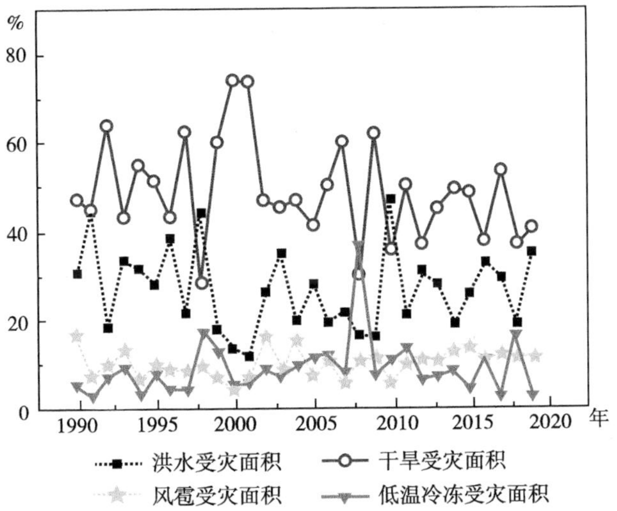

图 4-11　洪水、干旱、风雹和低温冷冻灾害导致的农作物受灾率

从成灾面积来看，平均每年洪水灾害、干旱灾害、风雹灾害和低温冷冻灾害导致的农作物成灾面积分别为 595.04 万公顷、1057.1 万公顷、206.63 万公顷和 167.79 万公顷。从相对数来看，每年洪水灾害、干旱灾害、风雹灾害和低温冷冻灾害导致的农作物成灾面积平均占农作物总成灾面积的 28.8%、48.02%、10.38%和 8.13%，这四类灾害导致的年均受灾面积占总成灾面积的 95.3%（见表 4-5）。总体来看，干旱灾害对农作物生长的影响最大，洪水灾害次之，风雹和低温冷冻灾害对农作物的影响较小，干旱和洪水灾害导致的农作物成灾面积和成灾率呈下降趋势，风雹和低温冷冻导致的农作物成灾面积和成灾率呈缓慢上升趋势，但波幅不大（见图 4-12 和图 4-13）。

表 4-5　洪水、干旱、风雹和低温冷冻灾害造成农作物成灾情况

年份	洪水成灾面积/万公顷	干旱成灾面积/万公顷	风雹成灾面积/万公顷	冷冻成灾面积/万公顷	洪水成灾率/%	干旱成灾率/%	风雹成灾率/%	低温冷冻成灾率/%
1990	560. 5	780. 5	341. 5	99. 4	31. 46	43. 8	19. 16	5. 58
1991	1461. 4	1055. 9	201. 7	62. 5	52. 54	37. 96	7. 25	2. 25
1992	446. 4	1704. 9	232. 4	205. 8	17. 24	65. 84	8. 97	7. 95
1993	861. 1	865. 7	363. 6	222. 8	37. 22	37. 42	15. 72	9. 63
1994	1074. 4	1705	214. 3	67. 2	34. 24	54. 33	6. 83	2. 14
1995	760. 4	1040. 2	207. 6	179. 1	34. 15	46. 71	9. 32	8. 04
1996	1085. 5	624. 7	211. 5	90	51. 12	29. 42	9. 96	4. 24
1997	583. 9	2001. 2	295. 1	83. 1	19. 27	66. 03	9. 74	2. 74
1998	1378. 5	506	313. 2	310. 3	54. 74	20. 09	12. 44	12. 32
1999	507. 1	1661. 4	203. 7	269	18. 97	62. 15	7. 62	10. 06
2000	432. 1	2678. 4	116. 2	103. 2	12. 57	77. 92	3. 38	3
2001	361. 4	2369. 8	205. 6	177. 7	11. 37	74. 54	6. 47	5. 59
2002	738. 8	1317. 4	383. 2	229. 3	27. 2	48. 51	14. 11	8. 44
2003	1228. 9	1447	292. 8	211	37. 79	44. 5	9	6. 49
2004	374. 7	848. 2	219. 1	166. 5	22. 99	52. 05	13. 44	10. 22
2005	604. 7	847. 9	163. 5	183. 8	30. 29	42. 47	8. 19	9. 21
2006	456. 9	1341. 1	214. 4	283. 6	18. 55	54. 45	8. 7	11. 51
2007	510. 5	1617	141. 5	150. 9	20. 37	64. 51	5. 65	6. 02
2008	365. 6	679. 8	212. 3	871. 9	16. 41	30. 51	9. 53	39. 13
2009	316. 2	1319. 7	294. 4	144. 6	14. 89	62. 15	13. 86	6. 81
2010	702. 4	898. 7	91. 6	144. 4	37. 89	48. 48	4. 94	7. 79
2011	284	659. 9	134. 8	129. 1	22. 83	53. 04	10. 84	10. 38
2012	414. 5	350. 9	136. 8	79. 5	36. 12	30. 58	11. 92	6. 93
2013	485. 9	585. 2	168. 2	88. 5	33. 97	40. 91	11. 76	6. 19
2014	270. 4	567. 7	219. 3	93. 3	21. 33	44. 78	17. 3	7. 36
2015	332. 7	586. 3	182. 5	47. 4	26. 87	47. 36	14. 74	3. 83
2016	433. 8	613. 1	142. 4	117. 9	31. 73	44. 85	10. 42	8. 62
2017	302. 2	444. 4	123. 8	31. 2	32. 84	48. 3	13. 46	3. 39
2018	255. 1	262. 1	154. 8	187	24. 14	24. 8	14. 65	17. 69

续表

年份	洪水成灾面积/万公顷	干旱成灾面积/万公顷	风雹成灾面积/万公顷	冷冻成灾面积/万公顷	洪水成灾率/%	干旱成灾率/%	风雹成灾率/%	低温冷冻成灾率/%
2019	261.2	333.2	17.14	3.62	33.01	42.11	2.17	0.46
均值	595.04	1057.1	206.63	167.79	28.80	48.02	10.38	8.13

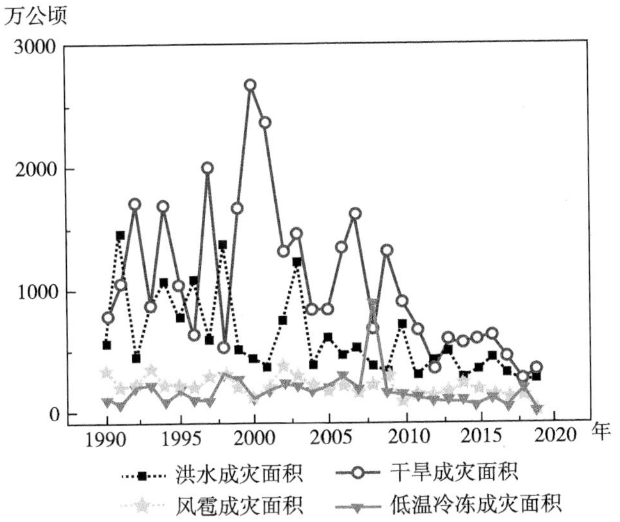

图 4-12 洪水、干旱、风雹和低温冷冻灾害导致的农作物成灾面积

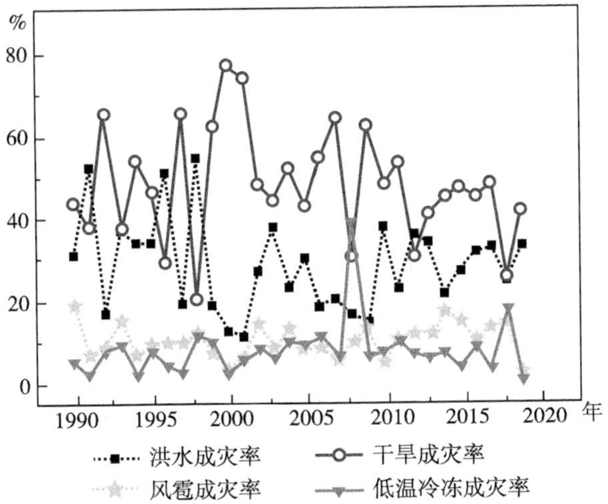

图 4-13 洪水、干旱、风雹和低温冷冻灾害导致的农作物成灾率

（二）台风灾害

1990—2019年，每年台风灾害的登陆个数平均为7个，平均每年造成的农作物受灾面积、受灾人口、死亡人口和倒塌房屋分别为219.52万公顷、2994.34万人、255.4人、22.94万间，直接经济损失平均每年为381.85亿元，占GDP的比重为0.24%（见表4-6）。从发展趋势来看，台风造成的直接经济损失占GDP的比重呈递减趋势（见图4-14）。

表4-6　台风灾害的情况

年份	登陆个数	受灾面积/万公顷	受灾人口/万人	倒塌房屋/万间	死亡人口/人	经济损失/亿元	经济损失占GDP比重/%
1990	10	16.008	5000	45	862	101	0.53
1991	6	424.9457	941	43.258	207	36.69	0.17
1992	8	202.904	990	20	300	126	0.46
1993	7	86.2	1795.8	7.27	63	59.64	0.17
1994	12	660	2000	100	1000	560	1.15
1995	10	200	2800	80	200	150	0.25
1996	7	450	4600	60	700	652	0.92
1997	4	750	9304	71.8	363	610	0.77
1998	3	50	1500	25	100	35	0.04
1999	5	58.9	2100	35.5	296	134	0.15
2000	7	172.2	2400	17.5	177	151.3	0.15
2001	9	210.919	4037.55	24.61	201	311.62	0.29
2002	6	74.6	2265.42	6.21	59	95.36	0.08
2003	7	86.29	2989	3.19	61	103.8	0.08
2004	8	98.558	2216.17	8.54	196	242.17	0.15
2005	8	445.33	7074.64	32.46	414	799.9	0.43
2006	6	295.208	6623.28	47.8	1522	766.29	0.35
2007	7	208.562	4226.05	8.07	62	297.7	0.11
2008	10	231.02	3791.56	12.77	127	320.75	0.10
2009	9	114.569	1943.56	2.54	43	190.9	0.06
2010	7	45.82	847.71	3.46	123	116.42	0.03
2011	7	65.371	1530.93	2.04	24	216.4	0.05
2012	7	304.141	3082.91	8.82	45	645.03	0.12
2013	9	287.068	4758.87	7.8	159	1249.88	0.21
2014	5	239.663	2299.18	4.76	75	617.34	0.09

续表

年份	登陆个数	受灾面积/万公顷	受灾人口/万人	倒塌房屋/万间	死亡人口/人	经济损失/亿元	经济损失占GDP比重/%
2015	6	183.831	2536.04	1.93	29	685.52	0.10
2016	8	144.638	1544.37	3.13	130	613.78	0.08
2017	8	33.169	491.82	0.26	18	337.51	0.04
2018	10	331.957	2678.09	2.92	36	673.86	0.07
2019	5	113.7	1462.09	1.5	70	555.76	0.06
均值	7	219.52	2994.34	22.94	255.4	381.85	0.24

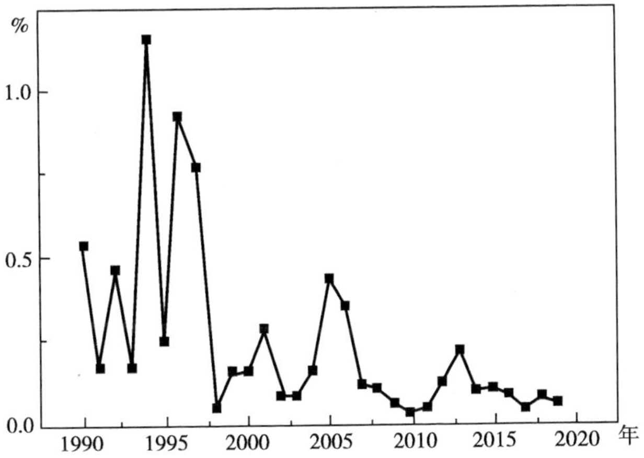

图 4-14　台风灾害直接经济损失占 GDP 比重

（三）地震灾害概况

在所发生的各种自然灾害之中，无论是人员伤亡还是财产损失，地震的破坏性都是最大的。1990—2019 年，中国平均每年发生地震 13 次，平均每年造成的直接经济损失为 387.99 亿元，约占 GDP 的比重为 0.1%，平均每年 2472.8 人死亡，死亡总人数占自然灾害死亡人数的 39.4%（见表 4-7）。从发展趋势来看，趋势效应不明显，波动幅度较大，反映了地震灾害发生的不确定性，进而导致的直接经济损失也具有较大的随机性，具有明显的巨灾风险特点（见图 4-15）。

表 4-7　地震灾害的情况

年份	地震损失/亿元	地震发生次数/次	地震死亡人数/人	地震损失占自然灾害损失比重/%	地震损失占GDP比重/%
1990	6.74	13	127	1.09	0.0456
1991	4.42	14	3	0.36	0.0200

续表

年份	地震损失/亿元	地震发生次数/次	地震死亡人数/人	地震损失占自然灾害损失比重/%	地震损失占GDP 比重/%
1992	1. 6	10	5	0. 19	0. 0059
1993	2. 84	14	9	0. 30	0. 0080
1994	3. 29	12	4	0. 18	0. 0068
1995	11. 64	17	85	0. 62	0. 0193
1996	46. 03	12	365	1. 60	0. 0650
1997	12. 52	10	21	0. 63	0. 0159
1998	18. 42	16	59	0. 61	0. 0220
1999	4. 74	15	3	0. 24	0. 0053
2000	14. 68	10	10	0. 72	0. 0148
2001	14. 84	12	9	0. 76	0. 0136
2002	1. 31	5	2	0. 08	0. 0011
2003	46. 6	21	319	2. 47	0. 0341
2004	9. 5	11	8	0. 59	0. 0059
2005	26. 28	13	15	1. 29	0. 0141
2006	8	10	25	0. 32	0. 0037
2007	20. 19	3	3	0. 85	0. 0075
2008	8594. 96	17	69283	63. 44	2. 6756
2009	27. 38	8	3	1. 08	0. 0079
2010	236. 11	12	2705	4. 42	0. 0575
2011	602. 08	18	32	19. 44	0. 1246
2012	82. 88	12	86	1. 98	0. 0154
2013	995. 36	14	294	17. 14	0. 1692
2014	332. 61	20	623	9. 86	0. 0516
2015	179. 19	14	30	6. 63	0. 0261
2016	66. 87	16	1	1. 33	0. 0090
2017	147. 66	12	38	4. 89	0. 0178
2018	30	16	0	1. 13	0. 0033
2019	91	15	17	2. 78	0. 0092
均值	387. 99	13. 07	2472. 8	4. 90	0. 1155

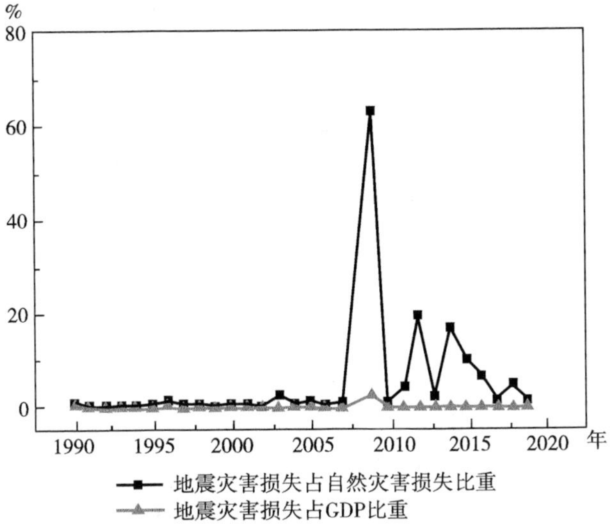

图 4-15　地震灾害直接经济损失占自然灾害损失和 GDP 比重

三、总结

本部分利用 1990—2019 年中国年度自然灾害灾情数据，从自然灾害总体以及自然灾害分类指标的绝对量和相对量入手，分析了我国自然灾害的变化特征，结果表明：

（1）自然灾害总体。从绝对数来看，受灾人口、因灾死亡人口、农作物受灾面积、成灾面积和倒塌房屋数量总体上呈下降趋势，紧急转移安置人口、直接经济损失呈上升趋势。从相对数来看，农作物受灾率、成灾率、自然灾害直接经济损失占 GDP 的比重、占财政支出和财政收入的比重都呈明显下降趋势，但波动幅度较大，不确定性较高。

（2）分灾害类型来看，从绝对数来看，干旱和洪水灾害对农作物成灾面积和受灾面积的影响最大，风雹、低温冷冻对农作物的影响较小。从相对数来看，平均每年洪水、干旱、风雹和低温冷冻导致的农作物受灾面积占农作物总受灾面积的 26.77%、48.88%、10.24%和 9.16%，平均每年导致的受灾面积总和占总受灾面积的 95%，平均每年农作物成灾面积占总成灾面积的 28.8%、48.02%、10.38%和 8.13%，平均每年导致的受灾面积总和占总成灾面积的 95.3%。台风灾害损失占 GDP 的比重呈下降趋势，但地震灾害损失占 GDP 的比重波动幅度较大，不具有规律性。此外，地震、台风和洪水灾害对紧急转移安置人口的影响较大，地震灾害主要造成房屋倒损和人员伤亡。

值得注意的是，自然灾害对我国农业发展的冲击尤其严重。更为严峻的是，自然灾害的突发性、异常性日渐突出，空间分布、损失程度和影响深度广度出现新变化，并且大灾往往会导致一系列次生灾害，这些都给灾害救助和灾后重建工作带来挑战。

第二节　自然灾害对经济增长的影响

目前，有关自然灾害对经济增长影响的相关文献研究，大多是采用跨国数据针对世界各国的研究，而如 Noy（2011）基于单个国家省际面板数据的自然灾害宏观经济影响研究的文献较少。鉴于《中国气象灾害大典》《中国大陆地震灾害损失评估汇编》《中国民政统计年鉴》等较为系统地公布 31 个省份各类自然灾害造成的受灾人口数、死亡人口数以及直接经济损失数据。限于自然灾害数据的获得性，本书选取的样本时间范围为 1990—2018 年。本部分借鉴 Noy（2009）和 Loayza 等（2012）的分析框架，应用我国 1990—2018 年的省际面板数据，通过构建动态系统广义矩估计（GMM）计量模型，分别分析干旱、洪水、风雹、台风、地震以及低温冷冻等各类灾害对我国东北、东部、中部和西部四大经济区域人均实际 GDP 增长率和农业、工业、服务业增长率的影响。一是补充了我国缺少基于省际面板数据分灾害类型、分经济部门和分地区的定量研究。此外，鉴于四个经济区域的自然灾害类型、经济发展水平、文化习俗等高度类似，可以作为保险风险区划的依据，实现风险的区域化分散。二是探索各类自然灾害对各经济部门影响的差异性，并以对经济增长的显著影响为依据，确定全国层面以及四大经济区域巨灾保险重点承保的灾害以及经济部门类型，进而为制订防灾减灾规划、加强灾害风险管理以及设计科学、合理的巨灾保险制度等提供重要的参考依据。

一、模型、变量及数据处理

（一）计量模型的构建

Barro 等（1995）的增长回归模型，在经济增长研究领域，作为新古典增长理论模型的扩展模型被国内外学者广泛使用（Klomp 和 Valckx，2014）。基于这一经典增长回归框架，考虑到经济增长的惯性和动态性，本书根据 Noy（2009）和 Loayza 等（2012）构造如下动态面板模型：

$$y_{it} = \alpha + \beta_0 y_{it-1} + \beta_1 D_{it} + \beta_2 X_{it} + u_i + \theta_t + \varepsilon_{i,\ t} \tag{4-1}$$

针对自然灾害对经济的影响取决于社会经济状况、自然灾害类型等因素，本书在模型（4-1）的基础上设置经济区域虚拟变量，通过经济区域虚拟变量与自然灾害的交互项来反映灾害对各区域经济的影响，构造模型（4-2）：

$$y_{it} = \beta + \beta_0 y_{it-1} + \beta_1 D_{it} \times R_{it} + \beta_2 X_{it} + u_i + \theta_t + \varepsilon_{it} \tag{4-2}$$

其中，y_{it} 代表年地区人均实际 GDP 增长率，下标 i 代表某省或市，t 代表时间；y_{it-1} 代表滞后一期的人均实际 GDP 增长率；D_{it} 为本书重点考察的自然灾害强度变量；R_{it} 为区域虚拟变量；$\beta \sim \beta_2$ 为待估参数；X_{it} 为一组决定经济增长的控制变量，包括受教育水平、投资水平、金融发展状况、政府财政负担、对外开放程度、通货膨胀率；u_i 为区域固定效应；θ_t 为时间固定效应；ε_{it} 为误差项。

（二）变量与数据说明

1. 变量

（1）被解释变量

本书主要应用人均实际 GDP 增长率来衡量经济增长。基于此，为度量自然灾害对经济增长及不同经济部门的影响，本书定义四个被解释变量：人均实际 GDP 增长率，农业增长率，工业增长率和服务业增长率。本书使用《中国统计年鉴》1990—2018 年数据，并以当年价计算的地区 GDP 及农业、工业、服务业增加值，换算成 2018 年的不变价，再换算成相应的人均年增长率。

（2）核心解释变量

自然灾害强度。目前，衡量自然灾害强度的指标主要包括两类：①自然灾害造成的直接经济损失。现有一些研究中，将其作为自然灾害强度的衡量指标。但由于直接经济损失和人均实际 GDP 相关性很高，应用该指标作为自然灾害强度的衡量指标可能会出现伪回归的问题。②受灾人口数。受灾人口数一般被认为是衡量自然灾害强度的最合适指标。一方面，一些研究中将当年受灾人口数和总人口数的比值作为连续型衡量指标；另一方面，一些研究中通过设定一定的阈值（如受灾人数占总人数的 30%），并将该比值作为二值型衡量指标。鉴于此，本书将受灾人口数占当年总人口数的比率（大于 10%）作为二值型变量衡量各类灾害强度。除此之外，我们用同样的方法分别度量干旱、洪水、地震、风雹、台风以及低温冷冻等分类自然灾害，并将其作为核心解释变量引入计量模型中。

2. 控制变量

基于数据的可获得性，并参照 Levine 等（2000）、Dollar 和 Kraay（2004）变量选取的方法，本书选取如下变量作为影响经济增长的重要因素：（1）受教育水平。受教育水平是提高技术水平以及实现可持续性创新，进而促进经济可持续发展的重要保障。鉴于数据资料的获取情况，本书应用文盲半文盲占 15 岁及以上人口比例来衡量各省份受教育水平状况，其中文盲比率越高，越不利于经济增长。（2）固定资产投资规模。本书应用固定资产投资增长率来衡量资产投资规模。（3）金融发展状况。金融市场的有序、良好的发展能够为一国经济发展提供充裕的资金来源，进而带来经济增长。本书用各省份金融机构信贷总额占 GDP 比例作为衡量金融发展状况的指标。（4）政府财政负担。政府对经济的控制和干预使资源不能按照市场价格机制合理配置，呈现出显著的非市场特征。一般认为，政府财政负担越重，表明政府参与支配市场程度越高，进而对经济增长产生消极作用。本书用各省份的政府财政总支出占 GDP 的比例衡量政府财政负担。(5) 对外开放程度。对外开放程度高的地区，可以利用全球资源进行生产和销售，进而扩大本地区产品的供给和需求，带动经济的增长。本书用各省份外贸进出口总额占 GDP 的比例作为衡量对外开放程度的指标。(6) 通货膨胀率。虽然严重的通货膨胀对经济增长产生不利影响，但适度的通货膨胀一般对该地区经济增长产生促进作用。我们用各省份的消费价格指数 *CPI* 来衡量通货膨胀率。

3. 数据的描述性统计

本书实证研究中所需数据来自历年《中国民政统计年鉴》《中国统计年鉴》《中国气象灾害大典》《中国大陆地震灾害损失评估汇编》《新中国六十年统计资料汇编》以及中国 31 个省份的历年统计年鉴。表 4-8 为样本的描述性统计。

表 4-8 样本的描述性统计

变量名称	变量含义	观察值	平均值	标准差	最小值	最大值
y	人均实际 GDP 增长率	899	0. 1419	0. 0779	-0. 2320	0. 5072
Agri	农业增长率	899	0. 0252	-0. 132	-13. 2	9. 5
Indu	工业增长率	899	0. 052	-0. 079	-7. 9	25. 8
Serv	服务业增长率	899	0. 022	0. 024	2. 4	19. 6
Disaster	受灾人口数占总人口数比	899	0. 2881	0. 1852	0	1. 0710
Drought	干旱	565	0. 091	0. 115	0	0. 6336
Flood	洪水	489	0. 071	0. 083	0	0. 4605
Storm	风雹	341	0. 031	0. 035	0	0. 2190
Earth	地震	328	0. 005	0. 027	0	0. 3766
Typhoon	台风	365	0. 024	0. 074	0	0. 6782
Freezing	低温冷冻	899	0. 030	0. 078	0	0. 7383
Education	受教育水平	899	0. 0681	0. 064	0. 0123	0. 4118
Invest	固定资产投资规模	899	0. 2045	0. 120	-0. 635	0. 5972
Debt	政府财政负担	899	0. 2584	0. 197	0. 0874	1. 3792
Finance	金融发展状况	899	1. 201	0. 452	0. 5329	3. 085
Open	对外开放程度	899	0. 295	0. 356	0. 0169	1. 721
CPI	通货膨胀率	899	1. 029	0. 020	0. 977	1. 101

二、计量方法

由于存在未观察到的特定时间和特定区域的影响，对模型（4-1）进行估计存在一定困难。虽然包含特定时期的虚拟变量可以解释时间效应，但在滞后因变量模型中，组内或差分估计量处理特定区域效应是不合适的。此外，尽管自然灾害很可能是外生的，但如果忽略模型中其余变量的内生性，将会影响估计结果的准确性，为此，我们需要对同时或反向因果关系导致的偏差进行控制。继 Levine、Loayza 和 Beck（2000）以及 Dollar 和 Kraay（2004）之后，Holtz-Eakin、Newey 和 Rosen（1988）、Arellano 和 Bond（1991）以及 Arellano 和 Bover（1995）提出的针对面板数据的动态广义矩估计（GMM）模型被用于控制特定区域效应和联合内生性。

首先，这些估计量在时间不变的前提下，就未观察到的影响通过差分回归来控制；其次，将因变量的滞后期观测值作为工具变量（称为内部工具变量）。在考虑了时间效应后，模型（4-1）可以重写为：

$$y_{it} - y_{it-1} = \beta_0(y_{it-1} - y_{it-2}) + \beta'(CV_{it} - CV_{it-1}) + (\varepsilon_{it} - \varepsilon_{it-1}) \qquad (4-3)$$

对于 CV_{it} 包括 D_{it} 和 X_{it}。工具变量需要解决解释变量的内生性问题，以及新的误差项（$\varepsilon_{it} - \varepsilon_{it-1}$）与滞后因变量（$y_{it-1} - y_{it-2}$）存在的相关性。这些工具变量利用了面板数据特性，包括前定解释性和滞后因变量的观察值。从概念上讲，此假设与经济增长相关的冲击（回归误差项）和解释变量的进一步滞后项不相关，但允许解释变量的当前值和未来值受到误差项的影响。该种方法被用来处理这种内生性问题。

在假设误差项 ε 不存在序列相关，解释变量与误差项的未来冲击不相关，即解释变量为弱外生性的条件下，有以下矩估计条件：

$$E[y_{it-s}\cdot(\varepsilon_{it} - \varepsilon_{it-1})] = 0 \qquad s \geqslant 2;\quad t = 3, \cdots, T \qquad (4-4)$$

$$E[X_{it-s}\cdot(\varepsilon_{it} - \varepsilon_{it-1})] = 0 \qquad s \geqslant 2;\quad t = 3, \cdots, T \qquad (4-5)$$

基于式（4-4）和式（4-5）条件的 GMM 估计称为差分估计。尽管它相对于简单的面板数据估计有优势，但差分估计有重要的统计缺陷。Blundell 和 Bond（1998）以及 Alonso-Borrego 和 Arellano（1999）研究表明，当解释变量连续时，其滞后项是差分回归方程的弱工具变量。工具变量的缺陷导致渐近和小样本的差分估计量是无效且有偏的。为解决这个问题，Arellano 和 Bover（1995）以及 Blundell 和 Bond（1998）将差分回归方程和水平回归方程进行联合。在差分方程中使用解释变量的滞后项作为工具变量。在水平方程中使用解释变量的差分滞后项作为工具变量。在解释变量和区域效应之间的相关性在所有时段都是相同的条件下，这些工具变量都是合适的。利用这种平稳性和未来对经济增长冲击的外生性假设，水平回归的矩估计条件如下所示。

$$E[(y_{it-1} - y_{it-2}).(\eta_i + \varepsilon_{it})] = 0 \tag{4-6}$$

$$E[(X_{it-1} - X_{it-2}).(\eta_i + \varepsilon_{it})] = 0 \tag{4-7}$$

GMM 估计过程中使用式（4-4）~式（4-7）矩估计条件来生成相关参数及其渐近方差—协方差的一致有效估计。从理论上分析，工具变量包括所有滞后变量，且随着时间 T 的增长而增长。然而，当截面样本量有限时，建议使用较小的矩条件集，以避免出现过度拟合偏差。这里，主要采取两个步骤限制矩条件：第一，每个内生解释变量只使用 5 个适当的滞后值。第二，该过程使用跨周期矩条件的共同方差—协方差。这是由于将特定工具变量矩条件的平均值（跨周期）等于零的假设替换为常规但更严格的假设，即每个周期矩条件都等于零。这两个步骤通过适应无限制方差—协方差太大而无法进行估计和转置的情况，以降低效率为代价，在存在大量解释变量和多个时间序列周期的情况下，减少了小样本情况下的过拟合偏差。

GMM 估计的一致性取决于增长回归模型解释变量的滞后值是不是有效的工具变量，通常进行两个检验：一是过度识别约束的 Sargan 检验，用来检验工具变量的有效性，当拒绝零假设“工具变量是无效”时，意味着模型中的工具变量是有效的。二是检验误差项是否序列相关。当误差项一阶差分零假设“误差项序列相关”不被拒绝时，二阶差分零假设“误差项序列相关”拒绝时，支持该模型。

广义矩估计 GMM 包括两种估计方法，分别为差分 GMM 和系统 GMM。由于受弱工具变量的影响，差分 GMM 估计量容易产生有限样本偏误，系统 GMM 方法更适用于估计经济增长模型。系统 GMM 方法包括一步系统 GMM 和两步系统 GMM，但在有限样本条件下，两步系统 GMM 估计量的标准误相较于一步系统 GMM 会产生严重的向下偏误，对统计推断的效果产生较大影响。鉴于此，由于模型（4-1）和模型（4-2）右边包含了滞后因变量及其他可能具有内生性问题的解释变量，本书参照 Bond 等（2001）、刘智勇等（2018）的研究，对于本章节的相关研究主要采用一步系统 GMM 估计方法，来研究不同自然灾害类型对中国不同经济区域人均实际 GDP 增长率和各经济部门增长率的影响，以下简称系统 GMM。

三、回归结果分析

本书使用系统 GMM 方法对模型（4-1）和模型（4-2）进行回归，并通过 AR（1）、AR（2）以及 Sargan 检验来识别估计结果的可靠性和工具变量的有效性。自然灾害对中国及各经济区域经济增长，以及农业、工业、服务业三个经济部门增长率的估计结果报告于表 4-9 至表 4-14 中。在 10% 显著性水平上，由 AR（1）和 AR（2）检验的结果可知，误差项存在一阶序列相关，但二阶序列不相关，估计结果是有效的；在5%的显著性水平上，由Sargan检验的结果可知，模型中所使用的工具变量是有效的。

（一）自然灾害对中国经济增长全样本基本回归分析

表4-9　自然灾害对中国经济增长及农业、工业、服务业增长率的全样本回归结果

全国变量	y (1)	y (2)	Agri (3)	Agri (4)	Indu (5)	Indu (6)	Serv (7)	Serv (8)
L. y	0.405*** (0.0493)	0.368*** (0.0482)	0.376*** (0.0576)	0.385*** (0.0583)	0.251*** (0.0664)	0.191*** (0.0655)	0.308*** (0.0647)	0.341*** (0.0697)
Disaster	0.00851 (0.00777)		-0.0303*** (0.00896)		0.0441*** (0.0160)		-0.00893 (0.00821)	
Drought		0.00984 (0.0104)		-0.0421*** (0.0120)		0.0609*** (0.0212)		-0.00479 (0.0109)
Flood		0.0761*** (0.0166)		-0.000701 (0.0200)		0.184*** (0.0364)		-0.00954 (0.0190)
Storm		-0.0226 (0.0389)		-0.0397 (0.0485)		0.0711 (0.0821)		-0.00258 (0.0422)
Freezing		-0.0128 (0.0147)		-0.0246 (0.0178)		-0.0416 (0.0311)		0.000866 (0.0154)
Earth		-0.0192 (0.0392)		-0.00280 (0.0474)		0.0354 (0.0815)		-0.0579 (0.0418)
Typhoon		-0.0272 (0.0183)		-0.0239 (0.0232)		-0.0128 (0.0379)		-0.0436 (0.0181)
Education	-0.153*** (0.0474)	-0.090* (0.0515)	0.0407* (0.0597)	0.0643* (0.0665)	-0.131 (0.0886)	0.0377 (0.0992)	0.0329 (0.0460)	0.0194 (0.0535)
Invest	0.118*** (0.0117)	0.118*** (0.0118)	0.00489 (0.0131)	0.00849 (0.0137)	0.173*** (0.0247)	0.164*** (0.0247)	0.0705*** (0.0111)	0.0643*** (0.0121)
Debt	-0.0288* (0.0312)	-0.0545* (0.0313)	-0.0793** (0.0359)	-0.0705* (0.0371)	0.0702** (0.0356)	0.0113* (0.0372)	-0.0438* (0.0232)	-0.0439* (0.0248)
Finance	0.106*** (0.710)	0.101*** (0.685)	-1.563** (0.733)	-1.540** (0.733)	2.051* (1.167)	1.679** (1.133)	0.654** (0.578)	0.781* (0.591)
Open	0.0196** (0.00848)	0.0188** (0.00827)	-0.0132 (0.00854)	-0.0109 (0.00872)	0.0293** (0.0217)	0.0341** (0.0213)	-0.006* (0.0134)	-0.033* (0.0141)
CPI	0.0763* (0.0490)	0.0848** (0.0572)	0.143** (0.0571)	0.0934* (0.0691)	0.184* (0.106)	0.300** (0.123)	-0.0770* (0.0468)	-0.0824* (0.0584)
常数项	0.0421*** (0.0126)	0.0460*** (0.0124)	0.0714*** (0.0135)	0.0669*** (0.0135)	0.0364** (0.0179)	0.0333* (0.0175)	0.0779*** (0.0147)	0.0792*** (0.0152)

续表

全国变量	y (1)	y (2)	Agri (3)	Agri (4)	Indu (5)	Indu (6)	Serv (7)	Serv (8)
时间效应	控制	控制	控制	控制	控制	控制	控制	控制
地区效应	控制	控制	控制	控制	控制	控制	控制	控制
AR (1)	-2.5141 (0.0019)	-2.6457 (0.0082)	-2.0071 (0.0447)	-1.9579 (0.0500)	-2.5836 (0.0098)	-2.9608 (0.0031)	-3.6932 (0.0002)	-3.8727 (0.0001)
AR (2)	0.14416 (0.8854)	0.51279 (0.6081)	1.5567 (0.1195)	1.3735 (0.1696)	0.07329 (0.9416)	0.52389 (0.6004)	-0.65255 (0.514)	-0.89746 (0.3695)
Sargan	28.97089 (0.5971)	25.6186 (0.5995)	22.63191 (0.5999)	16.40687 (0.5983)	28.03082 (0.5981)	24.28976 (0.5998)	26.27168 (0.5992)	26.49947 (0.5991)

注：括号内为聚类稳健标准误；AR（1）、AR（2）和 Sargan 检验的 P 值；* P>0.1、** P>0.05 和 *** P>0.01。表 4-10 至表 4-12 相同。

表 4-9 第（1）列和第（2）列报告自然灾害对经济增长的全样本估计结果。结果显示，就自然灾害总体而言，自然灾害对经济增长有正向效应，但不存在显著性，这说明从全国层面来看，中国经济增长受自然灾害的影响较小。分灾害类型来看，不同自然灾害类型对经济增长的影响存在较大的差异性。风雹、台风、地震以及低温冷冻灾害对经济增长虽然具有负向效应，但不存在显著性。干旱对经济增长具有不显著的正向作用，而洪水对经济增长具有显著的正向作用，这说明洪水总体上是对中国经济增长有促进作用的，这与 Loayza 等（2012）和 Fomby 等（2013）基于跨国数据的研究结论一致。第（3）列和第（4）列结果显示，自然灾害总体对农业增长率的影响系数为负（-0.0303），且在 1%水平上显著，这说明自然灾害受灾人口比例每增加 1%，农业增长率平均下降 0.0303%。分灾害类型来看，各类自然灾害对农业增长率的影响均为负。但仅有干旱对农业的影响系数在 1%水平上显著为负（-0.0421），这与大多数研究结论一致。此外，干旱影响系数的绝对值最大，这说明中国农业受干旱灾害的影响最大，特别应该做好干旱防预工作。第（5）列和第（6）列结果显示，自然灾害总体对工业增长率的影响系数在 1%水平上显著为正（0.0441），这说明受灾人口比例每增加 1%，工业增长率平均提高 0.0441%。值得注意的是，干旱和洪水灾害的影响系数同样在 1%水平上显著为正，这可能是由于中国干旱和洪水灾害严重，在加快修复基础设施和增加防洪灌溉项目的投资中拉动工业的增长。第（7）列和第（8）列结果表明，不同灾害对服务业增长率的影响较小，都不存在显著性。

对于其他控制变量的回归结果，从经济增长来看，固定资产投资规模、金融发展状况、对外开放程度以及通货膨胀率的回归系数均为正且显著，与预期结果相符，说明本书所构建的模型是可靠的。即固定资产投资增长率、信贷比率和开放程度的提高以及适度的通货膨胀，都有利于促进经济增长。政府财政负担和受教育水平的回归系数显著为负，说明政府过多的干预以及文盲比率的提高对经济增长有抑制作用。从农业、工业、服务业增长率来看，受教育水平对农业增长率的影响效应显著为正，可能与农业是劳动密集型产业有关，受教育水平越低，越容易从事以劳动力为主的行业，进而推动农业产出增加。投资增长率、金融发展状况和对外开放程度对工业、服务业增长率有显著的正向影响，但后两者对农业增长率有阻碍作用。政府财政负担对农业、服务业增长率有显著的负向影响，但对工业增长率有显著的正向影响，这说明中国工业的发展在很大程度上是由于政府的投资拉动。此外，通货膨胀率有利于促进农业、工业的增长，但对服务业增长率有抑制作用。

（二）自然灾害对不同经济区域经济增长的回归结果

不同地区的文化习俗、经济发展程度以及相应的制度等也决定自然灾害对各经济区域经济增长及各经济部门增长的影响不同。不同经济区域的自然灾害类型和发生频率存在一定的差异性。因此，分经济区域考察自然灾害对中国经济增长及各经济部门增长的影响存在必要性。鉴于台风和地震灾害主要发生在东部和西部地区，本书仅将台风灾害引入东部地区分析，地震引入西部地区分析。表 4-10 和表 4-11 是基于中国四个经济区域系统 GMM 的回归结果。

表 4-10　自然灾害对东北及东部经济增长及农业、工业、服务业增长率的回归结果

东北变量	y (1)	y (2)	Agri (3)	Agri (4)	Indu (5)	Indu (6)	Serv (7)	Serv (8)
Disaster	0. 0655 * (0. 0346)		-0. 150 *** (0. 0231)		0. 180 ** (0. 0900)		-0. 0501 (0. 0363)	
Drought		0. 0662 (0. 0426)		-0. 0848 *** (0. 0249)		0. 0526 (0. 0901)		-0. 0523 (0. 0485)
Flood		0. 0417 (0. 0459)		-0. 0790 *** -0. 0266		0. 0919 (0. 0935)		-0. 0514 (0. 0570)
Storm		0. 126 (0. 138)		-0. 314 *** (0. 0792)		0. 935 *** (0. 304)		0. 0708 (0. 159)
Freezing		0. 518 (0. 459)		-0. 391 (0. 250)		1. 050 (0. 986)		0. 251 (0. 522)
东部变量	y (1)	y (2)	Agri (3)	Agri (4)	Indu (5)	Indu (6)	Serv (7)	Serv (8)
Disaster	0. 00205 (0. 0126)		-0. 0333 (0. 0245)		-0. 0149 (0. 0251)		-0. 0178 (0. 0178)	

续表

东北变量	y (1)	y (2)	Agri (3)	Agri (4)	Indu (5)	Indu (6)	Serv (7)	Serv (8)
Drought		−0.0436 (0.0344)		−0.0456* (0.0672)		−0.0303 (0.0723)		−0.0544 (0.0477)
Flood		0.0705** (0.0314)		−0.0494 (0.0636)		0.0664 (0.0612)		0.127*** (0.0486)
Storm		0.0500 (0.108)		−0.166 (0.203)		0.00550 (0.203)		0.0185 (0.129)
Freezing		−0.0424 (0.0332)		−0.0101 (0.0631)		−0.110* (0.0665)		−0.0260 (0.0465)
Typhoon		9.91e−06 (0.0162)		−0.0262 (0.0336)		0.0113 (0.0355)		−0.0294* (0.0225)
控制变量	是	是	是	是	是	是	是	是

注：以上各回归模型中均包含区域和时间固定效应；一阶滞后项、常数项、各控制变量以及 AR（1）、AR（2）和 Sargan 检验的估计结果未报告；其余说明同上。表 4-11 至表 4-13 相同。

就东北地区而言，如表 4-10 所示。第（1）列的估计结果显示，自然灾害对经济增长的影响在 10%的水平上显著为正，说明该地区灾害恢复重建力度可能比较大，体现灾害的“生产力”效应，即自然灾害的发生促进经济增长。第（3）列和第（4）列结果显示，自然灾害总体对该地区农业增长率的影响系数在 1%的水平上显著为负（−0.15），即自然灾害受灾人口比例每增加 1%，农业增长率将下降 0.15%。就灾害类别而言，干旱、洪水和风雹灾害对农业增长率都在 1%的水平上显著为负，其中风雹灾害的绝对值系数最大（−0.314），说明风雹灾害对东北地区农业增长率的影响最大，Fomby 等（2013）、Loayza 等（2012）基于跨国数据的研究得出同样的结论。值得注意的是，洪水灾害对农业增长率的影响为负，说明洪灾对该地区农业生产有抑制作用，这与现有的大多数研究结论存在差异性。一般认为，洪水灾害会带来充沛的雨水和大量肥沃的泥沙，有利于提高农业产量。这可能是因为东北地区洪水灾害强度大，严重影响农作物的生长，进而降低产量。第（5）列和第（6）列结果显示，自然灾害总体对工业增长率的影响系数在 5%水平上显著为正。就不同灾害类型来看，不同自然灾害类型对工业增长率均为正，其中风雹对工业增长率的影响系数为正（0.935），且在 1%水平上显著，这与风雹灾害对农业增长率的破坏作用相反，一般认为，风雹灾害可以损害种子、未收获的农作物以及灌溉设施等，从而不利于农业的生产，但可能会在恢复重建过程中，提高固定资产投资增长率，进而提高工业增长率。第（7）列和第（8）列结果显示，自然灾害对服务业增长率的影响较小。

就东部地区而言。总体来看，自然灾害对东部地区经济增长及农业、工业和服务业增长率的影响，无论在显著性上还是在影响程度上均低于东北地区样本的结果，这主要可能是由于东部地区经济较为发达，其完善的灾害风险管理机制、公共政策以及充足的灾后恢复重建资金，可以降低其面对自然灾害的脆弱性和敏感性，提高灾后恢复力，降低自然灾害对经济的影响。第（1）列和第（2）列估计结果显示，自然灾害总体对经济增长率为正，但不显著，其中洪水灾害对经济增长的影响系数在5%水平上显著为正。第（4）列结果显示，干旱灾害在10%显著水平上对农业增长率有显著的负向作用。第（6）列结果显示，低温冷冻对工业增长率产生负向影响，且在10%水平上显著，主要原因可能是由于南方地区抗冻雨和雪灾的基础设施薄弱，一旦发生低温冷冻很容易对其产生破坏。第（8）列估计结果显示，洪水灾害对服务业的增长率影响系数为正，且在1%水平上显著，这可能是由于东部地区金融市场发达，各经济部门之间联系密切，洪灾对农业的正向影响向服务业传导的结果。值得注意的是，在10%显著水平上，台风灾害对服务业的增长率具有统计显著负向影响，这可能是由于中国东部地区服务业占经济比重高，而东部沿海地区又是台风灾害多发区，可能会对服务业中的交通运输、零售、金融等行业产生影响。

表4-11　自然灾害对中部和西部地区经济增长及农业、工业、服务业增长率的回归结果

中部变量	y (1)	y (2)	Agri (3)	Agri (4)	Indu (5)	Indu (6)	Serv (7)	Serv (8)
Disaster	0.00429 (0.0203)		−0.0114 (0.00931)		0.0400 (0.0312)		−0.00140 (0.0114)	
Drought		−0.0306 (0.0262)		−0.0295** (0.0130)		0.0158 (0.0406)		0.00213 (0.0149)
Flood		0.0807** (0.0344)		−0.0412** (0.0176)		0.128** (0.0561)		0.0161 (0.0222)
Storm		0.130 (0.0823)		−0.0510 (0.0395)		0.254** (0.124)		0.00842 (0.0439)
Freezing		−0.00536 (0.0319)		0.0148 (0.0136)		−0.0446 (0.0442)		0.00614 (0.0166)
西部变量	y (1)	y (2)	Agri (3)	Agri (4)	Indu (5)	Indu (6)	Serv (7)	Serv (8)
Disaster	0.0264*** (0.00913)		−0.022*** (0.00729)		0.0561*** (0.0181)		0.00891 (0.0104)	
Drought		0.039*** (0.00997)		−0.0305*** (0.00788)		0.0609*** (0.0201)		0.0218* (0.0127)

续表

中部变量	y (1)	y (2)	Agri (3)	Agri (4)	Indu (5)	Indu (6)	Serv (7)	Serv (8)
Flood		0.0648*** (0.0222)		0.0391** (0.0166)		0.194*** (0.0457)		-0.0136 (0.0240)
Storm		-0.0559 (0.0504)		0.0303 (0.0385)		-0.0914 (0.107)		-0.0385 (0.0594)
Freezing		-0.00289 (0.0186)		-0.0335** (0.0141)		-0.0284 (0.0390)		0.0130 (0.0214)
Earth		-0.0538* (0.0324)		0.0241 (0.0261)		-0.0103 (0.0665)		-0.0058 (0.0393)
控制变量	是	是	是	是	是	是	是	是

就中部地区而言，如表4-11所示。从自然灾害总体来看，其对经济增长和工业增长率有正向影响，对农业和服务业增长率有负向影响，但都不存在统计显著性。分灾害类型来看，第（2）列估计结果表示，洪水灾害对中部地区的经济增长在5%水平上有显著正向影响。第（4）列估计结果表示，洪水和干旱灾害对农业增长率在5%水平上有显著的负向影响。第（6）列估计结果表明，洪水和风雹灾害对工业增长率在5%水平上有显著的正向影响，可能的原因是，虽然洪水灾害强度大，影响农业的增长，但洪灾带来的大量降水，提高电力能源的供给，进而带动工业的增长。同样地，各自然灾害对服务业的影响较小。

就西部地区而言，相较于东部和中部，该地区受自然灾害的影响较大，且各自然灾害对经济增长的影响以及农业、工业、服务业增长率的影响差异较大。第（1）列估计结果表明，就自然灾害总体而言，自然灾害具有增长效应，对该地区的经济增长显著为正，系数为0.0264，即人口受灾率增长1%，经济增长为0.0264%。此外，地震灾害对该地区经济增长有抑制作用。分自然灾害类型来看，第（2）列估计结果表明，干旱和洪水灾害对该地区的经济增长在1%水平上显著为正，这与干旱一般对经济增长产生负向影响相悖。Loayza等（2012）认为，洪水灾害和干旱灾害在以农业为基础的不发达地区会产生增长效应，主要是由于受限于灾后恢复资金的获取，农民不得不变卖资产和牲畜，这主要是以牺牲将来的经济增长为代价。第（3）列估计结果表明，自然灾害总体对该地区农业增长率的影响系数在1%水平上显著为负。分灾害类型来看，第（4）列估计结果表明，干旱影响系数在1%水平上显著为负，但洪水灾害在5%水平上显著为正。此外，低温冷冻对农业增长率产生显著负向影响。与此相反的是，第（5）列和第（6）列结果表明，该地区自然灾害总体对工业增长率的影响在1%水平上显著为正。同时，干旱和洪水灾害对工业增长率的影响也在1%水平上显著为正。干旱灾害之所以为正，一方面可能是农业受灾严重，另一方面可能是劳动力由农业流向工业，提高工业的生产力。洪水灾害对工业增长的正向影响，可能是通过其传导机制，即在农业产业为基础的地区，工业部门生产的增长取决于农业部门原材料的供给，当农业生产要素的供给充足时，扩大了工业部门的需求，进而带动了工业部门的增长。第（7）~（8）列结果表明，自然灾害对服务业的影响较小，仅有干旱具有统计显著性。

（三）稳健性检验

我们从两个方面对以上回归结果的可靠性进行稳健性检验：一是改变回归估计方法，分别应用混合OLS和固定效应FE对模型（4-1）进行回归；二是替换核心解释变量，本书将应用当年各省份自然灾害造成的直接经济损失占各自GDP比重作为核心解释变量，并将所得结果进行对比。

1. 改变模型估计方法

为使结果更加可信，本书将应用混合OLS和固定效应FE两种估计方法对模型（4-1）进行重新回归，然后将两者估计结果和系统GMM进行对比分析来检验模型估计结果的稳健性。此外，Bond等（2001）针对系统GMM估计量是否有效的检验，提出一种简单、可行的方法，主要是将混合OLS和固定效应FE对被解释变量一阶滞后项的估计值与系统GMM进行比较。由于混合OLS通常会高估一阶滞后项，固定效应FE会低估一阶滞后项。因此，如果系统GMM估计方法下，被解释变量的一阶滞后项系数的估计值介于两者之间，则表明GMM估计是可靠、有效的。这一方法简单易行，得到广泛的运用。表4-12报告各类估计方法回归结果（限于篇幅，本书仅报告全国层面自然灾害对经济增长的稳健性检验结果）。

表4-12　不同估计方法回归结果

变量	系统GMM	混合OLS	固定效应FE	系统GMM	混合OLS	固定效应FE
	y (1)	y (2)	y (3)	y (4)	y (5)	y (6)
L. y	0.405 *** (0.0493)	0.545 *** (0.0437)	0.344 *** (0.0676)	0.368 *** (0.0482)	0.478 *** (0.0429)	0.311 *** (0.0675)
Disaster	0.00851 (0.00777)	0.00572 (0.00535)	0.0100 (0.00649)			
Drought				0.00984 (0.0104)	0.0175 (0.00821)	0.0167 (0.00899)

续表

变量	系统 GMM	混合 OLS	固定效应 FE	系统 GMM	混合 OLS	固定效应 FE
	y （1）	y （2）	y （3）	y （4）	y （5）	y （6）
Flood				0.0761*** （0.0166）	0.0605*** （0.0114）	0.0683*** （0.0147）
Storm				−0.0226 （0.0389）	−0.0219 （0.0285）	0.0126 （0.0352）
Earth				−0.0192 （0.0392）	−0.0439 （0.0297）	−0.0388 （0.0317）
Typhoon				−0.0272 （0.0183）	−0.0226 （0.0114）	−0.0152 （0.0185）
Freezing				−0.0128 （0.0147）	−0.0271** （0.0118）	−0.0226 （0.0123）
常数项	0.0421*** （0.0126）	0.0233*** （0.00539）	0.0525*** （0.0102）	0.0460*** （0.0124）	0.0235*** （0.00515）	0.0505*** （0.00977）
时间效应	控制	控制	控制	控制	控制	控制
地区效应	控制	控制	控制	控制	控制	控制
观察值	297	297	297	297	297	297
R^2		0.759	0.729		0.788	0.755

表4-12第（1）列、第（2）列和第（3）列分别报告自然灾害对经济增长的GMM、混合OLS和固定效应FE回归结果，结果表明三种方法估计的自然灾害回归系数都为正，但都不存在显著性。此外，GMM估计的被解释变量的一阶滞后项的系数值小于混合OLS的估计结果，但大于固定效应FE的估计结果，这也说明本书的估计结果具有一定的稳健性。同样地，第（4）列、第（5）列和第（6）列分别报告各类自然灾害对经济增长的GMM、混合OLS和固定效应FE回归结果，结果同样表明各类自然灾害的回归系数显著性及符号也差别不大，GMM估计的人均实际GDP增长率一阶滞后项系数介于混合OLS和固定效应FE回归结果之间，这进一步表明本书的回归结果具有一定的可靠性。

2. 替换核心解释变量稳健性检验

进一步地，本书将替换自然灾害强度的衡量指标对估计结果的稳健性进行检验。这里，我们应用自然灾害造成的直接经济损失占GDP的比重作为自然灾害的衡量指标。估计结果如表4-13所示（限于篇幅，本书同样只报告全国层面自然灾害对经济增长和农业、工业、服务业增长率的回归估计结果）。

表 4-13 自然灾害对经济增长和农业、工业、服务业增长率的回归估计结果

变量	y (1)	y (2)	Agri (3)	Agri (4)	Indu (5)	Indu (6)	Serv (7)	Serv (8)
Disaster	0.0105 (0.0270)		-0.027*** (0.0328)		0.0482*** (0.0574)		-0.0312 (0.0272)	
Drought		0.504 (0.255)		-1.342*** (0.277)		1.447*** (0.530)		-0.107 (0.267)
Flood		0.628*** (0.128)		-0.0635 (0.147)		1.137*** (0.267)		0.154 (0.136)
Storm		-0.423 (0.918)		-0.942 (1.074)		3.010 (1.866)		0.841 (0.885)
Earth		-0.00863 (0.0277)		-0.00144 (0.0325)		-0.00437 (0.0585)		-0.00614 (0.0288)
Typhoon		-0.145 (0.256)		-0.443 (0.306)		0.287 (0.527)		-0.552 (0.250)
Freezing		-0.295 (0.255)		-0.311 (0.299)		-1.046* (0.538)		0.0392 (0.261)
控制变量	是	是	是	是	是	是	是	是

表 4-13 第（3）列和第（5）列表明，自然灾害对农业增长率产生显著负效应，但对工业增长率产生显著的正向效应，分灾害类型来看，第（2）列、第（4）列和第（6）列估计结果表明，洪水灾害对经济增长有显著的正向效应，干旱对农业增长率有显著的负向效应，干旱和洪水灾害都对工业增长率产生显著的正向效应，且都在 1%水平上显著。同样地，各自然灾害对服务业增长率的影响较小，这与表 4-9 的回归结果基本一致，同样表明本书的回归结果具有一定稳健性。

四、总结

本书应用系统 GMM 模型针对中国 31 个省份 1990—2018 年的数据，研究了自然灾害对中国经济增长以及农业、工业和服务业增长率的影响。研究发现：

（1）从全国来看，自然灾害总体对农业增长有显著的负向影响。分灾害类型来看，洪水对经济增长以及工业产生促进作用，干旱对农业产生抑制作用，但对工业有促进作用。此外，影响经济增长的重要变量还有受教育水平、健康水平、固定资产投资规模、金融发展状况、政府财政负担、对外开放程度和通货膨胀率等控制变量。

（2）分地区来看，自然灾害对东北地区和西部地区的经济增长以及各经济部门的影响程度更大。东北地区，自然灾害总体对经济增长有促进作用，但对

农业有负向效应；洪水、干旱和风雹对农业有负向作用，但风雹对工业有正向作用。东部地区，干旱灾害对农业有负向影响，洪水对经济增长和服务业有正向效应，低温冷冻对工业有负向效应，台风灾害对服务业有负向作用。中部地区，干旱灾害对农业产生抑制作用，洪水对经济增长以及工业有正向效应，但对农业有抑制作用，风雹能够促进工业的增长。西部地区，自然灾害总体对经济增长有促进作用，但对农业有负向效应；干旱对经济增长、工业和服务业有正向效应，但对农业产生抑制作用，洪水对经济增长以及农业和工业有正向效应，低温冷冻对农业有负向效应，地震对经济增长有负向效应。

第三节　自然灾害对经济增长的影响机制

由第二节可知，总体来看，自然灾害主要对我国及各经济区域经济增长以及工业增长产生正向效应，之所以对经济增长和工业增长率具有一定的正向效应，可能是因为我国政府的“举国”灾害救助体制，这种灾害救助体制主要体现在政府救灾支出比重大，在灾后恢复重建工作，表现为资本存量的增加。为此，本部分我们主要分析自然灾害对经济增长的路径传导机制，探究自然灾害对中国经济增长及各部门经济产生影响的背后机制，同时也可以作为确定巨灾保险承保标的的实证依据。

一、模型、变量及数据处理

（一）实证模型设定

本部分借鉴 Skidmore 和 Toya（2002）、王艺明等（2008）的分析方法，针对自然灾害对经济增长的路径研究，从决定经济增长的资本、劳动力和技术进步三要素层面上考察自然灾害的影响路径。分别以资本存量（K）增长率、人力资本（H）增长率和全要素生产率（TFP）增长率作为被解释变量，自然灾害直接经济损失占 GDP 的比重作为解释变量，并分别引入模型（4-1）中的控制变量进行回归，设定模型（4-8）如下：

$$P_{it} = \eta + \eta_0 y_{it-1} + \eta_1 D_{it} + \eta_2 X_{it} + u_{i3} + \theta_{t3} + \varepsilon_{it3} \qquad (4-8)$$

其中，P_{it} 为路径被解释变量，包括资本存量（K）增长率、人力资本（H）增长率以及全要素生产率（TFP）增长率；$\eta - \eta_2$ 为待估参数；u_{i3}、θ_{t3}、ε_{it3} 分别为地区固定效应、时间固定效应和误差项。

由于式（4-8）右边包含滞后因变量以及可能具有内生性问题的解释变量，因此本书同样对式（4-8）采用系统 GMM 方法进行估计。

（二）指标变量

本小节经济增长（y_{it}）和自然灾害强度以及各控制变量选取指标和本章第

二节一致。在此基础上，增加以下变量：

资本存量（K）。本书采用“永续盘存法”式 $K_{it}=I_{it}/P_{it}+(1-\delta_{it})K_{it-1}$ 对资本存量进行估算，其中，K_{it} 和 K_{it-1} 分别表示当期和上一年的固定资本存量，I_{it} 为名义固定资本形成总额，P_{it} 为固定资产投资价格指数，δ_{it} 为折旧率。本书采用张军等（2004）估算的 1990 年各省份的资本存量作为基期固定资本存量 K_{it}，这里区别于张军等（2004）研究的是，δ_{it} 取吴吉东等（2018）估计的各省份多年平均资本经济折旧率。针对固定资产投资价格指数数据缺失的广东和西藏两个地区，本书参照张军等（2004）用当年商品零售价格指数替代。按照上述方法，将数据更新至 2018 年。

人力资本（H）。人力资本是实现技术的持续创新以及长期经济增长的重要保障。关于生产函数中的劳动投入指标，虽然已有文献倾向于考虑劳动时间、受教育年限、劳动报酬等多种变量，以更好地反映劳动的质量、强度等，但考虑到中国当前的劳动统计数据在准确性和完备性方面的缺陷，劳动人数仍不失为一个最具通用性的指标。本书将采用历年就业人员数指标来反映人力资本投入情况。

全要素生产率（TFP）。TFP 是反映经济增长源泉与发展质量的重要概念，可以作为技术进步率（A）的衡量指标，主要应用余值法、超越对数法以及非参数的数据包络分析方法对其进行测算。假定生产函数形式如下：

$$Y_t=A_tf(K_t,\ L_t) \tag{4-9}$$

其中，Y、K、L 和 A 分别表示产出、资本投入、劳动投入和技术进步率，f 生产函数的形式待定。对式（4-9）两边关于时间求微分，并将两边同除以 Y_t，简化可得：

$$\dot{Y}_t/Y_t=\dot{A}_t/A_t+\alpha\dot{K}_t/K_t+\beta\dot{L}_t/L_t \tag{4-10}$$

其中，$\alpha=[\partial f(K_t,\ L_t)/f(K_t,\ L_t)]/(\partial K_t/K_t)$ 表示资本要素产出弹性，$\beta=[\partial f(K_t,\ L_t)/f(K_t,\ L_t)]/(\partial L_t/L_t)$ 表示劳动要素产出弹性。当生产函数的基本形式 Y 为索洛（Solow）提出简单的 Cobb-Douglas（C-D）生产函数 $Y=AK^{\alpha}L^{\beta}$ 时，在规模报酬不变（$\alpha+\beta=1$）的假设下，可得 TFP 增长率为：

$$\dot{A}_t/A_t=\dot{Y}_t/Y_t-\alpha\dot{K}_t/K_t-(1-\alpha)\dot{L}_t/L_t \tag{4-11}$$

一般包含时间项的 C-D 生产函数 $f(K_t,\ L_t)$ 适用于全国层面的研究，假定技术进步 A 是时间 t 的函数，此时 C-D 生产函数可写为 $Y_t=A(t)L_t^{\alpha}K_t^{\beta}$，其中，$A(t)$ 表示第 t 期的生产技术水平，假设 $A_t=A_0e^{\gamma t}$，则有 $Y_t=A_0e^{\gamma t}L_t^{\alpha}K_t^{\beta}$，对该式两边同时取对数，并加入个体效应 u_i 和时间效应 λ_t，在规模报酬不变（$\alpha+\beta=1$）假设下，有劳动力人均形式的生产函数为：

$$\ln Y_t/L_t=\ln A_0+\alpha\ln K_t/L_t+\gamma t+u_i+\lambda_t+\varepsilon_{it} \tag{4-12}$$

当用式（4-10）测算 TFP 增长率时，式（4-12）中时间变量 t 的系数 γ 即

反映 *TFP* 随时间推移而线性增长的增长率。鉴于资本和劳动力产出弹性在各省份间可能存在差异，采用变系数面板模型较为适宜。本书根据白俊红和刘宇英（2018）对各省份的要素产出弹性采用变截距、变斜率的最小二乘虚拟变量法（LSDV）进行估计。鉴于经济增长主要取决于资本、人力、全要素生产率三要素增长率，为便于分析，本书将计算的三要素绝对数转化为资本存量增长率（*GK*）、人力资本增长率（*GH*）和全要素生产率增长率（*GTFP*）相对数形式。同样选取如下变量作为影响经济增长路径的控制变量：教育水平、固定资产投资规模、金融发展状况、政府财政负担、对外开放程度以及通货膨胀率。各变量的定义和描述性统计如表 4-14 所示。

表 4-14 样本描述性统计

变量名称	变量含义	样本数	平均值	标准差	最小值	最大值
K	资本存量	899	27021.62	8503.33	238.06	290608.5
H	人力资本	899	2390.61	280.23	109.88	6859.8
GK	资本存量增长率	899	0.1171	0.0602	-0.0483	0.3358
GH	人力资本增长率	899	0.4421	0.2113	0.0696	0.8758
GTFP	全要素生产率增长率	899	-0.0089	0.1604	-0.5304	1.2096

（三）数据的描述性统计

本小节实证研究中所需数据来自历年《中国民政统计年鉴》《中国统计年鉴》《中国气象灾害大典》《中国大陆地震灾害损失评估汇编》《新中国六十年统计资料汇编》以及中国 31 个省份历年的统计年鉴。样本的描述性统计见表 4-14。

二、结果分析

（一）模型（4-8）的实证分析

本部分以资本存量增长率（*GK*）、人力资本增长率（*GH*）和全要素生产率增长率（*GTFP*）三个影响经济增长的要素作为被解释变量，考察自然灾害对全样本及各经济区域经济增长的影响路径。回归结果报告于表 4-15～表 4-17 中。

从全样本来看，自然灾害的增加有利于当年的资本存量的增加，这与自然灾害对中国经济增长有一定的促进作用相对应。Noy 等（2010）在研究发展中国家（以越南为例）的灾害宏观经济影响时发现，由于灾害破坏了较多的财产和资本，实际上引发了短期的经济繁荣。分灾害类型来看，洪水和地震灾害有利于当年资本存量的积累，同时，洪水灾害的发生也有利于全要素生产率的提高，这与表 4-9 洪水灾害对经济增长有一定的促进作用相对应。但风雹和台风灾害不利于全要素生产率的提高，一方面可能是由于风雹和台风灾害对农作物造成严重的损坏，降低了以农业产业为基础的经济区域收入，进而削减了研发新技术的投入；另一方面可能更多的是对新技术设备以及科研设施的破坏。

表 4-15　全样本自然灾害对经济增长影响路径回归结果

变量	GK (1)	GK (2)	GH (3)	GH (4)	GTFP (5)	GTFP (6)
Disaster	0.0256** (0.0115)		-0.0155 (0.0114)		-0.00721 (0.0159)	
Drought		0.0236 (0.0154)		-0.0142 (0.0156)		0.0113 (0.0218)
Flood		0.0513* (0.0271)		-0.0212 (0.0278)		0.0655* (0.0387)
Storm		0.0108 (0.0588)		-0.0808 (0.0615)		-0.156* (0.0828)
Earth		0.149** (0.0588)		-0.0151 (0.0610)		0.0160 (0.0842)
Typhoon		0.0149 (0.0274)		0.00526 (0.0290)		-0.101*** (0.0389)
Freezing		0.0131 (0.0226)		-0.00360 (0.0229)		0.0224 (0.0316)
Education	-0.153*** (0.0474)	-0.0904* (0.0515)	-0.278** (0.128)	-0.196* (0.133)	-0.689*** (0.206)	-0.722*** (0.220)
Invest	0.118*** (0.0117)	0.118*** (0.0118)	0.100*** (0.0249)	0.0842*** (0.0260)	0.0929* (0.0563)	0.128** (0.0579)
Debt	-0.0288* (0.0312)	-0.0545** (0.0313)	-0.0882* (0.0665)	-0.0878* (0.0711)	-0.547*** (0.211)	-0.172*** (0.213)
Finance	0.106* (0.710)	0.101* (0.685)	0.171** (1.062)	0.267** (1.093)	-0.647 (3.673)	-4.955 (3.534)
Open	0.0196** (0.00848)	0.0188** (0.00827)	0.0528* (0.104)	0.0563* (0.105)	-0.00866 (0.183)	-8.29e-06 (0.169)
CPI	0.0763* (0.0490)	0.0848* (0.0572)	0.110* (0.0860)	0.137* (0.0966)	0.173* (0.163)	0.326* (0.192)

续表

变量	GK (1)	GK (2)	GH (3)	GH (4)	GTFP (5)	GTFP (6)
Constant	0.0421*** (0.0126)	0.0460*** (0.0124)	0.0607*** (0.0186)	0.0579*** (0.0193)	0.204*** (0.0441)	0.164*** (0.0454)
p-AR (1)	0.0112	0.0076	0.0568	0.0643	0.091	0.088
p-AR (2)	0.9772	0.5382	0.5511	0.9898	0.6523	0.1718
Chi2-Sargan	0.8521	0.7032	0.4955	0.1296	0.1512	0.286

注：同表 4.9。

从各经济区域来看，就东北地区而言，自然灾害的增加同样有利于当年资本存量的增加。此外，洪水灾害也有利于资本存量的增加，但干旱和风雹对资本存量的增加有抑制作用。就东部地区来看，洪水灾害对资本存量的增加在10%水平上显著为正，这说明洪水灾害主要通过资本存量的增加促进东部地区经济增长，这也与表 4-9 的估计结果相对应。低温冷冻对资本存量的增加有抑制作用，可能主要在于其对基础设施的破坏，从而抑制了资本存量的增加，但其对技术进步的提高有促进作用，台风灾害对全要素生产率产生抑制作用。从中部地区来看，干旱灾害提高了全要素生产率，可能由于干旱，更多的资金投入抗旱新技术的研发中，但抑制了资本存量增长率，这种抑制作用高于对全要素生产率的促进作用，使干旱对该地区的经济增长显著为负。洪水灾害提高了资本存量的积累和全要素生产率，风雹灾害抑制了资本存量的积累，但促进了人力资本的积累。就西部地区来看，自然灾害整体虽然有利于当年资本存量的积累，但不利于人力资本的积累，可能是由于该地区自然灾害多发且强度大，造成的人员伤亡多，降低了劳动力的供给。干旱灾害有利于资本积累和全要素生产率的提高，洪水灾害对全要素生产率的提高有正向作用，风雹灾害同样抑制了资本的积累。值得注意的是，地震促进了该地区当年资本存量的积累，但地震对该地区当年的经济增长为负，这可能一方面在于地震灾害对人力资本以及全要素生产率的抑制作用，另一方面可能是由于重建工作的投资尚未转化为当年的生产力。

表 4-16　东北地区和东部地区自然灾害对经济增长影响路径回归结果

东北地区 变量	GK (1)	GK (2)	GH (3)	GH (4)	GTFP (5)	GTFP (6)
Disaster	0.0778** (0.0933)		0.0267 (0.0643)		−0.0487 (0.115)	
Drought		−0.172* (0.0908)		0.0801 (0.0644)		0.172 (0.117)

续表

东北地区变量	GK (1)	GK (2)	GH (3)	GH (4)	GTFP (5)	GTFP (6)
Flood		0.0407* (0.101)		0.0349 (0.0746)		-0.211 (0.150)
Storm		-0.203* (0.278)		-0.248 (0.215)		-0.341 (0.342)
Freezing		0.466 (0.930)		-0.376 (0.709)		-2.193 (1.668)
东部地区变量	GK (1)	GK (2)	GH (3)	GH (4)	GTFP (5)	GTFP (6)
Disaster	0.0109 (0.0140)		-0.0163 (0.0261)		-0.00169 (0.0205)	
Drought		0.0125 (0.0374)		-0.0442 (0.0758)		-0.0168 (0.0586)
Flood		0.0737* (0.0389)		-0.0386 (0.0705)		0.0751 (0.0587)
Storm		-0.124 (0.116)		0.103 (0.230)		-0.161 (0.182)
Typhoon		0.0106 (0.0185)		-0.0122 (0.0364)		-0.0167* (0.0277)
Freezing		-0.0156* (0.0371)		-0.00785 (0.0654)		0.0410 (0.0553)
控制变量	是	是	是	是	是	是

注：同表 4-10，以下表 4-17 至表 4-20 相同。

表 4-17　中部地区和西部地区自然灾害对经济增长影响路径回归结果

中部地区变量	GK (1)	GK (2)	GH (3)	GH (4)	GTFP (5)	GTFP (6)
Disaster	0.0185 (0.0171)		0.00909 (0.00809)		0.0539 (0.0331)	
Drought		-0.0297* (0.0222)		0.0159 (0.0105)		0.0825* (0.0440)
Flood		0.0674** (0.0329)		0.0132 (0.0152)		0.151** (0.0645)

续表

中部地区 变量	GK (1)	GK (2)	GH (3)	GH (4)	GTFP (5)	GTFP (6)
Storm		-0.117* (0.0705)		0.0464* (1.081)		0.142 (0.135)
Freezing		0.0148 (0.0262)		-0.0100 (0.0120)		-0.0395 (0.0472)
西部地区 变量	GK (1)	GK (2)	GH (3)	GH (4)	GTFP (5)	GTFP (6)
Disaster	0.0219** (0.0204)		-0.0274* (0.0148)		0.0353 (0.0277)	
Drought		0.0409* (0.0236)		-0.0275 (0.0190)		0.0563* (0.0319)
Flood		0.0192* (0.0504)		-0.0478 (0.0430)		0.0538* (0.0661)
Storm		-0.127* (0.104)		-0.0861 (0.0964)		-0.153 (0.142)
Earth		0.144** (0.0701)		-0.0278 (0.0632)		-0.0725 (0.0958)
Freezing		0.0460 (0.0430)		0.000284 (0.0325)		0.0728 (0.0527)
控制变量	是	是	是	是	是	是

（二）稳健性检验

1. 变更被解释变量和估计方法

第一，采用劳动力平均受教育程度来表示人力资本。参照姚先国等（2008）的研究，首先，将文盲、小学、初中、高中以及大专及以上的受教育年限分别以0年、6年、9年、12年和16年进行折算；其次，各教育阶段的人数乘以对应的折算年限，并将各教育阶段总的受教育年限进行加总；最后，各阶段总的受教育年限之和除以总的劳动力人数，便得到人均受教育水平。这里，人口受教育结构数据来自《中国统计年鉴》，劳动力数量来自31个省份的统计年鉴。

第二，变更全要素生产率（*TFP*）估计方法。由于C-D生产函数将各年份的生产要素份额假定为常数，虽然能够简化*TFP*估计过程，但可能与现实经济生活不符。为此，本书也考虑了另一种更具一般性的生产函数形式，即超越对数生产函数，与 C-D 生产函数相比，其不受限于替代弹性不变的假设约束，更有利于反映各要素份额的时变特性。

将式（4-9）中的生产函数 $f(K_t, L_t)$ 设定为如下超越对数生产函数形式：

$$\ln Y_{it} = \beta_0 + \beta_K \ln K_{it} + \beta_L \ln L_{it} + \beta_T t + 1/2\beta_{KK}(\ln K_{it})2 + 1/2\beta_{LL}(\ln L_{it})2 + 1/2\beta_{TT}t^2 + \beta_{KL}\ln K_{it}\ln L_{it} + \beta_{KT}(\ln K_{it})t + \beta_{LT}(\ln L_{it})t \quad (4-13)$$

在规模报酬不变条件下，式（4-13）可简化为：

$$\ln Y_{it}/L_{it} = (\beta_0 + \beta_T t + 1/2\beta_{TT}t^2) + \beta_K \ln(K_{it}/L_{it}) + 1/2\beta_{KK}(\ln(K_{it}/L_{it}))^2 + \beta_{KT}\ln(K_{it}/L_{it})t \quad (4-14)$$

令 $\alpha(t) = \beta_K + \beta_{KK}\ln(K_{it}/L_{it}) + \beta_{KT}t$，可得资本和劳动要素的收入份额分别为：$\hat{\alpha}(t) = [\alpha(t) + \alpha(t-1)]/2$ 和 $\hat{\beta}_t = 1 - \hat{\alpha}(t)$。

用劳动力平均受教育程度表示人力资本，全要素生产率（*TFP*）估计方法改为超越对数生产函数重新回归，结果见表 4-18（限于篇幅，本书只报告自然灾害对资本存量、劳动力和全要素生产率全样本回归结果）。结果显示，替换被解释变量以及改变估计全要素生产率方法后的回归结果与表 4-15 的结果相比可知，在估计系数的符号和显著性水平方面基本一致，这表明基准回归的估计结果是稳健可靠的。

表 4-18　变更被解释变量和估计方法回归结果

变量	GK (1)	GK (2)	GH (3)	GH (4)	GTFP (5)	GTFP (6)
Disaster	0.0256** (0.0115)		-0.0061 (0.0193)		-0.0166 (0.0170)	
Drought		0.0236 (0.0154)		-0.0182 (0.0271)		0.0143 (0.0239)
Flood		0.0513* (0.0271)		-0.0174 (0.0459)		0.0747* (0.0424)
Storm		0.0108 (0.0588)		-0.0642 (0.104)		-0.104* (0.0927)
Earth		0.149** (0.0588)		-0.123 (0.106)		0.0506 (0.0930)
Typhoon		0.0149 (0.0274)		0.0182 (0.0509)		-0.0770** (0.0453)
Freezing		0.0131 (0.0226)		-0.00809 (0.0389)		0.0661 (0.0337)

2. 引入路径回归检验方法

为了进一步检验自然灾害通过哪些路径变量对经济增长产生一定影响。本书将进一步借鉴 Cutler 等（2010）以及张勋等（2018）的路径检验方法，分别以资本存量增长率（ *GK* ）、人力资本增长率（ *GH* ）以及全要素生产率增长率（ *GTFP* ）作为解释变量引入模型（4-1）中。构造模型（4-15）：

$$y_{it} = \varphi + \varphi_0 y_{it-1} + \varphi_1 D_{it} + \varphi_2 X_{it} + \varphi_3 P_{it} + u_{i4} + \theta_{t4} + \varepsilon_{it4} \qquad (4-15)$$

其中：φ，φ_0，φ_1，φ_2，φ_3 为待估参数；u_{i4} 为地区固定效应；θ_{t4} 为时间固定效应；ε_{it4} 为误差项。如果自然灾害在模型（4-15）中的系数 φ_1 相较于模型（4-1）有所下降，且路径变量 P_{it} 的系数显著为正，则说明自然灾害通过 P_{it} 促进了经济增长；如果 φ_1 系数上升，则说明通过 P_{it} 抑制了经济增长。回归结果如表 4-19 所示（限于篇幅，本书仅报告全样本回归结果）。

表 4-19　路径回归检验结果

变量	y (1)	y (2)	y (3)	y (4)	y (5)	y (6)
Disaster	0.00806 (0.00742)		0.00760 (0.00781)		0.00584 (0.00772)	
Drought		0.0105 (0.00996)		0.0101 (0.0104)		0.00453 (0.0104)
Flood		0.0735*** (0.0159)		0.0765*** (0.0166)		0.0642*** (0.0167)
Storm		−0.0296 (0.0375)		−0.0220 (0.0389)		−0.00125 (0.0388)
Earth		−0.0311 (0.0380)		−0.0195 (0.0392)		−0.0282 (0.0391)
Typhoon		−0.0239 (0.0176)		−0.0272 (0.0183)		−0.0213 (0.0182)
Freezing		−0.0113 (0.0142)		−0.0129 (0.0147)		−0.0136 (0.0146)
GK	0.125*** (0.0380)	0.113*** (0.0371)				
GH			0.00840 (0.0458)	0.0167 (0.0442)		
GTFP					0.160*** (0.0280)	0.145*** (0.0276)

由表4-19第（1）列可知，自然灾害促进资本存量的增长，当资本存量引入模型（4-15）时，表8第（1）列结果显示，自然灾害系数相较于表4-15变小，这说明，自然灾害通过影响资本存量对经济增长产生了影响。同样地，洪水和地震灾害系数变小。此外，当加入全要素生产率增长率，洪水灾害的系数变小，但风雹和台风的系数变大，也符合预期，说明本书估计结果具有一定的稳健性。

三、结论

本节采用系统GMM方法，利用中国1990—2018年31个省份的面板数据，研究了自然灾害对中国各经济区域经济增长的影响路径。研究发现：

第一，从自然灾害对全国及各经济区域经济增长影响路径显著性层面来看，就全国层面而言，自然灾害总体有利于提高资本存量；分灾害类型来看，洪水对资本存量和全要素生产率的提高有促进作用，地震促进了资本存量的积累，台风灾害对全要素生产率增长产生了抑制作用。

第二，分经济区域来看，东北地区，自然灾害总体有利于提高资本存量；分灾害类型来看，干旱和风雹抑制资本存量增长，但洪水灾害有利于资本存量的积累。东部地区，洪水灾害有利于提高资本存量，但低温和冷冻抑制资本存量的积累，台风灾害抑制全要素生产率的增长。中部地区，干旱不利于资本存量的积累，但促进全要素生产率的增长，洪水灾害有利于促进资本存量和全要素生产率的提高，风雹灾害不利于资本存量的积累，但有利于人力资本的积累。西部地区，自然灾害总体有利于资本存量的积累，但不利于人力资本的积累；分灾害类型来看，干旱有利于促进资本存量和全要素生产率的提高，洪水灾害有利于促进资本存量和全要素生产率的提高，风雹灾害抑制资本存量的积累，但地震灾害有利于资本存量的积累。此外，教育水平、固定资产投资规模、政府财政负担、金融发展状况、对外开放程度和通货膨胀率是决定经济增长的重要变量。

第四节　政府财政救灾支出与经济增长

一、模型设定

由上述分析可知，自然灾害对经济增长存在正向效应，其中，自然灾害多发的东北地区和西部地区分别在10%和1%水平上存在显著的正向效应。这表明，中国自然灾害存在“增长效应”，熊彼特“创造性”理论可以对经济增长型自然灾害进行分析，即自然灾害在造成物质资本损坏的同时，灾后恢复重建过程中新资本的使用可能会对经济增长产生中短期的促进作用。此外，总体来看，自然灾害对我国经济的促进作用，主要在于资本的积累。由此可推知，我国自然灾害的增长效应，可能更多的是由于政府救灾支出增加而引起的投资需求增加，进而带动了经济增长，促进短期的经济繁荣。虽然自然灾害具有增长效应的观点受到很多的质疑和批评，但在中国“举国”救灾模式下还是有现实意义的。第一，中国政府宏观调控的力度比较大，尤其当发生严重自然灾害时，所采取的“举国”救灾的方式，能够充分发挥和动员地方各级政府、企事业单位、社会团体、社区等有关部门和人员的作用，各种灾后救助措施能够迅速到位；第二，短期内投资拉动经济增长的局面不会发生太大的变动；第三，政府购买和投资在国民经济中一直占有很大的比例，当重置损坏的资本时，政府购买需求的增加可以补偿灾害造成的损失。因此，自然灾害的“生产力”效应是可能存在的。由于缺乏政府对各类自然灾害救灾支出数据。鉴于此，本书在系统 GMM 回归方程（4-1）中，仅引入各省份每年政府财政救灾支出总额占财政支出总额的比例（*GRE*），以及该救灾支出比例和自然灾害总体的交互项，来考察中国政府救灾支出是否可以调节自然灾害对经济增长的影响。这里，有关财政救灾支出规模问题，本书将在第六章第三节重点介绍。设计的计量模型为：

$$y_{it} = \gamma + \gamma_0 y_{it-1} + \gamma_1 D_{it} + \gamma_2 X_{it} + \gamma_3 GRE_{it} + \gamma_4 D_{it} \times GRE_{it} + u_i + \theta_t + \varepsilon_{i,t} \tag{4-16}$$

二、回归结果分析

回归结果如表 4-20 所示。

表 4-20　各经济区域救灾支出对经济增长影响的回归结果

变量	全国	东北部	东部	中部	西部
	y (1)	y (2)	y (3)	y (4)	y (5)
L. Y	0. 471 *** (0. 0522)	0. 257 (0. 184)	0. 261 *** (0. 0754)	0. 370 *** (0. 0979)	0. 414 *** (0. 0766)
Disaster	−0. 00379 (0. 00906)	0. 0478 (0. 0894)	−0. 0151 (0. 0119)	0. 0358 (0. 0292)	0. 0242 ** (0. 0105)
GRE	−0. 0348 * (0. 0191)	0. 156 (0. 327)	−0. 0570 *** (0. 0211)	0. 160 (0. 148)	−0. 0230 (0. 0214)
Disaster×GRE	0. 139 * (0. 0749)	1. 241 ** (2. 722)	0. 173 (0. 397)	0. 736 (0. 767)	0. 187 *** (0. 0709)

续表

变量	全国 y (1)	东北部 y (2)	东部 y (3)	中部 y (4)	西部 y (5)
常数项	0.0549*** (0.0146)	0.153*** (0.0552)	0.0642*** (0.0238)	0.0108 (0.0465)	0.0770*** (0.0131)
控制变量	是	是	是	是	是

表4-20第（1）列、第（3）列和第（5）列的估计结果表明，政府救灾支出比例的增加对全国、东部地区和西部地区的经济增长有抑制作用，分别在10%和1%水平上显著。这说明，政府救灾投资支出可能在一定程度上挤占其他部门的投资，在一定程度上不利于经济增长。第（2）列和第（4）列估计结果表明，政府救灾支出增加有利于促进该地区的经济增长，但影响系数都不显著。从救灾支出比例和自然灾害的交互项来看，各经济地区交互项的系数都为正。其中，全国、东北地区和西部地区交互项分别在10%、5%和1%水平上显著。这表明，政府救灾支出的增加确实能够在一定程度上提高自然灾害对经济增长的促进作用，这也和前文回归结果，自然灾害对东北和西部地区的经济增长有促进作用的结论相一致。

中国自然灾害的“生产力效应”和大灾资金约束带来的“贫困陷阱”是有可能同时存在的。Hallegatte和Dumas（2009）使用修正的内生增长理论模型否定“创造性破坏”假设，主要是基于西方“理性经济人”效用最大化市场经济体制，忽略政府在灾害中的调控作用，并不完全适用于中国的灾害救助情况（贾美芹，2013）。但是，他们提出的重大自然灾害救灾资金不足将会导致“贫困陷阱”对中国有一定的现实意义。自然灾害频发的地区，往往经济发展水平较低，政府救灾支出资金往往不足。此外，政府救灾资金的增加，不但会挤占其他公共领域发展的投资支出，产生一定的“挤出效应”，还会给政府财政带来一定的财政压力，陷入救灾资金约束导致的“贫困陷阱”。因此，如何改变现有的灾害救助模式，提高巨灾保险的参保率，是中国灾害风险管理工作中需要解决的重点问题。

第五节　本章小结

从自然灾害对全国及各经济区域经济增长影响路径显著性层面来看，就全国而言，洪水灾害对经济增长的促进作用，主要通过提高资本存量和全要素生产率。分经济区域来看，东北地区自然灾害总体主要通过资本积累对经济增长产生促进作用。洪水灾害主要是通过资本积累促进东部地区经济增长。中部地区洪水灾害对经济增长的促进作用主要通过提高资本存量和全要素生产率。西部地区，自然灾害总体对经济增长的促进作用主要是通过资本积累，干旱主要是通过资本存量和全要素生产率的提高对西部地区经济增长产生促进作用，洪水主要通过提高资本存量和全要素生产率对西部地区的经济增长产生促进作用。此外，地震灾害虽然有利于西部地区的资本积累，但对该地区的经济增长产生抑制作用，因此，地震主要通过破坏人力资本和全要素生产率对西部地区经济增长产生抑制作用。总体来看，自然灾害对我国经济的促进作用，主要在于资本的积累。

从政府救灾支出调节层面来看，全国、东北地区和西部地区交互项分别在10%、5%和1%水平上显著。这表明，政府救灾支出的增加确实能够在一定程度上提高自然灾害对经济增长的促进作用。虽然救灾支出可以缓解自然灾害对经济增长的负向作用，但政府救灾支出的增加，同样可能会挤出其他领域的私人投资，这在一定程度上可能会对经济增长产生负向效应。因此，这种救灾支出带动的经济增长是不可持续的、短期的。因此，我们在不断加强工程性和非工程性防灾减灾建设的过程中，积极地应用巨灾保险这一市场化手段把灾害风险转移到全社会乃至世界范围内共同承担。这也与党的十九大报告提出“要坚持常态减灾和非常态救灾相统一，全面提升全社会抵御自然灾害的综合防范能力”的减灾理念相呼应。鉴于中国巨灾保险开展仍处于发展的初期阶段，下面章节我们将对巨灾风险进行评估，为巨灾保险制度的设计奠定精算基础。

第五章 巨灾损失风险度量与纯保费估计

——以地震、洪水灾害为例

由第二章文献综述研究可知，由于洪水和地震灾害风险造成的经济损失大、影响范围广，目前大多数文献研究中主要以地震和洪水作为风险评估的对象。由第四章第一节自然灾害概况可知，洪水灾害是造成农业受灾、房屋倒塌的主要灾害类型；地震造成的人员伤亡占比最高。此外，由表 4-9、表 4-10 和表 4-11 可知，对经济增长和各部门增长产生显著影响的自然灾害主要有干旱、洪水、风雹、低温冷冻和地震。虽然自然灾害对各经济区域的影响不同，但总体来看，干旱和洪水灾害影响区域范围较广，地震灾害具有明显的区域特点，对西部地区的影响较大。鉴于目前农业灾害保险以及财产保险都将干旱、风雹、低温冷冻等自然灾害列入承保对象，而大部分将洪水和地震列为除外责任。因此，从不影响财政年度平衡的角度，将地震和洪水灾害列入巨灾保险计划是必要的和可行的。而推行两种保险产品前，应对两种灾害进行损失评估以及相应保费的估计。为此，本部分首先构建 Mixed Erlang-Pareto 组合分布，然后应用该组合分布对地震和洪水进行风险度量和纯保费估计。在此基础上，以地震巨灾财政指数保险为例，探究了巨灾保险平滑财政支出波动风险的效果。

第一节 巨灾损失风险度量与纯保费估计

——Mixed Erlang-Pareto 组合分布

一、巨灾损失组合分布模型

由文献综述可知，Mixed Erlang-Pareto 组合模型在评估巨灾损失风险方面具有一定的优良特性。鉴于此，本节首先构建截断形式的 Mixed Erlang-Pareto 组合分布；由于很难直接应用极大似然法对 Mixed Erlang-Pareto 组合分布进行拟合，本节将应用 Dempster 等（1977）以及 Lee 和 Lin（2010）提出的 EM 方法对 Mixed Erlang-Pareto 组合分布进行参数拟合。最后本节给出了计算 VaR 和 TVaR 等风险度量值以及地震巨灾保险保费定价的公式。

本部分首先构建具有截断形式的 Mixed Erlang-Pareto 总体组合分布，然后分别详细阐述 Mixed Erlang 分布和 Pareto 分布的各自截断形式表达式。由于 Mixed Erlang 分布本身为 M 个 Erlang 分布，本部分也会详细介绍单个 Erlang 分布的截断形式。以下为具体构建过程：

（一）总体组合分布

Mixed Erlang 分布和 Pareto 分布的概率密度函数分别为 f_1^* 和 f_2^*，对应的累积分布函数分别为 F_1^* 和 F_2^*，参数集分别为 Θ_1 和 Θ_2，定义表达式如下：

$$f_1(x;\ t^l,\ t,\ \Theta_1)=\begin{cases}\dfrac{f_1^*(x;\ \Theta_1)}{F_1^*(t,\ \Theta_1)-F_1^*(t^l,\ \Theta_1)}, & t^l\leqslant x\leqslant t\\ 0, & 其他\end{cases}\tag{5-1}$$

$$f_2(x;\ t^l,\ t,\ \Theta_1)=\begin{cases}\dfrac{f_2^*(x;\ \Theta_2)}{F_2^*(T,\ \Theta_2)-F_2^*(t,\ \Theta_2)}, & t\leqslant x\leqslant T\\ 0, & 其他\end{cases}\tag{5-2}$$

其中，$0\leqslant t^l<t<T$，f_1 和 f_2 分别为区间 $[t^l,\ t]$ 和区间 $[t,\ T]$ 内 f_1^* 以及 f_2^* 截断形式的概率密度函数。这里 t^l 和 t 分别为主体密度函数 f_1 的左右截断点，t 和 T 分别是尾部密度函数 f_2 的左右截断点，当尾部无上截断点时，此时累积分布函数的截断形式如下：

$$F_1(x;\ t^l,\ t,\ \Theta_1)=\begin{cases}0 & x\leqslant t^l\\ \dfrac{F_1^*(x;\ \Theta_1)-F_1^*(t^l;\ \Theta_1)}{F_1^*(t;\ \Theta_1)-F_1^*(t^l;\ \Theta_1)} & t^l<x<t\\ 1 & x\geqslant t\end{cases}\tag{5-3}$$

$$F_2(x;\ t,\ T,\ \Theta_2)=\begin{cases}0 & x\leqslant t\\ \dfrac{F_2^*(x;\ \Theta_2)-F_2^*(t;\ \Theta_2)}{F_2^*(T;\ \Theta_2)-F_2^*(t;\ \Theta_2)} & t<x<T\\ 1 & x\geqslant T\end{cases}\tag{5-4}$$

给定组合权重 $\pi\in(0,\ 1)$，组合概率密度函数定义如下：

$$f(x;\ t^l,\ t,\ T,\ \Theta)=\begin{cases}0 & x\leqslant t^l\\ \pi f_1(x;\ t^l,\ t,\ \Theta_1) & t^l<x\leqslant t\\ (1-\pi)f_2(x;\ t,\ T,\ \Theta_2) & t<x<T\\ 0 & x\geqslant T\end{cases}\tag{5-5}$$

这里，$\Theta=(\pi,\ \Theta_1,\ \Theta_2)$ 是参数集，t 为组合分布的连接点，即阈值，t^l 和 T 分别是左右截断点，相应的累积分布函数为：

$$F(x;\ t^l,\ t,\ T,\ \Theta)=\begin{cases}0 & x\leqslant t^l\\ \pi F_1(x;\ t^l,\ t,\ \Theta_1) & t^l<x\leqslant t\\ \pi+(1-\pi)F_2(x;\ t,\ T,\ \Theta_2) & t<x<T\\ 1 & x\geqslant T\end{cases}\tag{5-6}$$

（二）Mixed Erlang 分布

单一 Erlang 标准分布是一个具有整数形状参数的 Gamma 分布。对于 $x > 0$, r 是一个正整数，是形状参数, $\theta > 0$ 是尺度参数，其密度函数和累积分布函数如下：

$$f_E(x;\ r,\ \theta) = \frac{x^{r-1}\exp(-x/\theta)}{\theta^r (r-1)!} \tag{5-7}$$

$$F_E(x;\ r,\ \theta) = 1 - \sum_{z=0}^{r-1} \exp(-x/\theta) \frac{(x/\theta)^z}{z!} \tag{5-8}$$

现在，我们考虑一个 M 阶混合 Erlang 分布，即 Mixed Erlang 分布由 M 个单一的 Erlang 分布组成，其具有公共尺度参数 $\theta > 0$。正整数向量集 $r = (r_1,\ \cdots,\ r_M)$，其中 $r_1 < \cdots < r_M$，是 Erlang 分布的形状参数, $\alpha = (\alpha_1,\ \cdots,\ \alpha_M)$，$\alpha_j > 0$，$\sum_{j=1}^{M} \alpha_j = 1$，是组合权重。当 $x > 0$ 时，M 阶混合 Erlang（ME）分布的概率密度函数和累积分布函数如下：

$$f_1^*(x;\ \alpha,\ r,\ \theta) = \sum_{j=1}^{M} \alpha_j \frac{x^{r_j-1}\exp(-x/\theta)}{\theta^{r_j}(r_j-1)!} = \sum_{j=1}^{M} \alpha_j f_E(x;\ r_j,\ \theta) \quad x > 0 \tag{5-9}$$

$$F_1^*(x;\ \alpha,\ r,\ \theta) = \sum_{j=1}^{M} \alpha_j \left(1 - \sum_{z=0}^{r_j-1} \exp(-x/\theta) \frac{(x/\theta)^z}{z!}\right) = \sum_{j=1}^{M} \alpha_j F_E(x;\ r_j,\ \theta) \tag{5-10}$$

当存在截断点 t^l 和 t 时，M 阶混合 Erlang 分布中单一分量概率密度函数的截断形式为：

$$f_E^t(x;\ t^l,\ t,\ r_j,\ \theta) = \frac{f_E(x;\ r_j,\ \theta)}{F_E(t;\ r_j,\ \theta) - F_E(t^l;\ r_j,\ \theta)} \tag{5-11}$$

其中, $\Theta_1 = (\beta,\ \theta)$, β_j 为截断情形下的权重，其通过 α_j 二次重加权得到。由此可得混合权重表达式如下：

$$\beta_j = \alpha_j \frac{F_E(t;\ r_j,\ \theta) - F_E(t^l;\ r_j,\ \theta)}{F_1^*(t;\ r,\ \Theta_1^*) - F_1^*(t^l;\ r,\ \Theta_1^*)} \tag{5-12}$$

最后，Mixed Erlang 分布中截断形式的 f_1 和 F_1 表达式如下：

$$f_1(x;\ t^l,\ t,\ r,\ \Theta_1) = \begin{cases} \dfrac{f_1^*(x;\ r,\ \Theta_1^*)}{F_1^*(t;\ r,\ \Theta_1^*) - F_1^*(t^l;\ r,\ \Theta_1^*)} = \sum_{j=1}^{M} \beta_j f_E^t(x;\ t^l,\ t,\ r_j,\ \theta) & t^l \leqslant x \leqslant t \\ 0 & \text{其他} \end{cases} \tag{5-13}$$

$$F_1(x;\ t^l,\ t,\ r,\ \Theta_1) = \begin{cases} 0 & x \leqslant t^l \\ \sum_{j=1}^{M} \beta_j F_E^t(x;\ t^l,\ t,\ r_j,\ \theta) = \sum_{j=1}^{M} \beta_j \dfrac{F_E(x;\ r_j,\ \theta) - F_E(t^l;\ r_j,\ \theta)}{F_E(t;\ r_j,\ \theta) - F_E(t^l;\ r_j,\ \theta)} & t^l < x < t \\ 1 & x \geqslant t \end{cases} \quad (5-14)$$

（三）Pareto 分布

f_2 表示带有截断点的 Pareto 分布的概率密度函数，其中，尺度参数 $t>0$，形状参数 $\gamma>0$，右截断点 T 可以取 $+\infty$。此时，尺度参数 t 与尾部分布的左截断点相一致。在确定阈值 t 的情况下，参数集 $\Theta_2=\gamma$，由此可知，f_2、F_2 的表达式如下：

$$f_2(x;\ t,\ T,\ \gamma) = \frac{f_2^*(x;\ t,\ \gamma)}{F_2^*(T;\ t,\ \gamma)} = \begin{cases} \dfrac{\dfrac{1}{\gamma t}\left(\dfrac{x}{t}\right)^{-\frac{1}{\gamma}-1}}{1-\left(\dfrac{T}{t}\right)^{-\frac{1}{\gamma}}} & t < x < T \\ 0 & \text{其他} \end{cases} \quad (5-15)$$

$$F_2(x;\ t,\ T,\ \gamma) = \begin{cases} 0 & x \leqslant t \\ \dfrac{1-\left(\dfrac{x}{t}\right)^{-\frac{1}{\gamma}}}{1-\left(\dfrac{T}{t}\right)^{-\frac{1}{\gamma}}} & t < x < T \\ 1 & x \geqslant T \end{cases} \quad (5-16)$$

二、期望最大化算法拟合 Mixed Erlang-Pareto 组合分布

本书对 Mixed Erlang-Pareto 组合分布应用 Dempster 等（1977）提出的期望最大化（EM）算法进行拟合。EM 算法对参数进行估计的思想是：当数据集不完全时，取完整数据集的对数似然函数的条件期望，然后应用此条件期望对参数进行估计。具体来说，EM 算法分 E-和 M-两个步骤进行迭代：从初始参数向量集 $\Theta^{(0)}$ 开始，在 E-步骤的第 h 次迭代，我们通过给定的观察值 $\mathcal{X}$，并使用参数向量 Θ^{h-1} 的当前估计值作为真值，进而计算完整数据集 y 的对数似然函数的条件期望：$E(\ell_{complete}(\Theta;\ y)\mid \mathcal{X};\ \Theta^{h-1})$；在 M-步骤，我们通过最大化 E-步骤的条件期望，得到迭代 h 次的参数向量集：$\Theta^{(h)}=\arg\max_{\Theta} E(\ell_{complete}(\Theta;\ y)\mid \mathcal{X};\ \Theta^{h-1})$。这两个步骤一直迭代，直到收敛。

在 EM 算法过程中，组合权重 π、Mixed Erlang 部分和 Pareto 部分的步骤可以单独进行优化，组合权重 π 被简单地估计为数据点小于或等于阈值点 t 的比

率。Pareto 形状参数 γ 的解是阈值 t 的 Hill 估计量。混合 Erlang 分布中根据赤池信息准则和贝叶斯信息准则对 M 值进行选择，这样可以避免过度拟合。

三、风险度量

本部分首先用上述 Mixed Erlang-Pareto 组合分布构建巨灾保险定价公式。根据免赔额 R 和阈值 t 的关系，我们分为 $t \leqslant R < T$ 、$t^l \leqslant R < t$ 和 $R < t^l$ 三种情形进行讨论。然后推出在险价值 VaR 和尾部在险价值 TVaR 计算公式。

（一）巨灾纯保费

在保险合同中，我们假定保险人支付超过免赔额的所有保险金，即支付的保险金额 $(X-R)_+ = \max\{X-R, 0\}$，其中，X 为索赔额，R 为免赔额。保险合同中带有截断点组合分布纯保费 $\prod(R;\ t^l,\ t,\ T,\ \Theta)$ 计算如下：

$$\prod(R;\ t^l,\ t,\ T,\ \Theta) = E[(X-R)_+] = \int_R^{+\infty}[1 - F(z;\ t^l,\ t,\ T,\ \Theta)]\mathrm{d}z \tag{5-17}$$

（1）当 $t \leqslant R < T$ 时：

$$\begin{aligned}\prod(R;\ t^l,\ t,\ T,\ \Theta) &= \int_R^{+\infty}\{1 - [\pi + (1-\pi)F_2(z;\ t,\ T,\ \Theta_2)]\}\mathrm{d}z \\ &= (1-\pi)\prod\nolimits_2(R,\ t,\ T,\ \Theta_2)\end{aligned}$$

此时，当 $R \geqslant t$ 时，对于带有截断点 Pareto 分布纯保费 $\prod_2(R;\ t,\ T,\ \Theta_2)$ 计算如下：

$$\prod\nolimits_2(R;\ t,\ T,\ \Theta_2) = \frac{(F_2^*(T;\ \Theta_2) - 1)(T-R) + [\prod_2^*(R;\ \Theta_2) - \prod_2^*(T;\ \Theta_2)]}{F_2^*(T;\ \Theta_2) - F_2^*(t;\ \Theta_2)}$$

这里，Pareto 分布纯保费 $\prod_2^*(R;\ \Theta_2)$、$\prod_2^*(T;\ \Theta_2)$ 分别为：

$$\prod\nolimits_2^*(R;\ \Theta_2) = \int_R^{\infty}\left(\frac{z}{t}\right)^{-\frac{1}{\gamma}}\mathrm{d}z = R^{-\frac{1}{\gamma}+1}\frac{t^{\frac{1}{\gamma}}}{\frac{1}{\gamma}-1} \quad \prod\nolimits_2^*(T;\ \Theta_2)$$

$$= \int_R^{\infty}\left(\frac{z}{t}\right)^{-\frac{1}{\gamma}}\mathrm{d}z = T^{-\frac{1}{\gamma}+1}\frac{t^{\frac{1}{\gamma}}}{\frac{1}{\gamma}-1}$$

（2）当 $t^l \leqslant R < t$ 时：

$$\begin{aligned}\prod(R;\ t^l,\ t,\ T,\ \Theta) &= \int_R^t(1 - \pi F_1(z;\ t^l,\ t,\ \Theta_1))\mathrm{d}z + \int_t^{+\infty}\{1 - [\pi + (1 - \\ &\quad \pi)F_2(z;\ t,\ T,\ \Theta_2)]\}\mathrm{d}z \\ &= (t-R) - (t-R)\pi + \pi\int_R^t[1 - F_1(z;\ t^l,\ t,\ \Theta_1)]\mathrm{d}z +\end{aligned}$$

$$(1-\pi)\prod\nolimits_2(t;\ t,\ T,\ \Theta_2)$$
$$=(1-\pi)(t-R)+\pi\prod\nolimits_1(R;\ t^l,\ t,\ \Theta_1)+(1-\pi)\prod\nolimits_2(t;\ t,\ T,\ \Theta_2)$$

此时，当 $t^l \leqslant R < t$ 时，对于带有截断点的 Mixed Erlang 分布纯保费 $\prod_1(R;\ t^l,\ t,\ \Theta_1)$ 计算如下：

$$\prod\nolimits_1(R;\ t^l,\ t,\ \Theta_1)=\int_R^t\left(1-\frac{F_1^*(z;\ \Theta_1)-F_1^*(t^l;\ \Theta_1)}{F_1^*(t;\ \Theta_1)-F_1^*(t^l;\ \Theta_1)}\right)\mathrm{d}z$$
$$=\frac{F_1^*(t;\ \Theta_1)(t-R)-\int_R^t F_1^*(z;\ \Theta_1)\mathrm{d}z}{F_1^*(t;\ \Theta_1)-F_1^*(t^l;\ \Theta_1)}$$
$$=\frac{[F_1^*(t;\ \Theta_1)-1](t-R)+[\prod_1^*(R;\ \Theta_1)-\prod_1^*(t;\ \Theta_1)]}{F_1^*(t;\ \Theta_1)-F_1^*(t^l;\ \Theta_1)}$$

根据 Verbelen 等（2015）假定，当 $R \geqslant 0$，尺度参数 $r_m=m$，$m=1,\ \cdots,\ M$ 时，Mixed Erlang 分布纯保费 $\prod_1^*(R;\ \Theta_1)$、$\prod_1^*(t;\ \Theta_1)$ 分别为：

$$\prod\nolimits_1^*(R;\ \Theta_1)=\theta^2\sum_{m=1}^{M}\sum_{l=m}^{M-1}\sum_{j=l+1}^{M}\alpha_j f_E(R;\ m,\ \theta)$$
$$\prod\nolimits_1^*(t;\ \Theta_1)=\theta^2\sum_{m=1}^{M}\sum_{l=m}^{M-1}\sum_{j=l+1}^{M}\alpha_j f_E(t;\ m,\ \theta)$$

（3）当 $R < t^l$ 时，带有截断点组合分布纯保费 $\prod(R;\ t^l,\ t,\ T,\ \Theta)$ 计算如下：

$$\prod(R;\ t^l,\ t,\ T,\ \Theta)=\prod\nolimits_1(t^l;\ t^l,\ t,\ \Theta_1)+\prod\nolimits_2(t;\ t,\ T,\ \Theta_2)+(t^l-R)$$

（二）VaR 和 TVaR

VaR 是进行风险度量的有效手段，是风险分布函数的分位数，定义为 $\mathrm{VaR}_{1-p}=F^{-1}(1-p)$。对于组合分布的分位数函数是：

$$F^{-1}(p;\ t^l,\ t,\ T,\ \Theta)=\begin{cases}F_1^{-1}(p/\pi;\ t^l,\ t,\ \Theta_1) & 0 \leqslant p \leqslant \pi\\ F_2^{-1}[(p-\pi)/(1-\pi);\ t,\ T,\ \Theta_2] & \pi < p \leqslant 1\end{cases} \tag{5-18}$$

其中，Mixed Erlang 分布的 F_1^{-1} 分位数函数不能进行解析计算，但可以通过累积分布函数的逆函数得到。Pareto 分布的分位数函数如下：

$$F_2^{-1}(p;\ t,\ T,\ \gamma)=F_2^{*\,-1}(pF_2^*(T;\ t,\ \gamma);\ t,\ \gamma)=t\left(1-p+p\left(\frac{T}{t}\right)^{-\frac{1}{\gamma}}\right)^{-\gamma}$$

风险尾部价值 TVaR 定义为损失大于 VaR 时的期望损失，即 $E(X \mid X >$

VaR_{1-p}），当累积分布函数 CDF 在 VaR_{1-p} 处连续时，组合累积分布函数也连续，此时定义

$$TVaR_{1-p}=E(X\mid X>VaR_{1-p})=VaR_{1-p}+\frac{\prod(VaR_{1-p})}{p} \tag{5-19}$$

第二节　地震灾害损失风险度量与纯保费估计

一、数据来源

在构建截断形式的 Mixed Erlang-Pareto 组合模型的基础上，本节应用该组合模型对 1990—2018 年①地震直接经济损失数据进行拟合。本节数据来源于《中国大陆地震灾害损失评估汇编》和《中国大陆地震灾害损失述评》，从 1990—2018 年，稍做调整共 308 个数据。考虑到经济发展水平的影响，本书采用 GDP 指数以 2018 年不变价格进行指数平减。从表 5-1 地震损失数据的描述性统计表明，地震灾害损失数据方差很大，75%分位数远小于平均值，偏度系数达 17.388，说明地震损失数据严重右偏，存在厚尾特性。为了进一步验证损失数据的这一特性，可以通过标准指数分布 QQ 图进行检验，由图 5-1 我们可以看到，损失数据点向上凸起，表明地震损失数据具有“尖峰厚尾”的特点。

表 5-1　地震损失的基本描述性统计

观测值	平均值	标准差	最小值	25%分位数	中位数	75%分位数	最大值	偏度系数
308	89.637	1249.325	0.015	0.752	2.786	10.355	21912	17.388

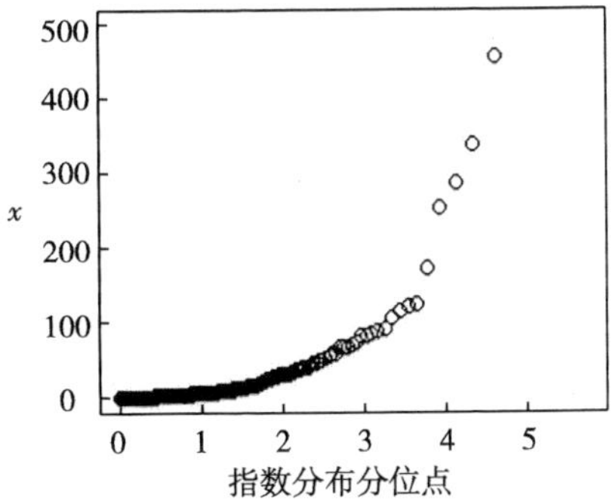

图 5-1　标准指数 QQ 图

① 1990 年之前，我国地震损失数据记录多有缺失。鉴于地震损失数据记录的完整性影响拟合效果，本书选择 1990 年之后的地震损失数据。

二、实证分析

（一）阈值 t 的选择

首先根据平均超额函数图确定阈值 t 的取值区间范围，然后应用 R 软件从起点开始，假定数据间隔为 1，将该区间内的每个数值设定为阈值 t，并对不同的阈值估计 Mixed Erlang-Pareto 组合分布的参数。最后根据信息准则 AIC 和 BIC，选择使信息准则最小的阈值，即为最终的阈值 t。如果出现 AIC 较小、BIC 较大的情形，则以 BIC 为准，因为 BIC 的惩罚项比 AIC 的大，可防止分布精度过高导致的分布复杂度过高（Verbelen 等，2015）。

由平均超额函数图 5-2 可知，大约在［23，40］区间，平均超额函数的斜率发生了改变。由表 5-2 可知，当阈值 $t=35$ 时，AIC 和 BIC 的值最小。鉴于此，本书选 $t=35$ 作为 Mixed Erlang-Pareto 组合分布的阈值。

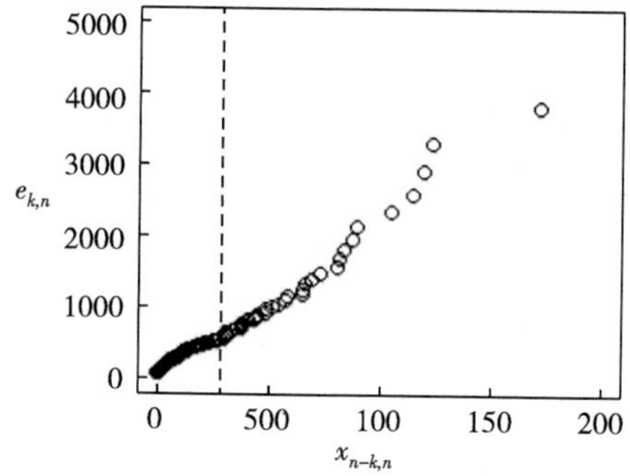

图 5-2 超额平均函数图

表 5-2 AIC 和 BIC 值

阈值 t	AIC	BIC	阈值 t	AIC	BIC
23	1982. 864	2005. 245	32	1981. 639	2011. 48
24	1982. 896	2005. 277	33	1981. 71	2011. 55
25	1983. 491	2005. 871	34	1981. 768	2011. 609
26	1980. 335	2002. 715	35	1980. 063	2000. 063
27	1981. 331	2003. 712	36	1981. 724	2011. 565
28	1986. 544	2008. 924	37	1981. 004	2010. 845
29	1987. 576	2009. 956	38	1982. 096	2011. 937
30	1980. 549	2010. 39	39	1981. 925	2011. 765
31	1980. 176	2010. 017	40	1982. 052	2011. 893

（二）Mixed Erlang-Pareto 分布的参数估计

本书对选定的阈值 $t=35$，进行 Mixed Erlang-Pareto 分布参数拟合。为比较

Mixed Erlang - Pareto 和 Mixed Erlang - GPD 的拟合优度，本书也对 Mixed Erlang-GPD 进行了拟合，并在判断拟合优度时主要根据信息准则 AIC 和 BIC。由于 Mixed Erlang - Pareto 组合分布的信息准则 AIC 和 BIC 相比于 Mixed Erlang-GPD 组合分布的较小，因此，Mixed Erlang-Pareto 分布对地震损失数据的拟合效果较好，参数估计及相应的信息准则值见表 5-3。

表 5-3　参数估计及相应的信息准则值

组合分布	Mixed Erlang	Pareto	GPD	Mixed-Erlang Pareto	ME-GPD
$\pi=0.86$ $t^{l}=0.015$ $t=35$ $T=+\infty$	$\alpha=0.705,\ 0.23,\ 0.065$ $r=1,\ 5,\ 15$ $\theta=1.692$	$\gamma=0.977$	$\xi=0.985$ $\beta=23.02$	AIC = 1980 BIC = 2000	AIC = 1981 BIC = 2007

（三）拟合优度检验

为了进一步检验 Mixed Erlang-Pareto 的拟合效果，除了应用信息准则进行检验外，本书将应用检验拟合优度的组合 QQ 图，组合 PP 图和负对数 PP 图进行检验。

由图 5-3 可知，QQ 图比较的是经验分位数函数和拟合分位数函数，除个别点偏离参考线之外，其他所有点近似在一条直线上，而对这些游离点进行很好拟合存在一定困难（Lee 和 Lin，2010）。PP 图反映的是拟合的变量累积概率分布与累积经验概率分布之间的趋势关系。如果 QQ 图和 PP 图各自近似呈一条直线，则表明所选分布函数对变量的拟合效果较好，由图 5-3 和图 5-4 可知，几乎所有的点都在一条参考线上，说明本书所选分布适合拟合地震损失数据。此外，负对数 PP 图主要用于说明尾部分布是否满足所选择的极值分布函数，由图 5-5 可知，右上角各数据点基本上都在参考直线附近，因此说明 Pareto 分布可以对巨灾损失数据的尾部进行较好的拟合。综上可知，本书使用 Mixed Erlang-Pareto 分布来拟合地震损失数据是合适的。

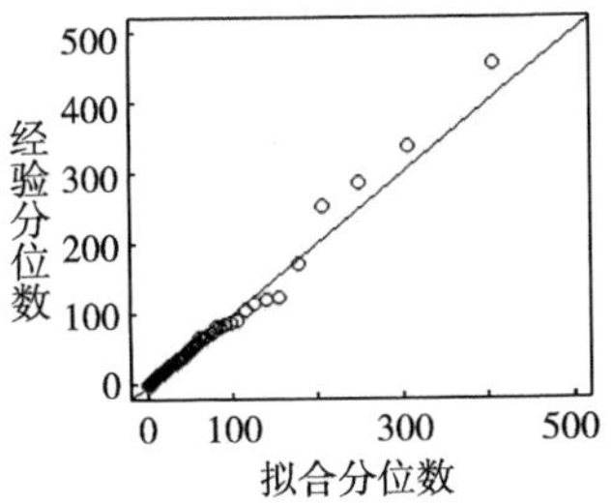

图 5-3　组合 QQ 图

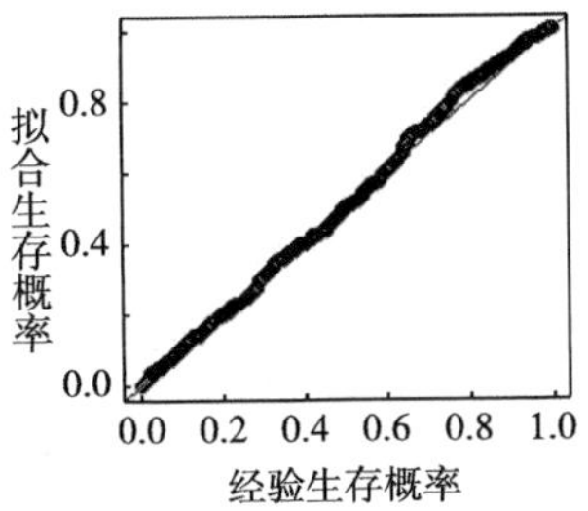

图 5-4　组合 PP 图

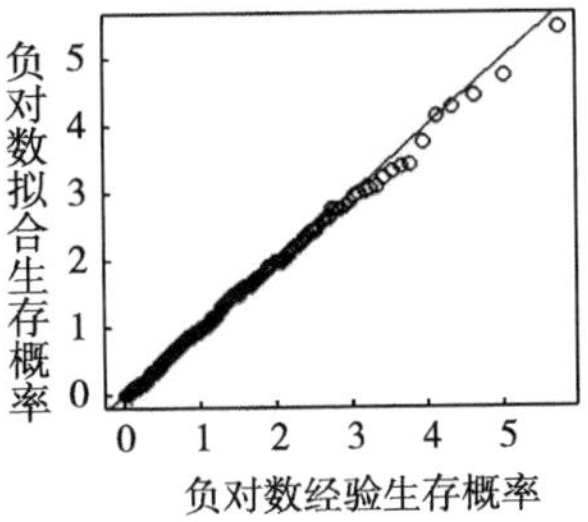

图 5-5　负对数 PP 图

（四）VaR、TVaR 的计算和地震巨灾保险定价

本书设定免赔额 R＝10，20，30，40，50，60，70，80，90，100；置信度 P＝（0.15，0.1，0.05，0.01，0.005），并根据表 5-3 估计的参数和式（5-17）、式（5-18）和式（5-19），计算 VaR 和 TVaR 的值以及地震巨灾保险保费，如表 5-4 至表 5-6 所示。

表 5-4　VaR 和 TVaR

置信度 p%	Mixed Erlang-Pareto 分布 VaR 和 TVaR/亿元		Mixed Erlang-GPD 分布 VaR 和 TVaR/亿元	
	VaR	TVaR	VaR	TVaR
85	26.5131	1219.269	27.5121	853.3184
90	41.6762	1812.01	42.1306	1264.3319
95	82.0341	3566.702	85.9737	2470.7282
99	395.265	17185.434	434.8322	11651.2149
99.5	778.027	33827.26	854.8557	22704.465

表 5-4 说明在对地震损失数据运用 Mixed Erlang-Pareto 组合分布进行拟合的情况下，一般认为发生一次地震造成的直接经济损失有 85%的可能性不超过 26.51 亿元，有 90%的可能性不超过 41.68 亿元，有 95%的可能性不超过 82.03 亿元，有 99%的可能性不超过 359.27 亿元。由于经检验 Mixed Erlang-Pareto 分布对地震损失数据的拟合优于 Mixed Erlang-GPD 分布，所以本书认为 Mixed Erlang-GPD 分布对 VaR 存在高估现象，对超过 VaR 的均值 TVaR 存在低估现象，即低估尾部极端地震巨灾损失。在现有的文献研究中，一般建议建立五个层面的巨灾风险损失分担模式，如表 5-5 所示。

表 5-5　地震巨灾风险损失分担模式

损失额/亿元	地震风险分担层
0~26.51	国内的保险机构进行承担
26.51~41.68	再保险市场承担
41.68~82.03	国内及国外的资本市场
82.03~359.26	巨灾风险基金
大于 359.26	政府以国家财政救援的方式成为最后承担者

但当发生严重自然灾害，政府公共财政承担主要救助责任时，往往会导致救助成本过大，甚至产生资金缺口。这使政府以投保人身份购买财政巨灾保险来分散自身风险具有重要的现实意义。本书提出在上述风险分散模式中引入政

府购买财政巨灾保险这一环节，即在损失大于 359.26 亿元层次，通过应用财政巨灾保险计划分散巨灾风险，减轻政府自身财政资金压力。目前，国内已有相关实践，如 2016 年，中国首个在黑龙江省试点的政府财政巨灾指数保险；2019 年，陕西省同样启动的农业财政巨灾指数保险项目。这些都是政府通过购买财政巨灾指数保险的形式获得灾后恢复和重建资金，解决财政救灾资金不足等问题所采取的举措。

表 5-6　地震巨灾纯保费和人均保费

免赔额 R/亿元	Mixed Erlang-Pareto 分布纯保费		Mixed Erlang-GPD 分布纯保费	
	地震巨灾纯保费/亿元	人均保费/元	地震巨灾纯保费/亿元	人均保费/元
10	181.9609	13.0438	127.0190	9.1053
20	179.9673	12.9009	125.0513	8.9642
30	178.4087	12.7892	123.5622	8.8575
40	177.2045	12.7028	122.4332	8.7766
50	176.2761	12.6363	121.5253	8.7115
60	175.5211	12.5822	120.7668	8.6571
70	174.8853	12.5366	120.1161	8.6105
80	174.3364	12.4972	119.5467	8.5697
90	173.8537	12.4626	119.0408	8.5334
100	173.4230	12.4318	118.5857	8.5008

由表 5-6 可知，随着免赔额增加，保费不断减小。当用 Mixed Erlang-Pareto 分布计算地震巨灾纯保费时，在假定全民参与地震巨灾保险下，人均保费为 12~13 元；当用 Mixed Erlang-GPD 分布计算地震巨灾纯保费时，人均保费为 8~9 元。同样地，Mixed Erlang-GPD 分布存在低估保费的现象。2017 年 9 月，在四川宜宾市发布的城乡居民住宅地震巨灾保险实施方案中，首年参保率按 30%进行测算，城镇住宅和农村住宅的保险费分别为 27 元和 38 元，保险金额为每户 2 万元。当参保率为 30%时，应用 Mixed Erlang-Pareto 分布计算地震巨灾纯保费时，人均保费为 40~43 元。2013—2017 年以来，四川省地震灾害经济损失最高，占总经济损失的 45.73%。但四川宜宾市城乡居民住宅地震巨灾保险保费低于本书计算的全国人均纯保费，这与风险水平高相应的保费水平高的保险定价理论相悖。本书认为存在一定的差距有以下主要原因：第一，鉴于数据获取所限，本书所获取的地震直接经济损失数据除了包括城乡居民住宅损失外，还包括其他工程结构、设施、设备、物品等损失，因此计算的保费所涵盖的承保标的除了城乡居民住宅，还包括其他工程结构、设施、设备、物品等。第二，本书在计算保费时，没有考虑保险赔偿限额以及城乡住宅结构差异等影

响保费大小的因素，而宜宾市城乡居民住宅地震巨灾保险保费的设定，考虑了赔偿限额这一可以降低保费的因素。总体来看，本书计算的保费和宜宾市城乡居民住宅地震巨灾保险保费相近，在忽略一些因素的条件下，该地地震巨灾保险保费存在一定的合理性，投保率偏低的原因，可能更多的是宣传和居民投保意识低等原因。因此，在获取一定区域地震损失数据的情形下，可以将该组合分布作为评估该区域地震巨灾保险保费合理与否的方法之一。

三、结论

本节以地震灾害损失数据为例，首先，通过样本峰度值和标准指数 QQ 值确定了样本具有厚尾特性，并采用平均超额函数图、Hill 极值指数图以及极值指数 Hill 曲线图和 EPD 曲线图的交点，进行初步估计的基础上，根据信息准则 AIC 和 BIC 用区间筛选法进一步确定阈值 t 。其次，应用 Mixed Erlang-Pareto 组合模型对损失数据进行整体拟合。再次，通过组合 QQ 图、组合 PP 图和负对数 PP 图等诊断图，验证了 Mixed Erlang-Pareto 组合分布在拟合地震损失数据时的适用性，并比较了 Mixed Erlang-Pareto 分布和 Mixed Erlang-GPD 分布对地震损失数据拟合的优劣。最后，根据拟合的损失分布函数计算了不同置信度水平下的 VaR 和 TVaR 值以及不同免赔额下的地震巨灾保险纯保费和人均保费，并讨论了风险分担模式。以上研究结果表明，Mixed Erlang-Pareto 分布可以对地震巨灾损失数据进行有效拟合；在忽略其他因素影响下，当参保率为 30%时，应用 Mixed Erlang-Pareto 分布计算地震巨灾纯保费时，人均保费为 40~43 元，和宜宾市城乡居民住宅地震巨灾保险保费相近，说明该地区的保费制定存在一定合理性。投保率偏低的原因，除了一定拟合误差外，可能更多的是宣传、居民投保意识低以及巨灾保险产品单一或缺乏等原因。

第三节　洪水灾害损失风险度量与纯保费估计

一、数据来源

本节同样应用第二节构建的截断形式 Mixed Erlang-Pareto 组合分布对洪水巨灾风险进行评估。鉴于我国现有的自然灾害损失数据记录中有关每次洪水发生的经济损失记录较少，本书根据相关数据库，应用该组合分布对全球洪水损失数据进行整体拟合。虽然具体应用到我国洪水巨灾风险评估时，计算结果会有所出入，但在数据资料充分的情况下，完全可以将该组合模型应用到我国洪水损失数据，为开展洪水巨灾保险并制定准确合理的保费提供基础。

达特茅斯学院洪水气象台数据库记载了 1985 年至 2010 年 8 月共 3703 起全

球洪水灾害损失事件，本书提取 1985—2010 年有记录损失且损失大于 100 万美元的损失数据 826 条，2010—2017 年的数据来自 Sigma 期刊。考虑到经济发展水平的影响，并且所有损失都是以美元计价，我们按照美国的 GDP 对各年的洪水直接经济损失进行调整，如 1985 年的洪水直接经济损失＝1985 年洪水直接经济损失×2017 年美国名义 GDP/1985 年美国名义 GDP。

由表 5-7 可以看出，洪水损失数据具有较大的方差，平均值远大于 75%的分位数，偏度系数达 19.023，说明洪水损失数据严重右偏，存在厚尾特性。为了进一步验证损失数据的这一特性，我们可以通过标准指数分布的 QQ 图进行厚尾性检验，由图 5-6 我们可以看到洪水损失数据点向上凸起，表明损失数据具有“尖峰厚尾”的特点。

表 5-7　洪水损失的描述性统计

观测值个数	平均值	标准差	最小值	25%分位数	中位数	75%分位数	最大值	偏度系数
1146	20. 897	181. 7144	0. 012	0. 259	2. 786	6. 212	4479. 209	19. 023

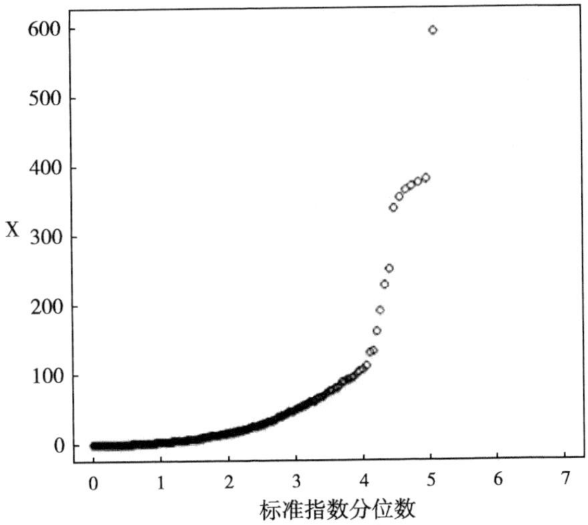

图 5-6　标准指数 QQ 图

二、实证分析

（一）阈值 t 的选择

本节同样采用平均超额函数图确定阈值 t 的初步范围，然后应用区间筛选法进一步确定阈值 t。由平均超额函数图 5-7 可知，大约在［40，100］区间内，平均超额函数的斜率发生了改变。此外，运用区间筛选法，如表 5-8 所示，可以得到当阈值 $t=60$ 时，AIC 和 BIC 的值最小，因此本书选 $t=60$ 作为 Mixed Erlang-Pareto 组合模型的阈值。

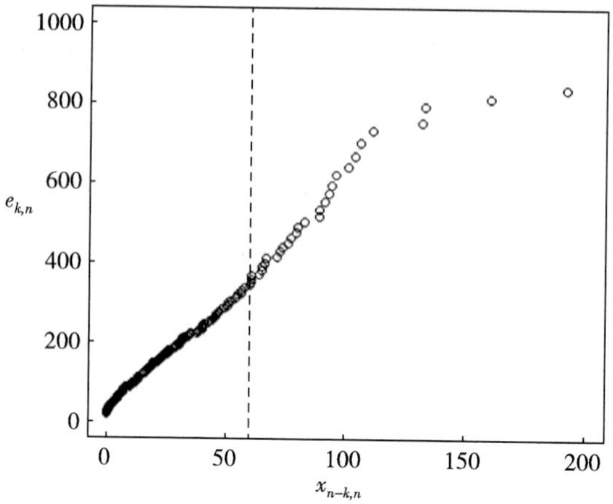

图 5-7　超额平均函数图

表 5-8　AIC 和 BIC 值

阈值 t	AIC	BIC
40	6271.343	6301.607
45	6164.7	6194.964
50	6208.435	6238.699
55	6145.429	6175.693
60	5834.22	5874.572
65	6316.233	6346.497
70	6327.311	6357.575
75	6350.191	6380.455
80	6383.591	6413.855
85	6390.277	6420.542
90	6409.534	6439.798
95	6436.866	6467.13
100	6444.622	6474.886

（二）Mixed Erlang-Pareto 模型的参数估计

在选定的阈值 $t = 60$，假定的 $T = +\infty$ 条件下，本书对 Mixed Erlang-Pareto 组合分布进行参数拟合。参数估计见表 5-9。

表 5-9　参数估计及相应的信息准则值

组合分布	Mixed Erlang	Pareto	GPD	Mixed Erlang-Pareto	ME-GPD
$\hat{\pi}=0.9389$ $t^l=0.01$ $t=60$ $T=+\infty$	$\hat{\alpha}=0.7032,\ 0.2064,\ 0.0903$ $\hat{r}=1,\ 7,\ 12$ $\hat{\theta}=1.0261$	$\hat{\gamma}=0.9897$	$\hat{\xi}=0.995$ $\hat{\beta}=27.1896$	AIC = 5834 BIC = 5874	AIC = 5985 BIC = 6030

（三）拟合优度检验

为了进一步检验 Mixed Erlang-Pareto 的拟合效果，本书应用组合 QQ 图、组合 PP 图和负对数 PP 图进行检验。

QQ 图比较的是经验分位数函数和拟合分位数函数，PP 图反映的是拟合的变量累积概率分布与累积经验概率分布之间的趋势关系。如果 QQ 图和 PP 图各点分布近似在一条直线上，则表明所选分布函数对变量的拟合效果较好（Lee 和 Lin，2010），由图 5-8 和图 5-9 可知，几乎所有的点都在一条参考线上，说明本书所选分布适合拟合洪水损失数据。此外，负对数 PP 图主要用于说明尾部分布是否满足所选择的极值分布函数，由图 5-10 可知，右上角各数据点基本上都在参考线附近，因此，说明 Pareto 分布对尾部极值数据的拟合效果较好。综上可知，本书使用 Mixed Erlang-Pareto 组合分布对洪水损失数据进行拟合是合适的。

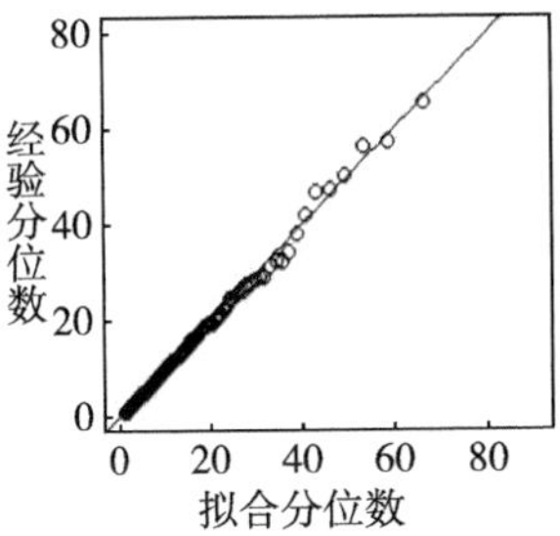

图 5-8　组合 QQ 图

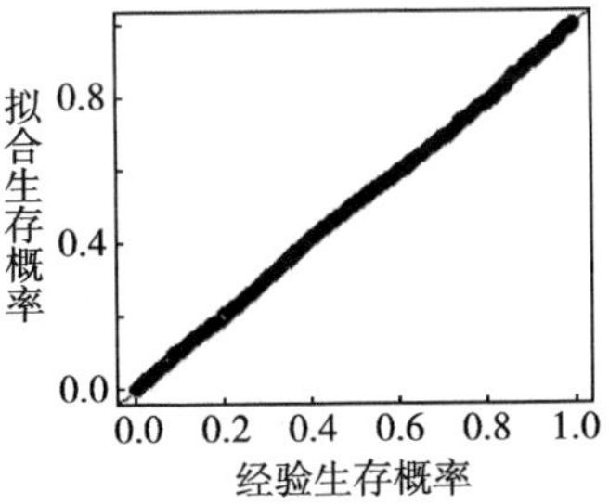

图 5-9　组合 PP 图

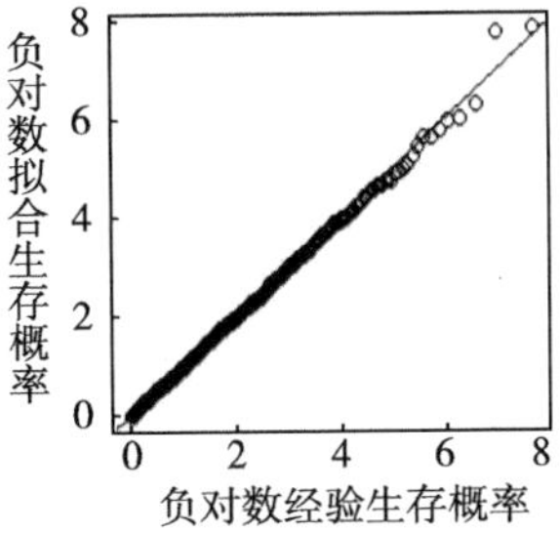

图 5-10　负对数 PP 图

（四）洪水巨灾保险纯保费、VaR 和 TVaR 计算

本书设定免赔额 R = 10，20，30，40，50，60，70，80；置信度 P =（0.15，0.1，0.05，0.01，0.005），并根据表 5-9 估计的参数和式（5-17）、式（5-18）和式（5-19），计算洪水巨灾保险纯保费，VaR 和 TVaR 的值如表 5-10 和表 5-11 所示。

表 5-10　纯保费和人均保费

免赔额 R/亿美元	Mixed Erlang-Pareto 分布纯保费		Mixed Erlang-GPD 分布纯保费	
	保费/亿美元	人均保费/美元	保费/亿美元	人均保费/美元
10	222.6967	2.9325	390.9282	5.1479
20	221.2484	2.9135	389.4801	5.1288
30	220.3639	2.9018	388.5958	5.1171
40	219.7378	2.8936	387.9699	5.1089
50	219.1931	2.8864	387.4389	5.1019
60	218.7491	2.8806	387.0226	5.0964
70	218.3744	2.8756	386.6802	5.0919

续表

免赔额 R/亿美元	Mixed Erlang-Pareto 分布纯保费		Mixed Erlang-GPD 分布纯保费	
	保费/亿美元	人均保费/美元	保费/亿美元	人均保费/美元
80	218. 0503	2. 8714	386. 3893	5. 0881
90	217. 7648	2. 8674	386. 1366	5. 0848
100	217. 5098	2. 8642	385. 9132	5. 0818

表 5-11 VaR 和 TVaR

置信度 p%	Mixed Erlang-Pareto 分布 VaR 和 TVaR/亿美元		Mixed Erlang-GPD 分布 VaR 和 TVaR/亿美元	
	VaR	TVaR	VaR	TVaR
85	13. 408	1494. 421	13. 404	2615. 965
90	22. 758	2232. 212	22. 755	3914. 530
95	48. 772	4433. 847	47. 035	7798. 670
99	239. 582	21780. 210	201. 286	38648. 818
99. 5	475. 525	43229. 551	393. 153	77022. 179

由表 5-10 可知，随着免赔额的增加，保费不断减小。全球洪水保费约为 220 亿美元，假如全球公民都购买洪水巨灾保险，则人均保费为 2. 9 美元左右；当用 Mixed Erlang-GPD 分布计算纯保费时，人均保费为 5. 1 美元左右。由于经检验 Mixed Erlang-Pareto 分布对洪水损失数据的拟合优于 Mixed Erlang-GPD 分布，所以本书认为 Mixed Erlang-GPD 分布存在高估保费的现象。表 5-11 说明对洪水损失分布运用 Mixed Erlang-Pareto 组合分布进行拟合的情况下，一般认为一次洪水导致的直接经济损失有 85%的可能性小于 13. 408 亿美元，有 90%的可能性小于 22. 758 亿美元，有 95%的可能性小于 48. 772 亿美元，有 99%的可能性小于 239. 582 亿美元。和地震巨灾风险分担层次一致，针对洪水巨灾风险，同样建立五个层面的巨灾风险损失分担模式，如表 5-12 所示。

表 5-12 洪水巨灾风险损失分担模式

损失额/亿美元	风险分担层
0~13. 408	国内的保险机构
13. 408~22. 758	再保险市场
22. 758~48. 772	国内及国外的资本市场
48. 772~239. 582	巨灾风险基金
大于 239. 582	政府以国家财政救援的方式成为最后承担者

但当发生严重自然灾害时，政府公共财政承担主要救助责任时，往往会导致救助成本过大，同时也给财政预算造成了较大的压力。这使政府以投保人身

份购买财政巨灾保险来分散自身风险具有重要的现实意义。所以，本书提出在上述风险分散模式中引入政府购买财政巨灾保险这一环节，即在损失大于475.525亿元层次，通过应用保险这一市场化风险分散手段分散巨灾风险，减轻政府自身财政资金压力。

三、结论

本节以全球洪水损失数据为例，首先，通过样本峰度值和标准指数QQ值确定了样本具有“厚尾特性”，并采用平均超额函数图、Hill极值指数图以及Hill极值指数估计量曲线图和EPD估计量曲线图的交点，进行初步估计的基础上，根据信息准则AIC和BIC，用区间筛选法进一步确定阈值t。其次，应用截断形式的Mixed Erlang-Pareto组合模型对洪水损失数据进行整体拟合。再次，通过QQ图、PP图和负对数PP图等诊断图，验证了对洪水损失数据应用Mixed Erlang-Pareto组合分布进行整体拟合的适用性，并比较了Mixed Erlang-Pareto组合分布和Mixed Erlang-GPD分布对洪水损失数据拟合的优劣。最后，根据拟合的损失分布函数计算了不同免赔额下的纯保费和人均保费，以及不同置信度水平下的VaR值和TVaR值，并讨论了风险分担模式。

本书结果表明，全球人均保费为2.9美元。仅以平均水平来看，完全在我国个人可支付的能力范围内。但我国目前尚未建立独立的洪水巨灾保险制度，虽然现行的自然灾害保险条款包括洪水巨灾保险，是适用于各种自然灾害风险事故的综合性条款，并未按照洪水巨灾风险本身的特点设置单独条款。人们面对洪水巨灾风险往往寄希望于政府的财政救助或者捐赠，没有意识到灾后损失补偿中保险的积极作用。为此，一方面需要政府给予相关承保公司一定的政策优惠，另一方面也要加大巨灾保险的宣传力度，提高国民的保险意识。

最后，本书在巨灾风险损失分担模式中提到政府通过购买保险的形式实现对自身风险的进一步分散。但政府作为投保人购买保险也要充分权衡灾害救助支出费用和保费支出的平衡，避免保费支出过多带来的财政压力。而财政资金保费支出的合理化水平，也将是我们进一步的研究方向。

第四节　巨灾保险平滑财政支出波动风险分析
——以自然灾害救助为例

一、巨灾保险和公共财政的关系

根据国外的实践经验，财政巨灾指数保险是由政府作为投保人和被保险人，向承担政府财政救灾与重建巨额资金支出风险的保险人购买的一种指数保险产品，当预先设定的自然灾害参数（或参数组合）达到财政巨灾指数保险合同赔付的触发水平时，保险人须按照合同约定向投保地区管辖地政府（被保险人）履行灾害救助和灾后恢复重建等所需资金的赔付义务。财政巨灾指数保险可以在一定范围内解决受灾地区政府因巨灾导致财政救灾资金不足的问题。目前，我国有关省政府正越来越多地利用财政巨灾指数保险工具，为巨灾救济计划提供救灾资金或促进恢复和重建工作。如表 5-13 所示。

表 5-13　部分地区省政府购买财政巨灾指数保险情况

投保人	保险人	保障区域	时间	险种	保险责任范围	保险责任
黑龙江省财政厅	阳光农业相互保险公司和瑞士再保险公司	黑龙江省28个贫困县	2016年7月1日	农业财政巨灾指数保险	流域洪水、降雨过多、干旱及积温不足等造成的农作物损失	当承保风险达到既定的保险赔付阈值后，保险公司向投保地区政府（被保险人）履行财政巨灾指数保险合同下的保险金赔付义务。被保险政府用该笔保险金补充救灾和灾后重建等救灾支出。财政巨灾指数保险的存在，可以帮助政府改善财政救灾资金不足的问题
四川茂县人民政府	中航安盟财产保险公司和瑞士再保险公司	四川茂县	2018年12月18日	财政风险巨灾指数保险	地震、泥石流、突发性滑坡等地质灾害和公共安全事故引起的人身伤亡	
陕西省农业厅	中国太保财产保险公司和瑞士再保险公司	商洛市7个县区	2019年1月30日	财政农业气象指数保险	商洛市7县区的干旱、降雨过多、瞬时强降雨等灾害造成的农作物损失	

以上实践是我国巨灾保险发展中的重要突破，在一定程度上实现了由地方政府从财政列支到运用巨灾保险的方法，借助市场的力量为灾后灾民生活救助、农业生产恢复、城乡基础设施及公共设施重建等提供巨额资金支持的转变，政府投保财政巨灾指数保险，是更好地服务社会的一种有效途径。关于巨灾风险的财政指数保险试点效果及财政巨灾指数保险是否有利于平滑政府面临的财政巨灾支出的波动性风险，是本书重点研究的内容。

基于现有关于保险和财政之间的关系研究，本书对财政巨灾指数保险与公共财政的关系做以下梳理，为本书研究构建政府公共财政救灾支出负担积累模型和论证政府可以通过购买财政巨灾指数保险代替自身财政救灾支出等打下基础。

（一）财政巨灾指数保险是对公共财政运用的有效补充

1. 财政巨灾指数保险可以实现资金的迅速到位，弥补财政资金的不足。目前，我国发生重大自然灾害之后，中央政府和省级政府通常作为救灾和灾后重建的最后经济支柱，需要提供大部分的救援资金，承担无限责任。为筹集灾害发生后的巨额资金，政府通常采取重新分配预算、发行国债、预备费、减少行政支出和对口支援等资金筹集措施，但每种筹资措施除具有各自的不足外，都有一定的滞后性。相比之下，财政巨灾指数保险作为灾前财政风险转移工具之一，当重、特大灾害事件发生时，巨灾保险资金可以迅速到位，有助于降低政府的金融风险敞口，缩小实际经济损失和投保损失之间的差距，确保政府遇灾时具备充足资金保障社会经济生活平稳运行。

2. 提高风险分散和财政资金的保值增值能力。财政巨灾指数保险作为高度杠杆化的因灾或有资本，可以通过商业保险和再保险，甚至通过再保转分保和巨灾债券等衍生品，将自然灾害造成的部分财政负担转移到资本市场，对冲因灾而导致的财政巨额或有责任，充分利用资本市场的风险平摊能力。在一些发展中国家，创新型的指数联结解决方案已经使政府和援助组织得以将自然灾害造成的部分（援助组织不一定来自财政资金）资金支出负担转移到资本市场。此外，财政巨灾指数保险能够借助资本市场在一定程度上提高资金的保值增值能力，因此，与预备费相比能够提高单位公共财政支出的边际收益。

（二）公共财政可以成为财政巨灾指数保险实施的重要保障

自 2008—2013 年开始，为更好地进行地震灾后恢复重建工作，我国公共财政支出决算表单独列出“地震灾后重建支出”科目，如图 5-11 所示，在统计数据中，该科目支出最高为 969. 99 亿元，占中央本级财政收入比为 2. 7%。从上述数据分析可以看出，地震灾后恢复重建支出的波动性较大，政府会根据当期灾害的损害程度给予不同的财政支持，且 969. 99 亿元的地震重建支出说明中央本级财政收入具备支持购买财政巨灾指数保险的能力。根据我国财政部预算司公布的数据资料，全国财政预算支出中地震灾后重建支出属于中央财政预算支出。

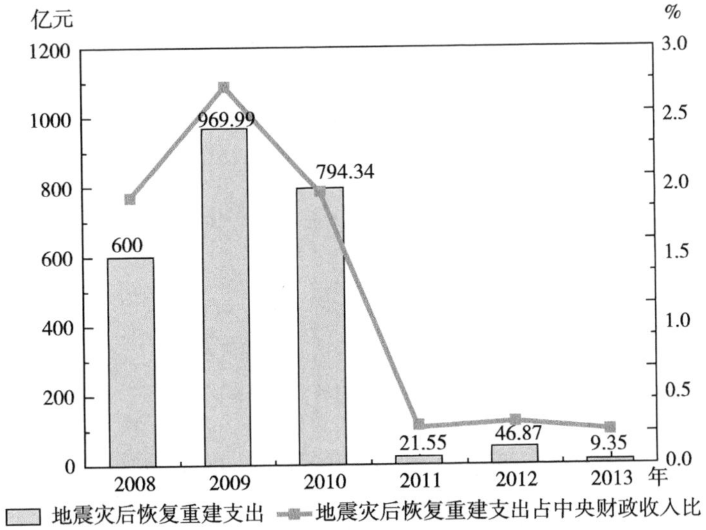

图 5-11　地震灾后恢复重建支出情况

除此之外，在全国一般公共预算支出决算表中，社会保障和就业支出科目下，还有一部分为“自然灾害生活救助”。如图 5-12 所示，自然灾害生活救助最高达到 609.8 亿元，自然灾害救灾支出占灾害总损失的比率最高达到 7.9%，这也表示中央和地方财政也具有支持财政巨灾指数保险实施的能力。

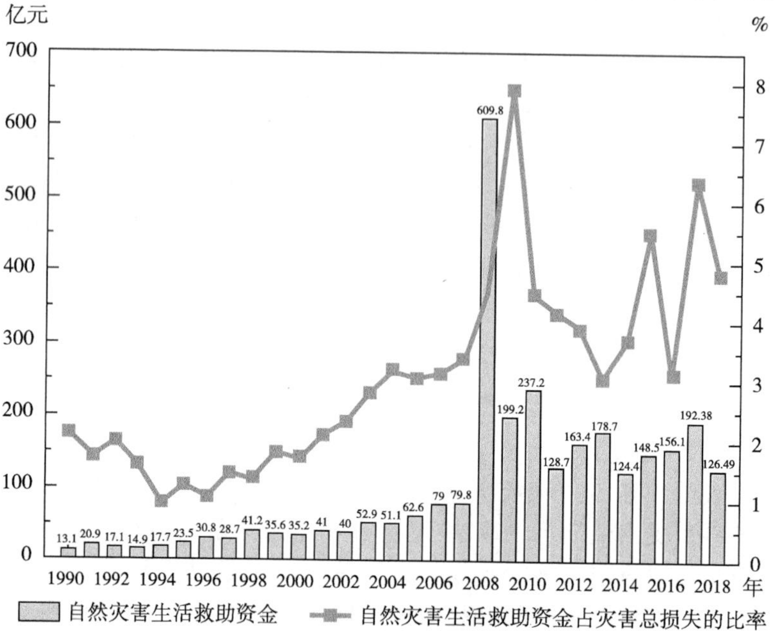

图 5-12　自然灾害救助资金情况

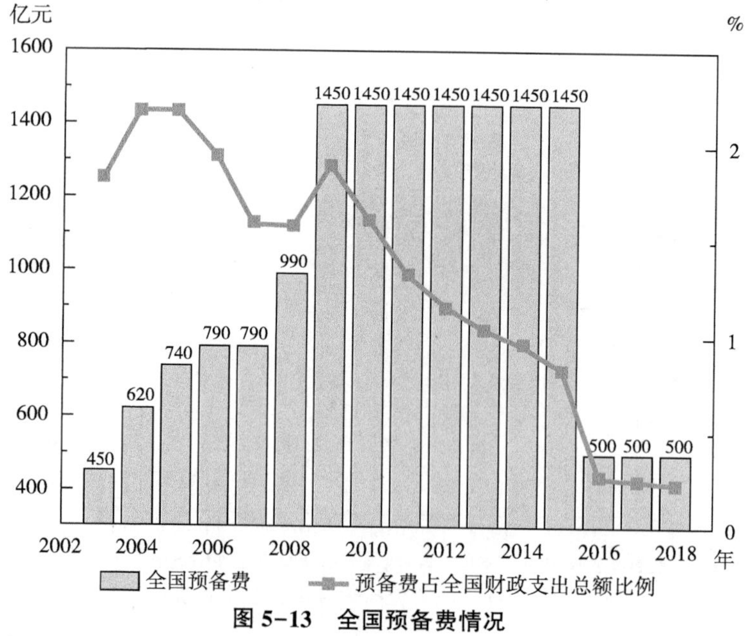

图 5-13　全国预备费情况

除中央和地方财政收入外，全国预算支出中的“预备费”也具有为财政巨灾指数保险提供资金支持的能力。如图 5-13 所示，2003—2009 年，我国财政预算的预备费项目从450亿元上涨至1450亿元，2010—2015年维持在1450亿元，2016—2018年，预备费维持在500亿元。自2009年开始，预备费占全国财政支出总额的比例呈下降趋势，从1.9%下降至0.23%。在2003—2018年，我国全国预备费的决算数均为零，这一方面说明我国全国预算中的“机动资金”较为充足不需要使用预备费来应急；另一方面，从预算科目性质上看预备费本身的使用可能存在较多的限制条件。但从预备费以及全国预算“机动资金”的规模上来看，能够为财政巨灾指数保险的实施提供基础性保障。

二、模型构建

由上述模型构建的基础可知，财政巨灾指数保险可实现财政资金的保值增值，提高财政资金的利用效率，对财政资金具有较好的替代性，而政府又具备购买财政巨灾指数保险的支付能力。因此，政府可以采用巨灾保险机制代替自身的财政救灾支出，降低自身对灾害救助和灾后重建的财政支出波动性。在此理论分析的基础上，本书借鉴 Borensztein 等（2009）、许闲和张涵博（2016）构建政府公共财政救灾支出负担积累模型。

构建模型的假设如下：

（1）本模型仅以地震巨灾带来的政府财政救灾支出负担进行建模估算，不考虑其他灾害和其他因素带来的救灾支出变化。

（2）本书假定政府每年的财政盈余为零。当地震发生时，财政救灾支出和巨灾保险人的赔付均为地震损失的10%，并且，政府财政救灾支出全部为外借，支付的利息为一年期定期存款每年末的利率。

（3）为进一步简化模型，当政府购买地震财政巨灾指数保险时，保险公司赔付的金额恰好可以替代政府的财政救灾支出，即政府通过购买地震财政巨灾指数保险的形式，将自身面临巨额财政救灾支出风险转嫁给保险公司。

（4）为验证政府引入地震财政巨灾指数保险机制对自身财务风险波动的影响，本模型在考虑货币的时间价值因素后，以2010—2018年为基期，进一步预测2019—2026年政府救灾支出负担积累的波动情形，而不仅仅是某一年中的财政救灾支出情况。

（5）本书参考许闲和张涵博（2016）提出的救灾支出负担积累的概念，应用于政府财政救灾支出积累总额占GDP的比重代替 Borensztein 等（2009）模型中提出的债务积累总额占GDP的比重。由于本书假定政府的地震救灾和恢复重建支出为唯一的债务，因此，用财政救灾支出积累总额代替债务积累总额存在一定的合理性。

在上述假设下，本书将分政府购买地震财政巨灾指数保险和不购买地震财政巨灾指数保险两种情形构建政府的公共财政救灾支出负担积累模型。

第一，当政府不购买地震财政巨灾指数保险时，政府的公共财政救灾支出负担积累模型为

$$d_t = [(1 + r_t)/(1 + y_t)]d_{t-1} - f_t + E_t \quad (5\text{-}20)$$

其中，d_t 是从某一年开始，第 t 年的地震的公共财政救灾支出积累额占 GDP 的比重，r_t 为 t 年的一年期定期年末存款基准利率，y_t 为 t 年的 GDP 增长率，f_t 为政府的财政盈余占当年 GDP 的比重，E_t 为 t 年的地震损失占 GDP 的比重。当一年内不发生地震时，此时 $E_t = 0$。

第二，当引入地震财政巨灾指数保险后，政府的公共财政救灾支出负担积累模型为

$$d_t = [(1 + r_t)/(1 + y_t)]d_{t-1} - f_t + E_t + P(M) - I(E_t,\ M) \quad (5\text{-}21)$$

其中，$P(M)$ 为政府支付的地震财政巨灾指数保险纯保费，$I(E_t,\ M)$ 为当年保险公司支付的保险金额，M 为保险公司的赔付限额。

政府救灾支出积累模型的核心部分是 P（M）的计算，该值计算的准确与否，直接关系到保险平滑财政救灾支出波动性风险的效果。相较于 Borensztein 等（2009）、许闲和张涵博（2016）的研究，本书的创新之处在于确定了地震损失的分布，并在 Verbelen 等（2015）的基础上构建了具有截断形式的 Mixed Erlang-Pareto 组合模型估计地震财政巨灾指数保险纯保费 P（M）。

三、数据处理与实证分析

（一）确定 y_t、r_t 的分布

本书将应用两种方法对 y_t 和 r_t 的分布进行检验，分别是 Shapiro-Wilk 检验和 Kolmogorov-Smirnov 检验（K-S 检验）。Shapiro-Wilk 检验是很适用小样本的正态性检验方法；K-S 检验既可用于大样本，也可用于小样本。两种检验方法的原假设都为 H_0：数据符合正态分布。y_t、r_t 的数据来源于《中国统计年鉴》，y_t、r_t 分布的检验结果见表 5-14：

表 5-14　2000—2018 年 y_t、r_t 的分布检验

变量	平均值	标准差	峰度	偏度	K-S 的 D 统计量	K-S 检验 P 值	Shapiro-Wilk 统计量	Shapiro-Wilk 检验 P 值
y_t	9.1368	2.0884	3.0825	0.7866	0.165	0.683	0.9305	0.1767
r_t	2.3747	0.7045	3.3459	0.7692	0.187	0.785	0.9144	0.089

由表 5-14 可知，y_t 峰度和偏度分别为 3.0825 和 0.7866；K-S 统计量为 0.1650，P 值为 0.683；Shapiro-Wilk 统计量为 0.9305，P 值为 0.1767，通过两个检验，可以认为 y_t 服从正态分布。r_t 峰度和偏度分别为 3.3459 和 0.7692；K-S 统计量为 0.1879，P 值为 0.785；Shapiro-Wilk 统计量为 0.9144，P 值为

0.0890，通过两个检验，可以认为 r_t 服从正态分布。

（二）地震财政巨灾指数保险纯保费的确定

本书设定赔付限额 L=50 亿元、100 亿元、150 亿元和 200 亿元，并根据表 5.3 估计的参数和式（5-17），计算政府地震财政巨灾指数保险纯保费如表 5-15 所示。

表 5-15　不同自留额下的纯保费

赔付限额/亿元	保费/亿元
50	10.09422
100	12.94729
150	14.59478
200	15.75419

（三）财政救灾支出负担积累与保险平滑效果实证分析

本书假设中国自 2010 年起参照本书模型设立相应的地震财政巨灾指数保险制度，并从这一年开始积累救灾负担。根据 2010—2018 年的历史数据，结合上文所计算出的各参数分布情况，可以对 2019—2026 年中国地震巨灾财政救灾支出负担的积累情况进行预测。2010—2018 年模型相关参数数据见表 5-16。

表 5-16　2010—2018 年模型相关参数数据

年份	GDP/亿元	GDP 增长率/%	地震损失/亿元	当年底一年期定期存款基准利率/%	地震损失 10%占 GDP 比重/%	财政救灾支出负担积累/%
2010	412119.3	10.6	236.11	2.75	0.00573	0.00573
2011	487940.2	9.6	602.08	3.5	0.01477	0.01477
2012	538580	7.9	82.88	3	0.01546	0.01546
2013	592963.2	7.8	995.36	3	0.02381	0.02381
2014	641280.6	7.3	332.61	2.75	0.01595	0.01595
2015	685992.9	6.9	179.19	1.5	0.00766	0.00766
2016	740060.8	6.7	66.87	1.5	0.00339	0.00339
2017	820754.3	6.8	147.66	1.5	0.00289	0.00289
2018	900309	6.6	30	1.5	0.00128	0.00128

本书选取没有地震财政巨灾指数保险、保险限额分别为 50 亿元、100 亿元、150 亿元和 200 亿元的地震财政巨灾指数保险五种形式来模拟 2019—2026 年的财政救灾支出负担积累情况。由于政府的财政救灾支出为地震巨灾损失的 10%，因此，200 亿元的保险金额对应的损失为 2000 亿元，基本上涵盖除 2008 年汶川地震外所有的损失数据。此时，政府相当于把自身承担的所有风险都转移给了保险公司。

在模拟中，根据上文的数据分析，我们假定 y_t 服从期望和标准差分别为 9. 1368 和 2. 0884 的正态分布，r_t 服从期望和标准差分别为 2. 3747 和 0. 7045 的正态分布。L_t 服从本书所构建的 Mixed Erlang-Pareto 组合分布。根据这些分布，本书对每一年度都用 R 软件随机生成 1000 个 y_t 、r_t 、L_t 。根据上一年的 d_{t-1} 得到 1000 个 d_t 。得到上述五种情形下 2019—2026 年救灾支出负担积累的上界和下界，如表 5-17 所示。

表 5-17　2019—2026 年积累救灾负担

年份	无保险		
	下界	上界	波动幅度
2019	0. 00249	0. 01242	0. 00993
2020	0. 00366	0. 01828	0. 01462
2021	0. 00410	0. 02095	0. 01684
2022	0. 00558	0. 01270	0. 00711
2023	0. 00438	0. 01306	0. 00867
2024	0. 00471	0. 01214	0. 00743
2025	0. 00479	0. 01174	0. 00695
2026	0. 00429	0. 01040	0. 00612

保额 50 亿元			保额 100 亿元		
下界	上界	波动幅度	下界	上界	波动幅度
0. 00322	0. 01129	0. 00808	0. 00393	0. 01111	0. 00718
0. 00528	0. 01710	0. 01183	0. 00560	0. 01686	0. 01125
0. 00575	0. 01976	0. 01401	0. 00622	0. 01949	0. 01327
0. 00708	0. 01150	0. 00442	0. 00776	0. 01122	0. 00346
0. 00601	0. 01186	0. 00585	0. 00659	0. 01158	0. 00499
0. 00613	0. 01094	0. 00481	0. 00692	0. 01066	0. 00374
0. 00622	0. 01054	0. 00432	0. 00701	0. 01026	0. 00325
0. 00581	0. 00921	0. 00340	0. 00650	0. 00892	0. 00243

保额 150 亿元			保额 200 亿元		
下界	上界	波动幅度	下界	上界	波动幅度
0. 00412	0. 01079	0. 00668	0. 00444	0. 00967	0. 00523
0. 00585	0. 01643	0. 01058	0. 00623	0. 01491	0. 00869
0. 00649	0. 01902	0. 01254	0. 00679	0. 01738	0. 01060
0. 00804	0. 01074	0. 00270	0. 00834	0. 00905	0. 00070
0. 00687	0. 01109	0. 00422	0. 00787	0. 00907	0. 00120
0. 0072	0. 01017	0. 00297	0. 00780	0. 00845	0. 00066
0. 00729	0. 00977	0. 00248	0. 00759	0. 00804	0. 00045
0. 00678	0. 00844	0. 00166	0. 00707	0. 00709	0. 00001

五种情形下年财政救灾支出负担积累的变化情况如图 5-14 所示，纵轴表示从 2019 年开始，财政救灾支出负担积累值（%）。2018 年我国地震损失为 30 亿元，是 1990—2018 年地震损失数据经 GDP 调整后除 1990 年外最少的年份，所以 2018 年的财政救灾支出负担积累较小。由于 2013 年四川芦山发生 7.0 级地震，造成经济损失高达 665.137 亿元，因此，该年财政救灾支出负担积累显著提高。当赔付限额在 50 亿元、100 亿元、150 亿元和 200 亿元的情况下，财政救灾支出负担积累的波动性相较于没有保险时的波动幅度减小，如图 5-15 所示，此时，可以使财政救灾支出负担积累分别下降 0.0019%、0.0028%、0.0033%和 0.0047%。当赔付限额为 200 亿元时，除个别年份外，财政救灾支出负担累积的波动性已经基本上消除，救灾支出负担积累的上界、下界变成几乎水平的直线，这也说明当政府购买地震财政巨灾指数保险时，可以将保险金额定为 200 亿元。此时，保险的纯保费价格为 15.75 亿元，相较于 2008 年汶川地震灾后恢复重建支出的 969.99 亿元，政府完全有能力进行支付。由此可见，财政巨灾指数保险有助于降低政府公共财政预算的波动性风险，并增加财政预算的确定性。

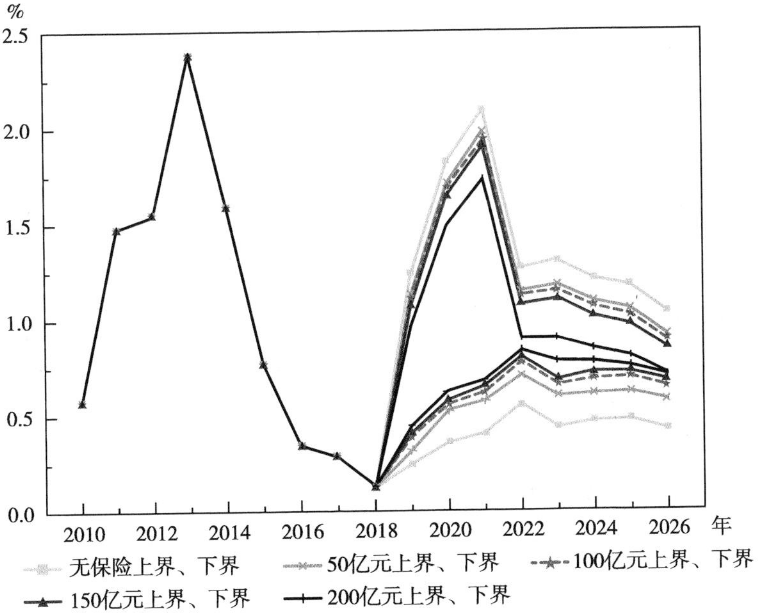

图 5-14　财政救灾支出负担积累变化情况

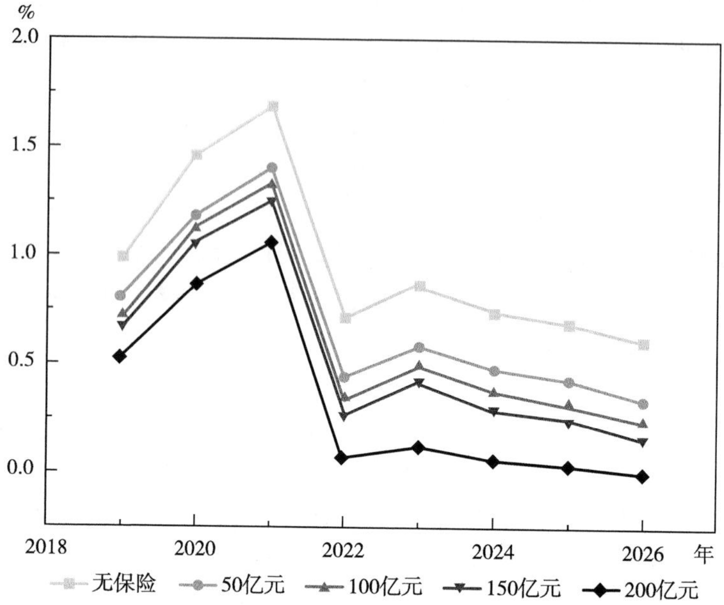

图 5-15　不同保险金额财政救灾支出负担积累波动幅度

四、结论

自然灾害频发导致政府财政救灾支出负担积累波动较大。保险资金是财政救灾支出资金的有效补充，将巨灾保险机制融入灾害救助体系中，不仅能够平滑财政巨灾支出的波动风险，而且能够降低政府财政支出压力。基于此，本节以地震灾害为例，根据我国 1990—2018 年的地震损失数据，通过构建财政救灾支出负担积累模型，预测了地震财政巨灾指数保险保额分别为 50 亿元、100 亿元、150 亿元和 200 亿元时，2019—2026 年财政救灾支出负担积累的变动情况，结果表明，四种保额分别可以使财政救灾支出负担积累下降 0.0019%、0.0028%、0.0033%和 0.0047%，并且 200 亿元的保额基本上可以消除财政救灾支出负担积累的波动性风险。因此，政府购买地震财政巨灾指数保险可以有效地平滑财政救灾支出负担积累的波动性风险，有利于促进我国经济的平稳运行。

第五节　本章小结

本章首先构建 Mixed Erlang-Pareto 组合分布，然后应用该组合分布对地震和洪水进行风险度量和纯保费估计；在此基础上，以地震巨灾财政指数保险为例，探究了地震财政巨灾指数保险平滑财政支出波动风险的效果。结果表明：第一，Mixed Erlang-Pareto 分布可以对地震和洪水巨灾损失数据进行有效的拟合。第二，当用 Mixed Erlang-Pareto 分布计算地震巨灾纯保费时，在假定全民参与地震巨灾保险下，人均保费为 12~13 元。第三，应用 Mixed Erlang-Pareto 分布计算洪水巨灾纯保费时，在假定全民参与洪水巨灾保险下，全球人均保费为 2.9 美元，可以作为我国开展洪水巨灾保险保费的参考。第四，政府通过购买财政巨灾指数保险可以有效地平滑财政波动性风险，有助于维持财政支出的可持续性，促进我国经济的平稳运行。

虽然政府通过购买保险的形式可以实现自身风险的分散，但政府作为投保人购买保险也要充分权衡灾害救助支出和保费支出的平衡，避免救助支出和保费支出过多带来的双重财政压力。财政救助支出的合理化水平、巨灾保险的责任分担等也是我们下一章要研究的内容。

第六章　巨灾保险责任分担

——基于自然灾害财政成本、政府最优救灾支出视角

第一节　理论分析

为进一步检验巨灾保险资金可替代财政救灾支出，本部分将借鉴 Motoyama（2017）的研究应用动态一般均衡模型，从经济增长的视角出发，重点探讨政府救灾支出最优规模，然后探讨保险资金替代政府救灾资金支出的有效性。

一、代表性家庭

考虑一个离散时间、封闭经济框架下包括代表性家庭—厂商—政府三经济部门的两期新古典增长模型，其中，政府最优政策组合包括：税率、政府救灾支出规模和生产性支出三要素。在该模型中，假定自然灾害的发生次数服从泊松分布，且在灾害发生前，企业完成生产，家庭完成消费和储蓄，以及政府完成征税。

在本模型中，无限期居住的代表性家庭包括工人和投资者。工人和投资者人数都标准化为 1，且具有相同的效用函数和折现率。但他们的行为和收入来源不同：工人无弹性地向厂商提供一单位的劳动，赚取工资 w；投资者通过出售上期剩余的资本来赚取收入，资本价格等于净利率，用 r 表示。这里，假设工人在纳税后会消费掉他的全部收入（工人没有储蓄）；投资者的资本是以机械设备等固定资本形式持有，其资本面临被自然灾害破坏的风险，但投资者不能通过保险市场分散其面临的自然灾害风险，只能通过自保或调整预防性储蓄来应对自然灾害风险。

（一）工人

在上述假定情况下，工人 t 的消费 c_{wt} 被定义为

$$c_{wt} = (1 - \tau_t) w_t \tag{6-1}$$

其中，τ_t 是工人和投资者在 t 期内的税率，工人 t 期的消费是 w_t。

（二）投资者

投资者在预算约束下 0 期预期效用函数为

$$U(c_{It}) = E_0 \sum_{t=0} \beta^t \frac{c_{It}^{1-\gamma}}{1-\gamma} \tag{6-2}$$

其中，c_{It} 是投资者 t 时期的消费，$\beta \in (0, 1)$ 表示折现率，E_0 表示 0 时期的期望算子。$U(c_t)$ 是相对风险规避系数形式的瞬时效用函数，γ 表示相对风险规避系数。鉴于投资者是风险规避的，我们假设 $\gamma > 1$。

投资者面临的预算约束为

$$a_{t+1} = [1 + (1 - \tau_t) r_t - \delta] s_t - c_{It} \tag{6-3}$$

其中，a_{t+1} 是由 t 期结转至 $t+1$ 期的资本，尚未受到灾害风险的影响，$\delta \in (0, 1)$ 是资本的折旧率，r_t 是 t 期的资本价格，s_t 是 t 期受灾害风险影响后的资本存量。$t+1$ 期灾后资本存量 s_{t+1} 和 a_{t+1} 的关系为

$$s_{t+1} = \begin{cases} (1 - D_t) a_{t+1} & p \\ a_{t+1} & 1 - p \end{cases} \tag{6-4}$$

其中，$D_t \in [0, 1]$ 为损害比率，表示自然灾害发生后现有资本存量一定比例的损坏。这里，自然灾害的发生次数服从泊松分布，发生率 p 是恒定的外生变量。

以 $V(s_t)$ 表示投资者 t 期和 $t+1$ 期效用函数折现之和，t 期投资者效用最大化问题为

$$V(s_t) = \max_{\{c_I,\ \tilde{a}\}} \left\{ \frac{c_{It}^{1-\gamma}}{1-\gamma} + \beta E_t V(s_{t+1}) \right\} \tag{6-5}$$

$$\text{s.t}\quad a_{t+1} = [1 + (1 - \tau_t) r_t - \delta] s_t - c_{It} \triangleq R_t s_t - c_{It}$$

在式（6-5）中，令 $R_t \triangleq [1 + (1 - \tau_t) r_t - \delta]$ 表示储蓄收益率。通过求解式（6-5）最优化问题，可以得到投资者的储蓄和消费函数，如式（6-6）和式（6-7）所示

$$\begin{aligned} a_{t+1} &= R_t^{1/\gamma} [{}^{\beta}(p(1 - D(h_t))1 - \gamma + 1 - p)] 1/\gamma s_t \\ &\triangleq ({}_t^R\rho(h_t)) 1/\gamma s_t \triangleq \sigma(\tau_t,\ h_t) s_t \end{aligned} \tag{6-6}$$

$$c_{It} = [R_t - \sigma(\tau_t,\ h_t)] s_t \tag{6-7}$$

这里，定义 $\rho(h_t) \triangleq \beta(p(1 - D(h_t))^{1-\gamma} + 1 - p)$ 是经过风险调整的折现率，$\sigma(\tau_t,\ h_t) \triangleq (R_t \rho(h_t))^{1/\gamma}$ 是当前投资者的储蓄率。

二、厂商

厂商通过使用投资者的机器设备和工人的劳动来生产最终产品，实现利润最大化，且政府生产性支出会对厂商的生产产生积极影响。生产函数式为

$$Y_t = A K_t^{\alpha} (L_t G_t)^{1-\alpha} \tag{6-8}$$

其中，Y_t 是 t 时期的最终产品产出，$A > 0$，$\alpha \in (0, 1)$，K_t 是 t 时期的资本

存量，L_t 是 t 时期的劳动力，G_t 是 t 时期的政府生产性支出。在给定要素价格和政策的情况下，厂商通过选择 K 和 L 来最大化其利润。利润最大化的条件由式（6-9）给出

$$\begin{aligned} r_t &= \alpha A K_t^{\alpha-1}(^L_t G_t)1-\alpha \\ w_t &= (1-\alpha)AK_t^{\alpha}L_t^{-\alpha}G_t^{1-\alpha} \end{aligned} \tag{6-9}$$

当市场达到均衡时，$s_t = K_t$，$L_t = 1$。将市场均衡条件和利润最大化条件式（6-9）代入式（6-1）、式（6-6）和式（6-7），可以得出市场均衡条件下家庭的最优消费和储蓄水平，如式（6-10）所示

$$\begin{aligned} c_{wt}^E &= (1-\tau_t)(1-\alpha)AK_t^{\alpha}G_t^{1-\alpha} \\ c_{lt}^E &= [R_t - \sigma(\tau_t,\ h_t)]K_t \\ a_{t+1}^E &= \sigma(\tau_t,\ h_t)K_t \end{aligned} \tag{6-10}$$

这里，上标 E 代表均衡水平，$R_t \triangleq [1+(1-\tau_t)\alpha AK_t^{\alpha-1}(L_tG_t)^{1-\alpha}-\delta]$。

三、政府

政府可以通过税收政策来最大限度地提高家庭总福利水平。政府在 t 时期面临两种政策选择：政府救灾支出 H_t 和生产性支出 G_t。根据 Barro（1990）关于政府生产性支出假设，我们同样假设 G_t 是产出 Y_t 的一定比例，即 $G_t = g_tY_t$，其中，$g_t \in (0,\ 1)$ 为生产性支出占总产出比率。政府救灾支出 $H_t = h_tY_t$ 可以减少灾害对实物资本的损害，且损害程度与救灾支出占产出的比率 h_t 呈递减关系。这里，我们可以将 t 期中的损失率写成 h_t 的函数，即 $D_t = D(h_t) \in (0,\ 1)$，且满足 $D'(h_t) < 0$，$D''(h_t) \geq 0$，即 $D(h_t)$ 是凸性的。政府可以通过调整 g_t、h_t 选择最优政策水平。在此之后，我们将政府调控经济的策略表示为 $\pi_t = \{\tau_t,\ h_t,\ g_t\}$。此外，假设政府在每个时期的预算平衡，则政府预算约束为

$$\tau_t(r_ts_t + w_t) = (g_t + h_t)Y_t \tag{6-11}$$

以 $V^g(K_t)$ 表示政府两期效用函数折现之和。将 $G_t = g_tY_t$ 代入产出函数式（6-8），则包括政府生产性支出的产出函数为：$Y_t = (Ag_t^{1-\alpha})^{1/\alpha}K_t$。定义 $B(g_t) \triangleq (Ag_t^{1-\alpha})^{1/\alpha}$，则 $Y_t \triangleq B(g_t)K_t$。将 $G_t = g_tY_t$，$Y_t \triangleq B(g_t)K_t$ 代入式（6-9）可得：$r_t = \alpha B(g_t)$，$w_t = (1-\alpha)B(g_t)K_t$，此时 $R_t = (1-\tau_t)\alpha B(g_t) + 1 - \delta_t$。将此处所得的 Y_t、r_t、w_t 代入式（6-11），政府预算约束可简化为：$g_t = \tau_t - h_t$。考虑到这些，政府的效用最大化问题最终简化为

$$V^g(K_t)=\max_{\pi}\left\{\left[\frac{1}{1-\gamma}c_{wt}^{1-\gamma}+\frac{1}{1-\gamma}c_{It}^{1-\gamma}\right]+\beta E_t V^g(K_{t+1})\right\}$$
$$=\max_{\pi}\left\{\frac{1}{1-\gamma}\bar{c}_t K_t^{1-\gamma}+\beta E_t V^g(K_{t+1})\right\} \tag{6-12}$$
$$\text{s. t.}\quad a_{t+1}^E=\sigma(\tau_t,\ h_t)K_t$$
$$g_t=\tau_t-h_t$$

这里，定义政府消费倾向 $\bar{c}_t$ 为

$$\left[\frac{1}{1-\gamma}c_{wt}^{1-\gamma}+\frac{1}{1-\gamma}c_{It}^{1-\gamma}\right]=\frac{1}{1-\gamma}[[(1-\tau_t)(1-\alpha)B(g_t)]1-\gamma$$
$$+(_t^R-\sigma_t)1-\gamma]K_t^{1-\gamma}\triangleq\frac{1}{1-\gamma}\bar{c}_t K_t^{1-\gamma} \tag{6-13}$$

将 $g_t=\tau_t-h_t$ 代入 $B(g_t)$，该动态规划问题仅包括 τ_t 和 h_t 两个内生变量，为简单起见，以下假设实物资本全部折旧，即 $\delta=1$，对式（6-12）关于 τ_t 和 h_t 求一阶偏导，可得以下政府最优策略条件

$$\left[(1-\alpha)^{1-\gamma}[(1-\tau_t)B_t]^{-\gamma}+(R_t-\sigma_t)\alpha\left(\frac{\gamma R_t-\sigma_t}{\gamma R_t}\right)+\frac{\bar{c}_t\alpha\sigma_t}{(R_t-\sigma_t)\gamma R_t}\right]$$
$$[(1-\tau_t)B'_t-B_t]=0 \tag{6-14}$$
$$-\left[(\gamma+\frac{\sigma_t}{R_t-\sigma_t})[(1-\alpha)(1-\tau_t)B_t]^{1-\gamma}+(R_t-\sigma_t)^{-\gamma}\gamma R_t\right]\frac{1-\alpha}{\alpha(\tau_t-h_t)}$$
$$+[\gamma(R_t-\sigma_t)^{-\gamma}+[(1-\alpha)(1-\tau_t)B_t]^{1-\gamma}(R_t-\sigma_t)^{-1}]\sigma_t\frac{F(h_t)}{\rho(h_t)}=0 \tag{6-15}$$

其中，函数 $F(h_t)\triangleq\beta p\dfrac{-D'_t}{(1-D_t)^{\gamma}}$，表示预防性支出增加带来的边际收益，对 $F(h_t)$ 关于 h_t 求一阶导数可得：$F'(h_t)=-\beta p\dfrac{\partial}{\partial h_t}\left(\dfrac{D'_t}{(1-D_t)^{\gamma}}\right)=-\beta p\dfrac{D''_t(1-D_t)+\gamma D'^{2}_t}{(1-D_t)^{1+\gamma}}<0$。因此，政府救灾支出收益具有边际递减效应。

四、政府救灾支出最优规模

为保证消费水平非负，假设 $R_t-\sigma_t\geqslant 0$。然后，根据式（6-14）可知，最优策略满足以下方程

$$(1-\tau_t)B'_t=B_t\Leftrightarrow\tau_t=\alpha h_t+1-\alpha\rightarrow\tau_t=\tau(h_t) \tag{6-16}$$

将式（6-16）代入式（6-15）可得

$$[\gamma(R_t-\sigma_t)^{1-\gamma}+[(1-\alpha)(1-\tau_t)B_t]^{1-\gamma}]\,z_t\,\frac{F_t}{\rho_t}=$$
$$[(\gamma+z_t)[(1-\alpha)(1-\tau_t)B_t]^{1-\gamma}+(R_t-\sigma_t)^{-\gamma}\gamma R_t]\,\frac{1}{\alpha(1-h_t)} \tag{6-17}$$

其中，上式右边出现的 $z_t=\sigma_t/(R_t-\sigma_t)$ 是投资者的储蓄与消费比率，而式（6-17）中的所有税率 τ 均以 $\tau_t=\tau(h_t)$ 进行评估。最优救灾支出 h_t^* 满足式（6-17）。

根据式（6-16）以及最优政府救灾支出规模 h_t^* 可得最优税率 $\tau_t^*=\alpha h_t^*+1-\alpha$，最优政府产出支出比 $g^*(h_t^*)=(1-\alpha)(1-h_t^*)$。对式（6-17）两边对自然灾害发生概率 p 求导可得

$$\frac{\partial\ h_t^*}{\partial\ p}>0 \tag{6-18}$$

由此可知，随着自然灾害发生率的提高，政府最优救灾支出提高。

五、期望经济增长

该模型可以简化为内生经济增长 AK 模型。由 AK 模型可知，鉴于灾害对资本冲击具有随机性，可以用广义资本增长率的期望值来定义经济增长率，因此经济增长式如下所示

$$\begin{aligned}E_t[g^*(h_t^*)]&=E_t\frac{K_{t+1}}{K_t}\\&=\frac{p(1-D(h_t^*))\sigma(\tau_t^*,\ h_t^*)K_t+(1-p)\sigma(\tau_t^*,\ h_t^*)}{K_t}\\&=(1-pD(h_t^*))\sigma(\tau_t^*,\ h_t^*)\end{aligned} \tag{6-19}$$

将 $R_t^*=(1-\tau_t^*)\alpha B(g_t^*)=\alpha^2A^{1/\alpha}(1-\alpha)^{(1-\alpha)/\alpha}(1-h_t^*)^{1/\alpha}\triangleq R_c(1-h_t^*)^{1/\alpha}$ 以及上述定义的 σ_t 和 $\rho(h_t)$ 代入式（6-19）可得：

$$E_t[g^*(h_t^*)]=(1-\underset{(1)}{p}\underbrace{D(h_t^*)}_{(2)})\{\beta R_c\underbrace{(1-h_t^*)^{1/\alpha}}_{(3)}[\underset{(4)}{p}\underbrace{[(1-D(h_t^*))^{1-\gamma}}_{(5)}-1]+1]\}^{1/\gamma} \tag{6-20}$$

由式（6-20）可知，当自然灾害发生率 p 增加时，会通过五个渠道影响经济增长。其中，包括两项正向效应：一是政府救灾支出增加使灾害造成的经济损失减少；二是灾害发生率 p 的提高使预防性支出增加。与此相反，还包括三项负向效应：一是灾害造成的期望损失增加；二是救灾支出增加产生的“挤出效应”，即救灾支出增加使政府生产性支出减少，降低了政府的资本收益率 R 和储蓄，进而降低了期望经济增长；三是政府救灾支出规模增加，使居民更依赖于政府援助，预防性储蓄降低，进而降低期望经济增长。如果两项正向效应大

于三项负向效应，则随着 p 增加，$E_t[g^*(h_t^*)]$ 增加；反之，则随着 p 增加，$E_t[g^*(h_t^*)]$ 减小。这说明政府救灾支出和经济增长之间可能存在非线性关系。

鉴于式（6-17）和式（6-19）最优解依赖于自然灾害发生率 p，故无法求出解析解。为此，我们采用数值模拟予以分析。本书在数值模拟前，先根据我国的实际情况，对模拟中的各参数进行校准。关于时间偏好贴现因子 β，本书根据景鹏和郑伟（2019）取 0.98，关于私人物质资本产出弹性 α，多数文献对 α 取值介于 0.3~0.5（贾俊雪和郭庆旺，2011；严成樑，2017），考虑到产出弹性随着物质资本丰裕度的不断提升未来将趋于下降，本书取物质资本的产出弹性为 0.35。关于全要素生产率 A，遵循现有文献普遍做法，将其标准化为 1。考虑到大部分居民是厌恶灾害风险的，风险厌恶系数值的合理取值范围应在 1~10（刘昌义，2013）。参照 Motoyama（2017）取 $\gamma = 2$。参照 Motoyama（2017）一文中对灾害损失比的假设 $D(h) = \hat{d}/(1 - \hat{d}) - \hat{d}/(h - \hat{d})$，其中，$\hat{d} =-(1 - \bar{d})/\bar{d}$，$\bar{d} \in (0,\ 1)$，$\bar{d}$ 是灾害损失比的上限 $D(0) = \bar{d}$，损失率的下限为零 $(D(1) = 0)$，h 为政府救灾支出比。假设当灾害发生没有任何救助措施，则资本的损失率为 0.8，即 $D(1) = 0.8$，解得 $\hat{d} =- 0.25$。在校准的参数情形下，取 p 值为 0.1~0.7。自然灾害发生率 p 和政府最优救灾支出 h^*，以及政府最优救灾支出 h^* 和期望经济增长 $E_t[g^*(h_t^*)]$ 的数值模拟关系如图 6-1 和图 6-2 所示。

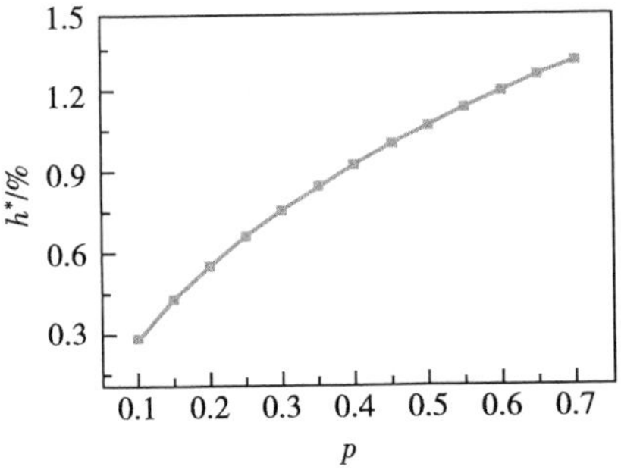

图 6-1 政府最优救灾支出

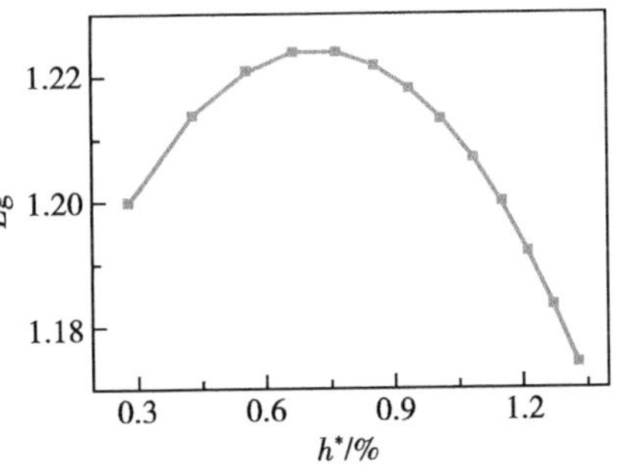

图 6-2 期望经济增长率

通过图 6-1 和图 6-2 可知，政府救灾支出最优规模 h_t^* 随着灾害发生率 p 的增加而提高；经济增长 $E_t[g^*(h_t^*)]$ 和政府救灾支出最优规模 h_t^* 之间也存在倒“U”形关系，这和式（6-18）和式（6-20）的结论相一致。

六、模型的扩展——灾害保险对政府救灾支出的替代作用

本小节讨论存在完全竞争灾害保险市场的情况，并评估其对家庭行为的影响。特别地，考虑以下灾害保险：如果投资者向保险公司支付 $q_t \times \theta_t \times a_{t+1}$ 的费用，这里，q_t 表示保险费率，θ_t 表示保险责任范围，则在发生灾难时，他将从保

险公司获得 $\theta_t \times a_{t+1}$ 赔偿。投资者通过选择保险责任范围 θ_t 来最大化其一生的效用。此时，所得资产 s_{t+1} 如式（6-21）所示

$$s_{t+1} = \begin{cases} [(1 - D(h_t))(1 - q_t\theta_t) + \theta_t]\, a_{t+1} & \text{p} \\ (1 - q_t\theta_t)\, a_{t+1} & 1 - p \end{cases} \tag{6-21}$$

假如保险市场是完全竞争的，保险公司的期望收益为 0，则 $q_t = p$ 。如果灾害保险可以完全覆盖投资者的资产，那么投资者的资产在自然灾害发生和不发生的情形下一样。我们定义完全保险市场的保险责任范围为 $\hat{\theta}_t$ ，则其满足式（6-22）

$$[1 - D(h_t)](1 - q_t\hat{\theta}_t) + \hat{\theta}_t = 1 - q_t\hat{\theta}_t \Leftrightarrow \hat{\theta}_t = \frac{D(h_t)}{1 + D(h_t)q_t} \tag{6-22}$$

这里，我们假设保险公司的最大承保范围为 $\varphi\hat{\theta}_t$ ，其中，$\varphi \in [0,\ 1]$ 反映了灾害保险的不完全性，如测量误差的存在。$\varphi = 1$ 表示完全保险，而 $\varphi = 0$ 表示没有灾害保险。假设经济中存在保险市场，投资者选择 $\theta_t = \varphi\hat{\theta}_t$ ，此时储蓄为

$$a_{t+1} = \frac{(\rho_{\varphi t}R_t)^{1/\gamma}}{1 - p\varphi\hat{\theta}} s_t \triangleq \sigma_{\varphi t} s_t \tag{6-23}$$

这里，定义 $\rho_{\varphi t} \triangleq \beta\left[p\left(\frac{1 + (1 - \varphi)D(h_t)[p(1 - D(h_t)) - 1]}{1 + (1 - \varphi)D(h_t)p}\right)^{1-\gamma} + 1 - p\right]$，其中，$\sigma_{\varphi t} \triangleq (\rho_{\varphi t}R_t)^{1/\gamma}/(1 - p\varphi\hat{\theta}_t)$ 。特别地，在完全保险 $\varphi = 1$ 情形下，$\rho_{\varphi t} = \beta$ ；此时，收入风险完全分散，收入与灾害的发生无关，投资者得到的储蓄 $s_{t+1} = (\beta R_t)^{1/\gamma}$ ；在无保险 $\varphi = 0$ 情形下，$\rho_{\varphi t} = \beta[p(1 - D(h_t))^{1-\gamma} + 1 - p] = \rho_t$ 。否则，由于投资者是风险规避者，其必然要求达到保险公司承保范围上限。在保险市场存在的情形下，储蓄率 $\sigma_{\varphi t}$ 相对于 p 和 h_t 除了预防效应外，还有提高 p 和 h_t 对储蓄率 $\sigma_{\varphi t}$ 的作用。当 p 增加时，保险费用 $p\varphi\hat{\theta}_t$ 通过保险费率的提高而增加；相反，如果 h_t 增加，由于灾害风险降低，因此对保险和保险支付的需求也会降低。由于 φ 实际上很小，并且导数的数值过于复杂，为简化起见，我们令 $\varphi = 0$ 来推导最优政策条件。尽管通过保险市场会产生额外影响，但仍有以下导数函数式

$$\frac{d\sigma_{\varphi t}}{dp} > 0 \qquad \frac{d\sigma_{\varphi t}}{dh_t} < 0 \tag{6-24}$$

由此可知，式（6-24）第一个导数式符号与式（6-18）政府救灾支出情形下显示的符号相同。这里，以 $d\rho_{\varphi t}/i$ ，$i = \{p,\ h_t\}$ 表示修正预防效应，以 $d(p\hat{\theta}_t)/di$ ，$i = \{p,\ h_t\}$ 表示保险效果。由式（6-24）求导过程可知，就保险效应而言，我们有 $d\rho_{\varphi t}/dp > 0$，修正的预防效应随着 p 的增加而增加储蓄，而 $d\rho_{\varphi t}/dh_t < 0$，修正的预防效应随着 h_t 的增加而减少储蓄。就保险效应而言，我

们有 $\varphi \mathrm{d}(p\hat{\theta}_t)/\mathrm{d}p > 0$ 和 $\varphi p d\hat{\theta}_t/\mathrm{d}h_t < 0$。当 p 增加时，除了修正的预防作用外，保险费也增加了，而净储蓄（除去保险费后的净储蓄）在给定相同的 a_{t+1} 情况下减少，因此，为了维持相同水平的净储蓄，a_{t+1} 必须增加。在 h_t 增加的情况下，保险需求降低，保险费降低，净储蓄在给定相同的 a_{t+1} 情况下增加，为了维持相同水平的净储蓄，a_{t+1} 必须减少。因此，随着 $p(h_t)$ 的增加，修正的预防作用和保险作用都增加（减少）a_{t+1}。由此可知，保险同政府救灾支出一样存在减灾效应，保险可以作为政府救灾支出的替代工具，由 $\mathrm{d}\sigma_{\varphi t}/\mathrm{d}h_t < 0$ 可知，政府救灾支出又和保险互为替代关系。

由上述扩展模型可知，该模型的一个重要的扩展是除预防外还引入减灾措施，研究结论表明，保险的赔付支出可以作为政府救灾支出的替代性工具。综合上述一般均衡模型的分析，可以得出以下结论：

（1）政府最优支出水平随着自然灾害发生率的提高而提高。

（2）政府救灾支出规模和经济增长之间可能存在非线性关系。

（3）保险具有减灾作用且可以作为政府救灾支出的替代。

接下来，本书应用中国 31 个省份省际面板数据验证第六章第一节结论。

第二节　自然灾害财政成本估算

一、自然灾害财政成本

本书根据 Nishizawa 等（2019）将自然灾害的财政成本定义为自然灾害发生后各省份政府财政支出增加和收入减少的总和，即自然灾害财政成本等于财政支出增加和财政收入减少之和。

二、自然灾害财政成本融资工具

在国际上，自然灾害财政成本风险融资工具主要有财政救灾准备金和自然灾害基金两种。财政救灾准备金属于年度预算内范畴，可用于使预算能够应对突发事件或紧急状况，包括自然灾害；自然灾害基金是处理自然灾害风险的专用资金来源，可在无灾害事件期间积累专用储备金，且在支出时间方面也具有很大的灵活性。除财政救灾准备金和自然灾害基金外，经常需要重新分配预算以满足紧急需求。预算重新分配通常有三种模式：（1）调整预算；（2）补充预算；（3）重新分配预算支出优先级。Cevik 和 Huang（2018）提出了如何应对自然灾害财政成本的指导，从自然灾害财政成本、发生频率等角度搭建了自然灾害财政成本融资工具的应用框架，如图 6-3 所示。

从财政响应工具来看，由图 6-3 可知，应急准备金和调整预算主要应用于财政成本较低的情况下，补充预算、自然灾害基金和重新分配预算支出优先级主要应用于财政成本较高的情况下。但预算重新分配允许支出的重新部署以及将现有投资项目合并到整体灾后恢复计划中，可能会使预算执行和财政政策变得复杂。

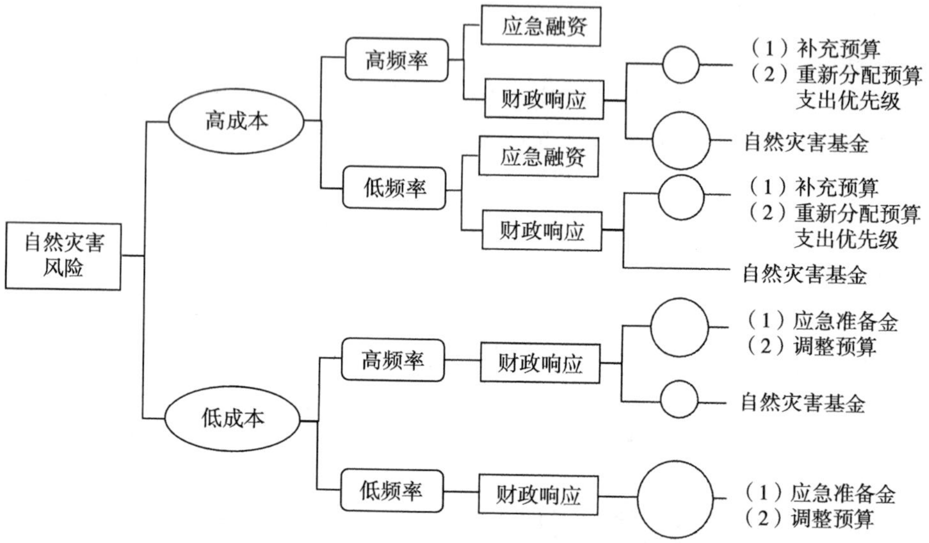

图 6-3　自然灾害财政成本融资工具框架

注：最右边一列中的气泡大小代表所列出工具的相对重要性。

中国还没有建立正式的应急准备金和自然灾害基金制度。根据我国财政部门执行的“类、款、项”级的政府收支科目分类方法，可以看出，与政府救灾支出直接相关的“类”级科目主要包括“预备费”；相关的“款”级科目则主要是“灾害防治及应急管理支出”类中的“自然灾害救灾及恢复重建支出”。另外，还有救灾物资储备，同时相关部门应急灾害细分职能预算中还有其他与应急救灾有关的“项”级科目散见于其他各种“类”级和“款”级支出中。需要说明的是，预备费的使用可能存在较多的限制条件，并不是专门用于自然灾害等突发事件的准备金。此外，还有“转移性支出”类中的“安排预算稳定调节基金”主要用于弥补一般公共预算出现的收支缺口。但财政救灾资金规模远低于实际灾害救助资金需求，政府救灾支出在历年自然灾害直接经济损失占比微乎其微（见图 4-12）。因此，当极端灾害发生时，这些制度化的预算资金杯水车薪，只能采用计划外措施，包括预算重新分配、救灾专项转移支付、发行专项债券、金融机构借款、募捐以及“对口支援”等。

当前，重大自然灾害发生的频度、强度和灾难损失的提升与巨大的救灾、重建资金缺口和国家层面的灾害风险管理体系顶层制度缺位的矛盾，已成为当前国家防范化解重大灾害风险与脱贫攻坚战实施中需要破解的重大难题。中国需要加快发展与新时期国家经济社会发展需求相适应的商业保险与巨灾保险机制有机结合的自然灾害巨灾风险保障体系，使多层次的巨灾保险机制成为政府改进公共服务、创新政府管理、提升灾害治理能力现代化的重要支撑，并在量化灾害风险产生的财政救灾责任基础上，搭建科学化和制度化的灾害风险公共财政融资工具框架。根据国际上较为典型的巨灾风险公共财政策略和框架，结合中国国情和现行的财政救灾融资机制，财政救灾融资工具管理框架改革可以参考图 6-4 模式。这个框架的设计逻辑有两点：首先，财政资金工具与灾害风险的强度和频度挂钩，即成本低的资金工具用于强度低而频度高的灾害风险，成本高的资金工具用于频度低强度高的灾害风险；其次，鉴于财政救灾资金支出的不确定性和资金流动性成本，实有资金工具可以最大限度上通过保险进行放大，旨在最大限度降低自然灾害导致的财政成本，维护预算刚性和平衡。以运用保险（巨灾保险或商业保险）放大财政救灾资金为基础，辅以自然灾害基金或应急准备金，调整预算或预算稳定调节基金，其他类巨灾保险或再保险，定向国债或信用工具以及企业债等，根据灾害发生的频度和强度构建自然灾害财政成本融资工具框架，实现财政成本风险的有效分散。

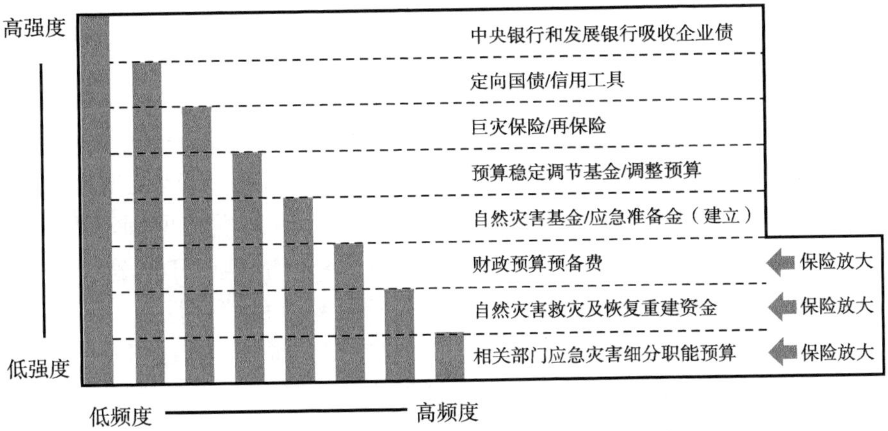

图 6-4　中国自然灾害财政成本融资工具管理框架

三、变量、数据与模型设定

（一）变量选择

被解释变量包括两个内生变量：财政支出（*Zcgdp*），用财政支出占 GDP 比率来衡量；财政收入（*Srgdp*），用财政收入占 GDP 比率来衡量。那么自然灾害财政成本等于政府总支出增加和政府总收入减少之和占 GDP 的比重。外生变量：自然灾害强度（*Disaster*）。

（二）资料来源

本书资料来源《中国民政统计年鉴》《中国统计年鉴》《新中国六十年统计资料汇编》《中国劳动统计年鉴》以及 31 个省份的统计年鉴。各变量的描述性统计结果如表 6-1 所示。

表 6-1 数据描述性统计

变量名称	变量含义	观测值	平均值	标准差	最小值	最大值
Zcgdp	财政支出占 GDP 比	899	0.1883	0.1639	0.0189	1.3792
Srgdp	财政收入占 GDP 比	899	0.0848	0.0313	0.0074	0.2616
Disaster	受灾人口数占总人口数比	899	0.2881	0.1852	0	1.0710

（三）模型设定与方法选择

本书根据 Nishizawa 等（2019）的相关研究，采用由 Abrigo 和 Love（2016）提供的 PVAR 模型的程序就自然灾害对财政支出和收入的动态关系进行深入探究，在此基础上度量自然灾害财政成本。自然灾害一般被认为是具有即时和滞后宏观财政影响的外生冲击。Yang（2008）表明，自然灾害发生后政府救灾支出显著增加，但滞后两年。为此，借鉴 Nishizawa 等（2019）研究在 PVAR 模型中引入自然灾害滞后两期，最终构建以下模型

$$Y_{it} = AY_{it-1} + B_1X_{it} + B_2X_{it-1} + B_3X_{it-2} + u_i + \lambda_t + \varepsilon_{it} \tag{6-25}$$

其中，下标 i 代表某省或市，t 代表时间，Y_{it} 分别表示财政支出水平和财政收入水平，X_{it} 表示自然灾害强度，u_i 为地区固定效应；λ_t 为时间固定效应；ε_{it} 为误差项。此外，我们借鉴 Nishizawa 等（2019）将人均实际 GDP 增长率 y_{it} 以及滞后一期作为控制变量引入模型（6-25）以检验结果的稳健性。

本书为避免个体效应造成的估计系数偏差，采取向前均值差分“Helmert 转换”消除个体效应，确保转换后的变量和滞后变量正交，此时滞后变量可以作为工具变量。由于系统 GMM 估计给出了 PVAR 模型的一致估计，因此，我们使用系统 GMM 估计方法就自然灾害对财政收入和支出的动态影响进行估计。

四、实证结果及分析

（一）数据平稳性检验

在进行面板数据实证分析前，为避免出现伪回归问题，必须先对面板数据进行单位根检验，确保数据的平稳性。常用的面板数据单位根检验方法包括 LLC 检验、Breitung 检验、IPS 检验等。为确保结果的可靠性，本书选取这三种方法分别进行检验，当其中的两者或者三者都通过时，则认为数据是平稳的。表 6-2 检验结果表明，在 5%的显著性水平上，“所有个体是非平稳”的原假设

被拒绝，即可认为面板数据是平稳的序列。

表 6-2　单位根检验结果

变量	LLC 检验		Breitung 检验		IPS 检验	
	统计量	P 值	统计量	P 值	统计量	P 值
Zcgdp	-10.7619	0.0000	-8.9977	0.0000	-5.6246	0.0000
Srgdp	-10.2630	0.0000	-2.0826	0.0186	-4.5237	0.0000
Disaster	-5.5563	0.0000	-10.2163	0.0000	-13.8398	0.0000
y	-5.6257	0.0000	-5.0097	0.0000	-7.5351	0.0000

（二）自然灾害财政成本估算

根据 MAIC、MBIC 和 MQIC 最小信息准则，确定模型的最优滞后阶数为 1。模型 PVAR 的基准回归结果报告于表 6-3 中。

表 6-3　自然灾害强度对财政支出和收入的 PVAR 模型基准回归结果

变量	PVAR 1		PVAR 2		PVAR 3	
	Zcgdp (1)	Srgdp (2)	Zcgdp (3)	Srgdp (4)	Zcgdp (5)	Srgdp (6)
L. Zcgdp	0.735*** (0.0858)	0.00951** (0.00413)	0.792*** (0.0891)	0.00304 (0.00441)	0.801*** (0.0962)	0.00805** (0.00384)
L. Srgdp	0.992*** (0.292)	0.938*** (0.0218)	0.780** (0.307)	0.971*** (0.0212)	0.825** (0.363)	0.965*** (0.0205)
Disaster	0.0168** (0.00836)	-0.00207* (0.00256)	0.0161** (0.00753)	-0.002862* (0.00246)	0.0192* (0.0104)	-0.02122* (0.00234)
L. Disaster	0.0147* (0.00859)	-0.00180 (0.00226)	0.0159* (0.00789)	-0.00238 (0.00217)	0.0105* (0.0106)	-0.00207 (0.00202)
L2. Disaster	0.00744 (0.00735)	-0.00169 (0.00232)	0.00744 (0.00607)	-0.00209 (0.00231)	0.00824 (0.00916)	-0.00197 (0.00217)
y			-0.0111 (0.0312)	0.00153*** (0.00552)		
L. y					0.0510 (0.0322)	0.0183*** (0.00475)
Hansen	0.565	0.565	0.822	0.822	0.264	0.264

注：* P>0.1、** P>0.05、*** P>0.01；括号内为聚类稳健标准误。表 6-4 和表 6-5 相同。

由表 6-3 估计结果可知，自然灾害对财政支出的影响主要集中在灾害发生后的前两年，分别在 5%和 10%水平上显著为正，响应系数分别为 0.0168 和

0.0147。自然灾害对财政收入的影响主要集中在第一年，在10%水平上显著为负，响应系数为-0.00207。由此可知，从全国范围来看，自然灾害对财政支出的影响相较于财政收入较大，可能会使财政支出在3年内增加3.15%①（1.68%+1.47%），其中灾后第一年，财政支出增长1.68%，第二年增长1.47%。一次自然灾害冲击可能会使财政收入在第一年内减少0.207%。因此，自然灾害三年内造成的财政成本为3.357%，平均每年1.119%，这也与Nishizawa等估计的太平洋岛屿国家年财政成本为1%～1.5%相近。为检验该基准模型估计结果的稳健性，我们分别在表6-3第（3）～（6）列加入影响财政支出和收入的人均实际GDP增长率（y）以及滞后一期，估计系数的显著性和符号方向基本与基准回归第（1）列和第（2）列结果一致，这说明本模型估计结果具有稳健性。总体而言，我国自然灾害发生后，实行的是逆周期财政政策，即外生冲击自然灾害虽然导致当年的财政收入减少，但当年的财政支出增加；财政支出受自然灾害的影响较大，财政收入受自然灾害的影响较小。

（三）脉冲响应分析

为直观刻画自然灾害这一外生变量和内生变量财政支出和收入之间的动态作用关系，本书进行了脉冲响应分析。本书给予自然灾害一个标准差的冲击，并应用蒙特卡洛方法模拟300次，得到财政支出和财政收入受到冲击后0～10期的响应。本书仅报告自然灾害对财政支出和财政收入的动态影响，其脉冲响应和累积脉冲响应动态轨迹如图6-5所示。横轴表示以年为单位、最大滞后期为10的脉冲响应期数，纵轴表示被解释变量对一个标准差冲击的响应程度。

自然灾害对财政支出的动态影响。图6-5（a）显示，面对自然灾害的一个标准差冲击，政府支出前4期呈正响应，之后下降为负响应，然后开始逐渐向稳态收敛。图6-5（b）显示，财政支出对自然灾害冲击的累积脉冲响应为正值，在第4期达到最大值后，随着时间增加开始逐渐减小直至稳定。这说明，自然灾害对财政支出具有正向滞后影响，当期自然灾害强度的提高会导致后续几期政府财政支出增加。自然灾害对财政收入的动态影响。图6-5（c）显示，面对自然灾害的一个标准差冲击，财政收入初始为负响应，然后开始逐渐向稳态收敛。图6-5（d）显示，财政收入对自然灾害冲击的累积脉冲响应始终为负值，这表明，自然灾害对财政收入具有负向滞后影响，当期自然灾害强度的提高会促使后续几期财政收入减少。由图6-5可知，自然灾害对财政支出和财政收入的动态影响主要集中在前3期，脉冲响应以及累积脉冲响应各阶段的变动方向和表6-3的回归系数方向一致。这也与表6-3第（1）列和第（2）列

① 自然灾害对财政支出3年的总影响定义为自然灾害当期，滞后一期以及滞后两期对财政支出的影响在10%、5%和1%显著水平的系数加总之和。自然灾害对财政收入3年的总影响也同样定义。

基准回归结果相符，即自然灾害对财政支出的影响为正，对财政收入的影响为负，且对财政支出的影响较财政收入的影响大。

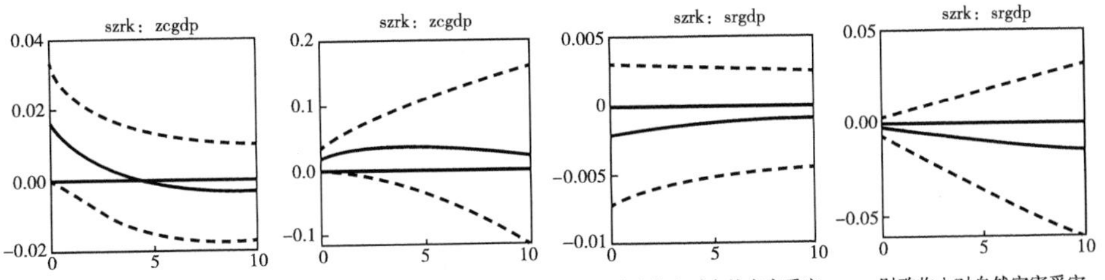

财政支出对自然灾害受灾人口脉冲响应　(a)　财政支出对自然灾害受灾人口累积脉冲响应　(b)　财政收入对自然灾害受灾人口脉冲响应　(c)　财政收入对自然灾害受灾人口累积脉冲响应　(d)

图 6-5　脉冲响应和累积脉冲响应图

（四）稳健性检验

本书从三个方面对 PVAR 模型估计结果的可靠性进行稳健性检验：一是自然灾害强度测量指标的稳健性检验；二是区分不同时间段的稳健性检验；三是考察自然灾害财政成本是否存在区域异质性。

1. 进行自然灾害强度测量指标的稳健性检验

为检验基准回归结果的稳健性，本书将应用各省份自然灾害造成的直接经济损失占相应的 GDP 比率（*Dgdp*）作为自然灾害强度衡量指标，重新估计 PVAR 模型，检验结果报告于表 6.4 第（1）～（2）列，其脉冲响应分析结果如图 6-6 所示。此外，本书也对基准回归进行静态关系研究，以财政支出和财政收入为被解释变量，以受灾人口衡量的自然灾害强度的当期以及滞后两期为解释变量，采用固定效应 FE 和混合 OLS 对模型（1）分别进行回归分析，检验结果报告于表 6-4 第（3）～（6）列。

表 6-4　稳健性检验结果

变量	PVAR1	PVAR2	FE1	FE2	OLS1	OLS2
	Zcgdp	Srgdp	Zcgdp	Srgdp	Zcgdp	Srgdp
	(1)	(2)	(3)	(4)	(5)	(6)
L. Zcgdp	0.792***	0.0161***	1.035***	0.0771***	1.043***	0.0209***
	(0.0880)	(0.00347)	(0.0155)	(0.00737)	(0.00745)	(0.00382)
L. Srgdp	0.817***	0.889***	0.799***	0.637***	0.858***	0.795***
	(0.311)	(0.0209)	(0.536)	(0.0254)	(0.398)	(0.0204)
(*Dgdp/Disaster*)	0.0268**	−0.0138	0.0158**	−0.00476	0.0148**	−0.00438
	(0.0325)	(0.0104)	(0.00731)	(0.00370)	(0.00662)	(0.00338)

续表

变量	PVAR1	PVAR2	FE1	FE2	OLS1	OLS2
	Zcgdp	Srgdp	Zcgdp	Srgdp	Zcgdp	Srgdp
	(1)	(2)	(3)	(4)	(5)	(6)
L（*Dgdp/Disaster*）	0.0186*	-0.0107	0.0127**	-0.000882	0.0117*	-0.00102
	(0.0297)	(0.00832)	(0.0119)	(0.00347)	(0.00660)	(0.00840)
L2（*Dgdp/Disaster*）	0.00629	-0.00808	0.000556	0.00843**	-0.00620	0.000636
	(0.0399)	(0.00925)	(0.00730)	(0.00337)	(0.00678)	(0.00357)
Hansen	0.195	0.195				
R^2			0.915	0.724	0.973	0.759

由表6-4估计结果可知，变更自然灾害强度的测量指标后，自然灾害发生后，财政支出同样在前两年增加，且估计系数分别在5%和10%水平上显著为正，与基准回归结果基本一致；由脉冲响应分析结果图6-6可知，脉冲响应和累积脉冲响应曲线走势与图6-5基准回归所示结果同样相差不大。这说明改变自然灾害强度的测量指标，模型主要结论不受影响，具有较强的稳健性。从变更估计方法来看，无论是固定效应FE还是混合OLS的估计结果，自然灾害对财政支出和财政收入影响的估计系数的显著性以及方向和基准回归模型大体一致，这进一步说明了本书基准回归模型估计结果具有一定的稳健性。

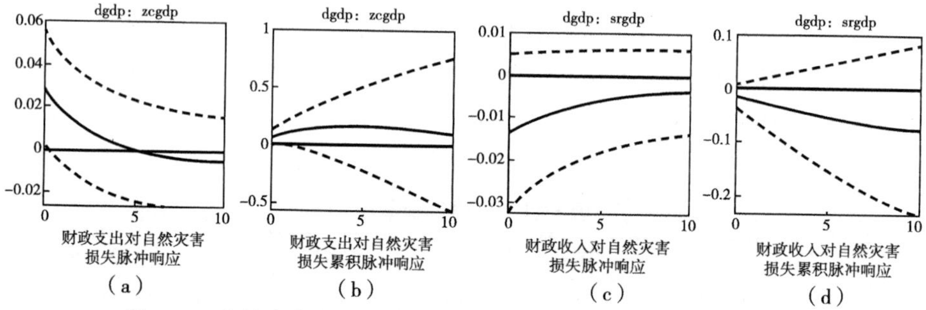

图6-6 自然灾害强度稳健性检验的脉冲响应和累积脉冲响应图

2. 区分不同时间段的稳健性检验

我国1994年的分税制改革和2007年的财政支出分类变革，使财政支出范围计算口径在变革前后不一致，可能对统计分析结果的可靠性产生一定影响。为此，本书将全样本分为1990—1993年、1994—2006年和2007—2018年三个区间段，鉴于1990—1993年区间段较短影响脉冲响应分析效果，本书主要针对后两个区间段的子样本应用PVAR模型进行估计，并主要分析脉冲响应和累积脉冲响应动态轨迹图，结果报告于图6-7。由图6-7可以看出，两个子样本的脉冲响应情况和图6-5结果十分相近，即说明模型不受变换观测时间段的影响，主要结论依然成立。

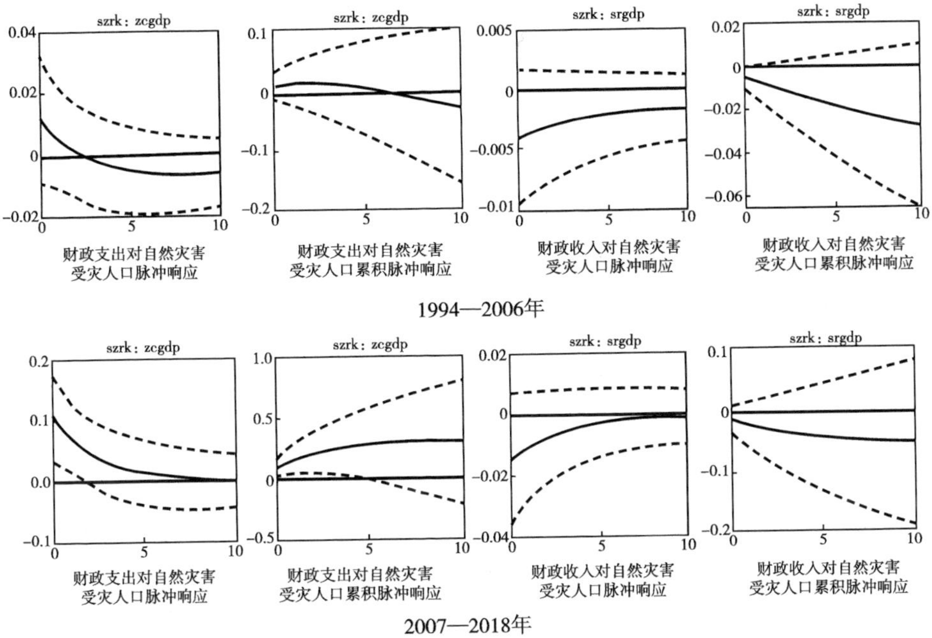

图 6-7　区分不同时间段稳健性检验的脉冲响应和累积脉冲响应图

3. 自然灾害财政成本区域异质性分析

财政救灾资金是否充足取决于具体国家的情况，即一国或地区脆弱性的程度决定了应急准备金的规模。考虑到中国经济发展、自然灾害类型以及发生频率的区域差异显著，自然灾害对财政成本的影响可能存在区域异质性，因此，本书将中国分为东北部、东部、中部和西部地区分别进行考察。

表 6-5　分经济区域财政成本回归结果

变量	东北部		东部		中部		西部	
	Zcgdp (1)	Srgdp (2)	Zcgdp (3)	Srgdp (4)	Zcgdp (5)	Srgdp (6)	Zcgdp (7)	Srgdp (8)
L. Zcgdp	-0.0170 (0.0346)	1.233*** (0.0456)	0.0154 (0.0257)	0.00604 (0.00690)	1.079*** (0.128)	0.638*** (0.158)	0.781*** (0.0916)	0.0179** (0.00885)
L. Srgdp	1.174*** (0.0797)	-0.653*** (0.128)	1.156*** (0.113)	0.820*** (0.0456)	-0.0778 (0.436)	-0.703 (0.431)	1.085*** (0.420)	0.877*** (0.0482)
Disaster	0.0266**	-0.0227 -0.0674***	-0.0114**	0.000903	-0.0261**	0.0428***	-0.00102	
L. Disaster	(0.0217) 0.0180	(0.0341) -0.0132	(0.0170) -0.0321	(0.00452) -0.00519	(0.0148) 0.0118	(0.0130) -0.0158*	(0.0163) 0.0397***	(0.00306) 0.000395

续表

变量	东北部		东部		中部		西部	
	Zcgdp (1)	Srgdp (2)	Zcgdp (3)	Srgdp (4)	Zcgdp (5)	Srgdp (6)	Zcgdp (7)	Srgdp (8)
L2. Disaster	(0.0216)	(0.0108)	(0.0243)	(0.00356)	(0.0156)	(0.0125)	(0.0148)	(0.00267)
	0.0126	-0.0485	-0.0302	-0.000696	0.0146	-0.0124	0.00147	0.00155
Hansen	(0.0181)	(0.0168)	(0.0169)	(0.00450)	(0.0119)	(0.0109)	(0.0126)	(0.00265)

由表6-5估计结果可知，自然灾害发生后，从东北部地区来看，自然灾害使财政支出在第一年内增加2.66%，且在5%水平上显著为正。自然灾害对东北地区财政收入的影响较小，都不存在显著性。因此，东北部地区3年内自然灾害财政成本为2.66%，平均每年自然灾害财政成本为0.89%。从东部地区来看，自然灾害使财政支出在第一年显著为负，第一年内使财政支出减少6.74%。自然灾害使财政收入在第一年内减少1.14%。东部地区3年内自然灾害财政成本为-7.88%，平均每年自然灾害财政成本为-2.63%。从中部地区来看，自然灾害对财政支出的影响较小，3年内虽然都为正，但不存在显著性，自然灾害对财政收入的影响在前两年分别在5%和10%水平上显著为负，累积效应为4.19%。中部地区3年内自然灾害财政成本为4.19%，平均每年自然灾害财政成本为1.4%。从西部地区来看，自然灾害对财政支出的影响主要在第一年和第二年，且在1%水平上显著为正，累积效应为8.25%。自然灾害对财政收入的影响较小，且都不存在显著性。西部地区3年内自然灾害财政成本为8.25%，平均每年自然灾害财政成本为2.75%。本书同样就财政支出和财政收入对自然灾害的脉冲响应和累积脉冲响应进行了分析。限于篇幅，本书仅报告脉冲响应分析结果。

首先，分析东北部地区财政支出和财政收入对自然灾害的脉冲响应［见图6-8（a）］。面对自然灾害一个标准差冲击，财政支出在第0期（自然灾害发生当年）产生正响应，之后缓慢下降趋向零刻度线。一个标准差的自然灾害冲击对财政收入的影响较小，财政收入的脉冲响应曲线始终为负，几乎和零刻度线相重合。其次，分析东部地区财政支出和财政收入对自然灾害的脉冲响应［见图6-8（b）］。面对自然灾害一个标准差的冲击，财政支出和财政收入均有负响应，且财政支出受到的冲击幅度大于收入的幅度。这也意味着，自然灾害发生后，财政支出减少的幅度大于财政收入减少的幅度，政府财政政策是顺周期的。再次，分析中部地区财政支出和财政收入对自然灾害的脉冲响应［见图6-8（c）］。财政支出对一标准差自然灾害冲击的脉冲响应较小，几乎和零线相重合，即自然灾害对财政支出的动态影响较小。财政收入对自然灾害冲击的脉冲响应始终为负。这表明，自然灾害对财政收入具有负向滞后影响，当期自然灾害强度的提升会促使后续几期财政收入减少。最后，分析西部地区财政支出和财政收入对自然灾害的脉冲响应［见图 6-8（d）］。财政支出对一标准差自然灾害冲击的脉冲响应始终为正。财政支出在第 0 期产生的正向响应最大，之后开始缓慢下降，逐渐向零曲线收敛。这表明，自然灾害对财政支出具有正向滞后影响，当期自然灾害强度的提升会促使后续几期财政支出的增加，这也意味着，自然灾害发生后，政府财政政策是逆周期的。与中部地区相反，西部地区财政收入对自然灾害冲击的脉冲响应较小，财政收入在第 0 期产生负向响应，在第 1 期之后上升为正响应，之后开始逐渐向稳态收敛。以上脉冲响应结果，也和各经济区域的回归结果相对应，这一方面说明自然灾害财政成本具有区域异质性，也说明回归结果具有稳健性。

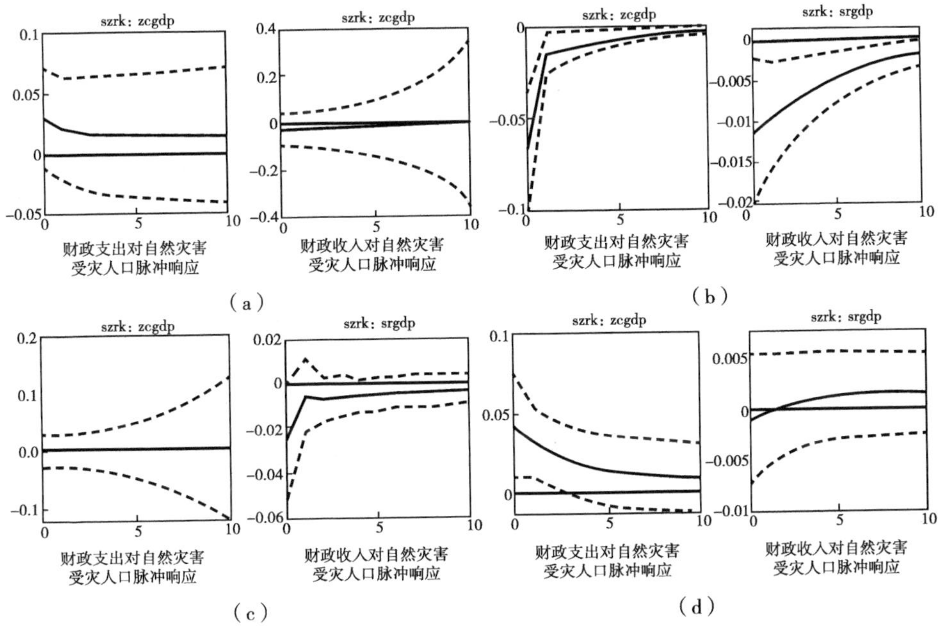

图 6-8　分经济区域稳健性检验的脉冲响应图

五、结论

本书应用 PVAR 模型，依据中国 1990—2018 年 31 个省份的面板数据，度量了自然灾害的财政成本，并结合脉冲响应图和累积脉冲响应图，重点考察了自然灾害对财政支出和收入的动态影响。综合上述分析，本书主要得出以下几点结论：第一，PVAR 模型回归结果显示，从全国范围来看，自然灾害 3 年内造成的财政成本为 3.357%，平均每年 1.119%。从脉冲响应和累积脉冲响应结果来看，自然灾害对财政支出具有正向滞后影响，对财政收入具有负向滞后影响。第二，自然灾害财政成本具有区域异质性。PVAR 模型回归结果显示，东北、东部、中部和西部地区，平均每年自然灾害财政成本分别为 0.89%、-2.63%、1.4%和 2.75%。此外，各经济区域财政支出和收入对自然灾害脉冲响应结果与 PVAR 模型回归结果相耦合。

第三节　政府救灾支出最优规模

财政救灾资金在应对自然灾害对经济增长产生的负面影响，实现经济的可持续增长方面具有重要的作用。但灾后救济和重建工作可能会使政府支出产生"挤出效应"，如挤占教育、医疗、基础设施等公共项目的优先支出，可能对人力资本积累和经济的潜在增长率产生长期影响。这意味着政府救灾支出可能存在最优规模，需要在政府救灾支出的机会成本和收益之间进行权衡。接下来，本书从经济增长的视角出发，对政府救灾支出对经济增长的门槛效应进行检验，在此基础上求解政府救灾支出最优规模。

一、变量、数据与模型设定

（一）变量选取

被解释变量：经济增长（y）。解释变量：财政救灾支出规模（GRE），用当年财政救灾支出总额占财政支出总额的比重衡量。控制变量：（1）资本存量增长率（GK）；（2）人力资本增长率（GH）；（3）全要素生产率增长率（$GTFP$）；（4）市场化水平（m）。一般认为，市场化水平也是推动经济增长的重要变量，为此，本书在本节上述三个控制变量的基础上，假如市场化水平作为控制变量。本书借鉴韦倩等（2014）采用年末城镇非国有企业就业人数占城镇就业总人数的比重来衡量。

（二）数据来源

本书数据来源于《中国民政统计年鉴》《新中国六十年统计资料汇编》和《中国劳动统计年鉴》。各变量的描述性统计结果如表 6-6 所示。

表 6-6　变量的描述性统计

变量名称	变量含义	观测值	平均值	标准差	最小值	最大值
GRE	政府救灾支出规模	899	0.0061	0.0187	0.000017	0.3847
m	市场化水平	899	0.5210	1.9522	-0.0114	0.1139

（三）计量模型的设定

1. 财政救灾支出规模对经济增长的非线性模型

本书参照 Checherita-Westphal（2012）等的做法，通过在经济增长模型中加入财政救灾支出的二次项检验财政救灾支出和经济增长的非线性关系，构建如下动态面板模型。

$$y_{it} = \alpha_0 + \alpha_1 y_{it-1} + \alpha_2 GRE_{it} + \alpha_3 GRE_{it}^2 + \alpha_4 X_{it} + u_i + \theta_t + \varepsilon_{it} \quad (6-26)$$

其中，下标 i 代表某省或市，t 代表时间；y_{it} 代表人均实际 GDP 增长率，考虑到财政救灾支出对经济增长的影响滞后效应，借鉴 Devarajan 等（1996）的处理方法，采用 t 年 y_{it} 与滞后 2 年的 y_{it-1} 和 y_{it-2} 的滑动平均值代表 t 年的 y_{it}。GRE_{it} 为财政救灾支出规模，即财政救灾支出占政府当年财政总支出之比；GRE_{it}^2 为财政救灾支出规模的平方项，用于分析财政救灾支出规模对经济增长的非线性影响；X_{it} 为模型决定的经济增长控制变量，主要包括资本存量增长率（GK）、人力资本增长率（GH）、全要素生产率增长率（$GTFP$）和市场化水平（m）。α_0、α_1、α_2、α_3、α_4 为待估参数；u_i、θ_t、ε_{it} 分别为地区固定效应、时间固定效应、误差项。由于式（6-26）右边包含了因变量的滞后一项及解释变量可能存在的内生性问题，本书采用系统 GMM 方法对其进行估计。

2. 财政救灾支出规模对经济增长的门槛效应模型

（1）动态面板门槛模型的设定

为了更好地研究财政救灾支出规模对经济增长的非线性门槛效应，同时考虑到用可能具有内生性的财政救灾支出规模作为门槛变量以及经济增长存在持续性，本书在式（6-26）的基础上引入门槛估计，构建动态面板门槛估计模型，根据 Seo 和 Kim（2019）以及 Seo 和 Shin（2016）的动态面板门槛估计方法，分析财政救灾支出规模对经济增长具有的不同效应。本书设定的动态面板门槛模型如下。

$$y_{it} = (\beta_1 y_{it-1} + \beta_2 GRE_{it} + \beta_3 X_{it}) I(q_{it} \leqslant \gamma) + (\beta'_1 y_{it-1} + \beta'_2 GRE_{it} + \beta'_3 X_{it}) I(q_{it} > \gamma) + \varepsilon_{it1} \quad (6-27)$$

其中，下标 i 代表某省或市，t 代表时间；$I(\cdot)$ 代表指示性函数；GRE_{it} 为政府救灾支出规模；q_{it} 为门槛变量，也即政府救灾支出规模 GRE_{it}；γ 是门槛值；X_{it} 表示一组控制变量，包括资本存量增长率（GK）、人力资本增长率（GH）和全要素生产率增长率（$GTFP$）；ε_{it1} 为误差项。

（2）动态面板门槛模型的估计

第一，模型的构建。

虽然 Kremer（2013）在 Caner 和 Hansen（2004）的基础上对静态面板门槛模型进行扩展，将模型应用领域扩展到动态面板门槛模型，但仍然要求门槛变量是强外生变量，在实际应用中同样受到限制。为此，Seo 和 Shin（2016）将模型扩展为可以解决门槛变量内生性问题的动态面板门槛模型。此后，Seo 和 Kim（2019）提出采用自举算法来实现线性测试，而非 Seo 和 Shin（2016）最初提出的独立同分布算法，提高了计算效率。考虑动态面板门槛模型的基本形式。

$$y_{it} = (1,\ x'_{it})\phi_1 I(q_{it} \leqslant \gamma) + (1,\ x'_{it})\phi_2 I(q_{it} > \gamma) + \varepsilon_{it},$$
$$i = 1,\ \cdots,\ n;\ t = 1,\ \cdots,\ T \tag{6-28}$$

其中，ϕ_1、ϕ_2 为斜率参数列向量，和门槛值分割的区间段有关。Seo 和 Shin（2016）将模型的误差项 ε_{it} 设定为由 $\varepsilon_{it} = \alpha_i + v_{it}$ 两部分组成，这里，α_i 为不可观测的固定效应，v_{it} 为零均值异质随机扰动项。特别地，假定 v_{it} 为鞅差分序列，即 $E(v_{it} \mid \Lambda_{t-1}) = 0$，其中，$\Lambda_{t-1}$ 为 $t-1$ 期的自然滤波。值得注意的是，此处并未假定相对于 Λ_{t-1}，x_{it} 和 q_{it} 是可测的，这表明，模型中 x_{it} 和 q_{it} 可以是内生的。将式（6-28）进行一阶差分得

$$\Delta y_{it} = \beta'\Delta x_{it} + \delta' X'_{it} 1_{it}(\gamma) + \Delta\varepsilon_{it} \tag{6-29}$$

其中，$\underset{k_1\times 1}{\beta} = (\phi_{12},\cdots,\phi_{1,k_1+1})'$，$\underset{(k_1+1)\times 1}{\delta} = \phi_2 - \phi_1$，$\underset{2\times(1+k_1)}{X_{it}} = \begin{pmatrix}(1, x'_{it})\\(1, x'_{i,t-1})\end{pmatrix}$，$\underset{2\times 1}{1_{it}(\gamma)} = \begin{pmatrix}1(q_{it} > \gamma)\\ -1(q_{it-1} > \gamma)\end{pmatrix}$。令 $\theta = (\beta',\ \delta',\ \gamma')'$，假定 θ 属于一个 Θ，$\Theta = \Phi \times \Gamma \subset i^k$，$k = 2k_1 + 2$，$\Gamma$ 为 γ 的参数空间。同时，令 $\Gamma = (\gamma_1,\ \gamma_2)'$，其中，$\gamma_1$ 和 γ_2 分别代表门槛变量的两个百分位数。由于式（6-29）中存在自变量和误差项相关性的问题，对该式直接应用 OLS 进行估计，回归估计量是有偏的。为此，需要寻找 $l\times 1$ 维工具变量 $(z'_{it_0},\ \cdots,\ z'_{iT})'$ 使对任意的 $2 < t_0 \leqslant T$，$E(z'_{it_0}\Delta\varepsilon_{it_0},\ \cdots,\ z'_{iT}\Delta\varepsilon_{iT})' = 0$，或者是对于 $t = t_0$，$\cdots$，T，$E(\Delta\varepsilon_{it} \mid z_{it}) = 0$ 成立。由于允许门槛变量 q_{it} 存在内生性，即 $E(q_{it}\Delta\varepsilon_{it}) \neq 0$，那么 q_{it} 就不属于工具变量集合 $\{z_{it}\}_{t=t_0}^{T}$。

Seo 和 Kim（2019）在 Seo 和 Shin（2016）基础上对于式（6-29）构造如下 1 维列向量的样本矩条件

$$\bar{g}_n(\theta) = \frac{1}{n}\sum_{i=1}^{n} g_{1i} - \frac{1}{n}\sum_{i=1}^{n} g_{2i}(\gamma)(\beta',\ \delta')' \frac{1}{n}\sum_{i=1}^{n} g_i(\theta)$$
$$= \bar{g}_{1n} - \bar{g}_{2n}(\gamma)(\beta',\ \delta')' \tag{6-30}$$

其中，$g_{1i} = \begin{pmatrix} z_{it_0}\Delta y_{it_0} \\ \mathrm{M} \\ z_{iT}\Delta y_{iT}\end{pmatrix}$，$g_{2i}(\gamma) = \begin{pmatrix} z_{it_0}(\Delta x'_{it_0},\ 1_{it_0}(\gamma)'X_{it_0}) \\ \mathrm{M} \\ z_{iT}(\Delta x'_{iT},\ 1_{iT}(\gamma)'X_{iT})\end{pmatrix}$。

令 $g_i = g_i(\theta_0) = (z'_{it_0}\Delta\varepsilon_{it_0},\ \cdots,\ z'_{iT}\Delta\varepsilon_{iT})'$，$\Omega = E(g_i g'_i)$，其中假定矩阵 Ω 是正定的。给定一个正定矩阵 W_n 且 $W_n \xrightarrow{P} \Omega^{-1}$，然后引入权重矩阵为 W_n 的 GMM 标准函数

$$\bar{J}_n(\theta) = \bar{g}_n(\theta)' W_n \bar{g}_n(\theta) \tag{6-31}$$

θ 的 GMM 估计量可由式（6-31）最小化得出，即 $\hat{\theta} = \underset{\theta\in\Theta}{\alpha\text{rgmin}}\bar{J}_n(\theta)$。对于

给定的 γ，由于 $\bar{J}_n(\theta)$ 在门槛值 γ 处不连续，因此，选择网格搜索法对最小值进行估计，使模型变为具有固定效应的线性面板，从而产生封闭形式的解。β 与 δ 的 GMM 估计量由下式给出

$$(\beta'(\gamma)',\ \hat{\delta}(\gamma))' = (\bar{g}_{2n}(\gamma)'W_n\bar{g}_{2n}(\gamma))^{-1}\bar{g}_{2n}(\gamma)'W_n\bar{g}_{1n} \tag{6-32}$$

其中，$W_n = \left(\frac{1}{n}\sum_{i=1}^{n}\hat{g}_i\hat{g}'_i - \frac{1}{n^2}\sum_{i=1}^{n}\hat{g}_i\sum_{i=1}^{n}\hat{g}'_i\right)^{-1}$，$\hat{g}_i = (\Delta\hat{\varepsilon}_{it_0}z'_{it_0},\ \cdots,\ \Delta\hat{\varepsilon}_{iT}z'_{iT})'$。

最后，将 $\hat{\beta}(\gamma)'$ 与 $\hat{\delta}(\gamma)$ 代入目标函数（6.28），即可得出 θ 的 GMM 估计量：$\hat{\gamma} = \underset{\gamma\in\Gamma}{\arg\min}\hat{J}_n(\gamma)$，$(\hat{\beta},\ \hat{\delta}')' = [\hat{\beta}(\hat{\gamma})',\ \hat{\delta}'(\hat{\gamma})']'$。

第二，模型的门槛效应检验。

Seo 和 Kim（2019）提出了一种自举算法来测试门槛效应的存在。门槛效应检验的原假设为 $H_0: \delta_0 = 0, \gamma\in\Gamma$；相应的备择假设为：$H_0: \delta_0 \neq 0, \gamma\in\Gamma$。由此，建立相应的统计量：$\sup W = \sup_{\gamma\in\Gamma} W_n(\gamma)$。对于给定的 γ，$W_n(\gamma) = n\hat{\delta}(\gamma)'\sum_{\delta}(\gamma)^{-1}\hat{\delta}(\gamma)$ 是标准的沃尔德（Wald）统计量，$\hat{\delta}(\gamma)$ 是 δ 的 GMM 估计量，$\sum_{\delta}(\gamma) = R[\hat{V}_s(\gamma)'\hat{V}_s(\gamma)]^{-1}R'$ 是 γ 一致渐近方差估计量，其中，$R = (0_{(k_1+1)\times k_1},\ I_{k_1+1})$，$\hat{V}_s(\gamma) = \hat{\Omega}[\hat{\theta}(\gamma)]^{-1/2}\{\hat{G}_\beta,\ \hat{g}_\delta[\hat{\theta}(\gamma)]\}$。

由于渐近分布不是关键的，自举算法对模型的门槛效应进行检验的具体步骤为：其一，从标准正态分布中独立抽取随机数 $\{\eta_i\}_{i=1}^{n}$；其二，用 $\Delta y_{it}^* = \Delta\hat{\varepsilon}_{it}\eta_i$ 代替 Δy_{it}，得到 $\hat{\delta}(\gamma)^*$，这里残差 $\Delta\varepsilon_{it} = \Delta y_{it} - \Delta x'_{it}\hat{\beta} - \hat{\delta}'X'_{it}1_{it}(\hat{\gamma})$ 来自原始样本；其三，计算自举统计量 $W_n^*(\gamma) = n\hat{\delta}(\gamma)^{*\prime}\hat{\sum}_{\delta}(\gamma)^{-1}\hat{\delta}(\gamma)^*$，得到 $\sup_{\gamma\in\Gamma} W^*$；其四，重复上述三个步骤，计算 $\sup W^* > \sup W$ 的比例。

二、实证结果与分析

（一）财政救灾支出规模对经济增长的非线性分析

为检验本书模型设定的稳健性，全面分析财政救灾支出规模对经济增长的影响，本书应用系统 GMM、混合 OLS 以及固定效应 FE 估计方法分别对模型（6-26）进行估计，估计结果总结于表 6-7 中。

表 6-7　财政救灾支出规模与经济增长非线性回归结果

变量	GMM	GMM	OLS	OLS	FE	FE
	（1）	（2）	（3）	（4）	（5）	（6）
L.y	0.503***	0.503***	0.559***	0.558***	0.470***	0.470***
	（0.0277）	（0.0277）	（0.0138）	（0.0127）	（0.0291）	（0.0291）

续表

变量	GMM	GMM	OLS	OLS	FE	FE
	(1)	(2)	(3)	(4)	(5)	(6)
GRE	0.276 (0.186)	0.798 (0.948)	0.0837 (0.108)	−0.0176 (0.223)	0.104 (0.124)	0.106 (0.307)
GRE^2		−1.629 * (2.817)		−1.387 * (0.743)		−1.1592 * (0.922)
GK	0.109 *** (0.0332)	0.115 *** (0.0375)	0.355 *** (0.0442)	0.362 *** (0.0449)	0.278 *** (0.0407)	0.277 *** (0.0409)
GH	0.539 *** (0.0914)	0.527 *** (0.0826)	0.361 *** (0.0788)	0.361 *** (0.0788)	0.404 *** (0.0838)	0.404 *** (0.0839)
GTFP	0.180 *** (0.00923)	0.182 *** (0.0105)	0.181 *** (0.0138)	0.180 *** (0.0138)	0.183 *** (0.0139)	0.183 *** (0.0139)
m	0.00182 (0.00144)	0.00128 (0.00100)	0.001862 (0.00104)	0.001974 (0.00106)	0.00514 (0.00176)	0.00514 (0.00177)
常数项	0.0474 *** (0.00819)	0.0416 *** (0.0100)	0.0670 *** (0.00754)	0.0683 *** (0.00792)	0.0892 *** (0.0102)	0.0892 *** (0.0106)
AR（1）	0.0000	0.0000				
AR（2）	0.2781	0.2501				
Sargan	0.6821	0.693				
观察值	806	806	806	806	806	806
R^2			0.875	0.886	0.812	0.814

注：*P>0.1、**P>0.05、***P>0.01；AR（1）、AR（2）和 Sargan 检验报告的是 P 值。与表 6-8 相同。

在表 6-7 中，第（1）列和第（2）列是系统 GMM 的估计结果；第（3）列和第（4）列是混合 OLS 的估计结果；第（5）列和第（6）列是固定效应 FE 的估计结果。根据 AR（1）、AR（2）和 Sargan 检验的结果可知，在 1%显著性水平上，扰动项一阶序列相关，但二阶序列不相关，且所使用的工具变量是有效的，这表明模型估计结果是可靠的。在第（1）列、第（3）列和第（5）列中，我们重点考察财政救灾支出规模一次项对经济增长的影响，结果表明，财政救灾支出规模一次项对经济增长的影响较小，都不存在显著性。当在第（2）列、第（4）列和第（6）列中加入财政救灾支出规模的平方项后，财政救灾支出规模对经济增长的影响在 10%水平上都显著为正，说明财政救灾支出规模对经济增长的影响是非线性的，为倒“U”形。此外，GMM 估计的人均实际 GDP 增长率一阶滞后项系数介于混合 OLS 和固定效应 FE 估计结果之间，且各变量的回归系数显著性及符号也差别不大，这也表明本书的估计结果具有一定的稳健性。资本存量增长率、人力资本增长率和全要素生产率增长率作为经济增长的决定性因素，都对经济增长产生显著的促进作用，和一般的经济增长理论相符，但市场化水平对经济增长的影响虽然为正，但不存在显著性，对经济增长的影响较小。

财政救灾支出规模可能存在区域异质性，为此，我们将中国划分为东北部、东部、中部和西部四大经济区域分别考察各经济区域财政救灾支出规模对经济增长的影响，表6-8结果表明，东北、中部和西部地区财政救灾支出规模和经济增长存在倒“U”形非线性关系；东部地区财政救灾支出规模和经济增长的非线性关系不明显，但财政救灾支出规模一次项系数显著为正，这说明财政救灾支出规模增加有利于促进该地区经济增长。

表6-8　财政救灾支出规模与经济增长非线性回归结果

变量	东北		东部		中部		西部	
	y (1)	y (2)	y (3)	y (4)	y (5)	y (6)	y (7)	y (8)
L. y	0.365*** (0.0699)	0.337*** (0.0723)	0.570*** (0.0439)	0.570*** (0.0440)	0.403*** (0.0534)	0.386*** (0.0520)	0.514*** (0.0376)	0.513*** (0.0377)
GRE	3.211 (3.139)	15.87* (8.564)	6.754*** (2.563)	7.717 (4.757)	0.371 (0.754)	6.133*** (1.999)	0.295** (0.118)	0.578* (0.337)
GRE^2		-0.634** (0.713)		-0.1291 (0.402)		-0.72*** (0.805)		-0.881*** (0.966)
GK	0.266** (0.110)	0.324*** (0.116)	0.121*** (0.0830)	0.126*** (0.0828)	0.164*** (0.0978)	0.145*** (0.0982)	0.218*** (0.0526)	0.227*** (0.0537)
GH	0.901*** (0.220)	0.732*** (0.245)	0.640*** (0.123)	0.640*** (0.123)	0.819*** (0.241)	0.750*** (0.234)	0.0695 (0.135)	0.0670 (0.135)
GTFP	0.271*** (0.0346)	0.269*** (0.0347)	0.123*** (0.0180)	0.123*** (0.0181)	0.291*** (0.0315)	0.287*** (0.0304)	0.219*** (0.0185)	0.221*** (0.0185)
m	-0.00469 (0.00647)	-0.00221 (0.00667)	-0.000963 (0.00257)	-0.000820 (0.00271)	0.000128 (0.00385)	0.00600 (0.00418)	-0.00285 (0.00293)	-0.00242 (0.00296)
常数项	0.0543 (0.0396)	0.0218 (0.0447)	0.0529** (0.0228)	0.0517** (0.0248)	0.0639*** (0.0230)	0.00603 (0.0291)	0.0528*** (0.0129)	0.0481*** (0.0140)
观察值	78	78	260	260	156	156	312	312

（二）财政救灾支出规模对经济增长的门槛效应分析

上述系统GMM的实证结果表明，财政救灾支出规模和经济增长之间具有显著的非线性关系，接下来，本书将对财政救灾支出规模对经济增长的非线性关系进一步检验，并求解门槛值。考虑到结果的稳健性，本书不仅根据Seo和Kim（2019）以及Seo和Shin（2016）提出的可以解决门槛变量内生性问题的动态面板门槛模型对式（6-27）进行估计，还根据Kremer等（2013）处理动态面板门槛以及 Caner 和 Hansen（2004）处理静态面板门槛的方法对式（6-27）进行估计，进一步分析政府救灾支出规模对经济增长的“门槛特征”。本书以 Seo 和 Kim（2019）以及 Seo 和 Shin（2016）的估计结果为主进行分析阐述，以后面两篇文献作为稳健性检验的结果进行对照。估计门槛模型之前，必须先根据 Seo 和 Kim（2019）以及 Hu 和 Schiantarelli（1998）对模型进行非线性检验，以确定模型是否存在门槛效应，结果报告于表 6-9 中。由表 6-9 估计结果可以看出，动态面板门槛和静态面板门槛的非线性检验 P 值均小于 0.01，表明救灾支出规模和经济增长之间存在非线性关系；由于各种估计方法的单一门槛的 P 值均小于 0.1，而双门槛的 P 值都大于 0.1。因此，本书在 10% 的显著性水平上接受单一面板门槛模型。

表 6-9　门槛模型估计结果

变量	Seo1	Seo2	Kre1	Kre2	Can1	Can2
	(1)	(2)	(3)	(4)	(5)	(6)
L.y	0.539***	0.246***	0.527***	0.230***	0.542***	0.150**
	(0.0293)	(0.0581)	(0.0294)	(0.0572)	(0.0280)	(0.0653)
GRE	25.21***	−0.273	22.68***	−0.254	19.85***	−0.299
	(7.549)	(0.715)	(7.404)	(0.674)	(7.064)	(0.676)
门槛值	0.00095	0.00095	0.001	0.001	0.0011	0.0011
	<0.00095	>0.00095	<0.001	>0.001	<0.0011	>0.0011
GK	0.138**	0.307***	0.159***	0.274***	0.130**	0.243***
	(0.0536)	(0.0846)	(0.0536)	(0.0862)	(0.0516)	(0.0908)
GH	0.677***	−0.201	0.610***	−0.102	0.576***	−0.0261
	(0.0977)	(0.163)	(0.0992)	(0.167)	(0.0973)	(0.194)
GTFP	−6.83e−05	0.00396	−4.83e−05	0.00513	−0.000663	0.00548
	(0.00217)	(0.00407)	(0.00217)	(0.00400)	(0.00209)	(0.00400)
m	0.164***	0.270***	0.168***	0.254***	0.170***	0.231***
	(0.0121)	(0.0282)	(0.0122)	(0.0285)	(0.0122)	(0.0288)
常数项	0.0265*	0.0655***	0.0282**	0.0632***	0.0345***	0.0746***
	(0.0138)	(0.0158)	(0.0137)	(0.0154)	(0.0131)	(0.0166)
非线性检验 P 值	0.000	0.000	0.000	0.000	0.000	0.000
单门槛 P 值	0.019	0.019	0.0633	0.0633	0.0835	0.0835
双门槛 P 值	0.1967	0.1967	0.1533	0.1533	0.2833	0.2833

注：* P>0.1、** P>0.05、*** P>0.01；括号内为聚类稳健标准误；P 值为 Bootstrap 后得到的。与表 6-10 相同。

在表 6-9 中，第（1）列和第（2）列为 Seo 和 Kim（2019）、Seo 和 Shin（2016）动态面板门槛模型估计结果；第（3）列和第（4）列为 Kremer 等（2013）动态面板门槛模型估计结果；第（5）列和第（6）列为 Caner 和 Hansen（2004）静态面板门槛模型估计结果，对应的门槛值分别为 0.095%、0.1% 和 0.11%，三者较为接近，这在一定程度上说明估计结果的稳健性。由于本书主要以 Seo 和 Kim（2019）以及 Seo 和 Shin（2016）动态面板门槛估计结果为准，因此，政府救灾支出规模的门槛值为 0.095%。此外，我们还分经济区域考察了政府救灾支出门槛效应的区域异质性。回归结果报告于表 6-10 中。

表 6-10　分经济区域救灾支出门槛回归结果

区域	门槛类型	门槛检验（P 值）	非线性检验（P 值）	BS 值	门槛值	Lower	Upper
东北部	单门槛	0.0800*	0.000	300	0.000903	0.000853	0.00101
	双门槛	0.3633		300	0.0012	0.0012	0.0012
东部	单门槛	0.8933	0.3261	300	0.000825	0.0008	0.000875
	双门槛	0.2933		300	0.001	0.000923	0.001
中部	单门槛	0.0167*	0.000	300	0.00108	0.0009	0.0011
	双门槛	0.2400		300	0.00126	0.00126	0.00127
西部	单门槛	0.0400**	0.000	300	0.00196	0.00183	0.00201
	双门槛	0.7833		300	0.00207	0.00207	0.00208

由表 6-10 可知，除东部地区外，各经济区域单一门槛的 P 值均小于 0.1，而双门槛的 P 值都大于 0.1。因此，各经济区域除东部地区外，东北部、中部和西部地区均具有单一门槛值，政府救灾支出最优规模分别为 0.0903%、0.108% 和 0.196%。

第四节　巨灾保险责任分担额度度量

一、巨灾保险责任分担额度界定

由第六章第一节动态一般均衡模型可知，从经济增长的视角出发，政府救灾支出规模对经济增长具有不同的效应，存在最优规模。当政府救灾支出规模低于最优支出门槛值时，对经济增长有促进作用；当政府救灾支出高于最优门槛值时，对经济增长有抑制作用。此外，由动态一般均衡模型可知，保险资金可替代政府救灾资金支出，缓解政府灾后救灾支出压力。

本书将巨灾保险责任分担额度界定为自然灾害财政成本和政府最优救灾支

出的差额，以期度量巨灾保险放大财政救灾资金的规模，即巨灾保险作为财政救灾资金融资工具，履行政府救灾支出职责可以承担的融资规模，为确定巨灾保险的灾害风险管理责任提供参考。为此，可参照图 6-4，通过保险机制放大预备费、自然灾害救灾及恢复重建支出以及相关部门应急灾害细分职能预算资金，提高财政资金使用效率。此时，当仅考虑保险作为灾前财政成本唯一的救灾资金融资工具时，从经济增长的视角来看，自然灾害财政成本和政府最优救灾支出规模的差额可以作为保险放大财政救灾资金的最大额度，同时可作为保险人或保险人组成的共保体开办财政巨灾指数保险的承保限额。

二、巨灾保险分担额度

PVAR 模型回归结果显示，从全国范围来看，自然灾害平均每年财政成本为 1.119%，东北、东部、中部和西部地区，平均每年自然灾害财政成本分别为 0.89%、-2.63%、1.4%和 2.75%。动态面板门槛模型估计结果表明，从经济增长的视角出发，政府救灾支出存在最优规模，全国层面的单一门槛值为 0.095%，各经济区域除东部地区外，东北、中部和西部地区均具有单一门槛值，政府救灾支出最优规模分别为 0.0903%、0.108%和 0.196%。

由上述分析可知，当仅考虑保险作为灾前财政成本唯一的救灾资金融资工具时，保险放大财政资金的最大额度占 GDP 的比重为 1.024%。此时，东北、中部和西部地区，保险放大财政救灾资金的最大金额占 GDP 的比重分别为 0.7997%、1.292%和 2.554%。因此，从经济增长的视角出发，自然灾害对财政成本的影响远大于政府救灾支出最优规模。政府如何放大财政救灾资金，提高财政救灾效率是目前应该解决的重要问题。

第五节　本章小结

本部分首先应用动态一般均衡模型，从理论层面分析了政府救灾支出存在最优规模和保险资金可以替代政府救灾资金，履行灾害救助职能。然后，本书依据中国 1990—2018 年 31 个省份省际面板数据建立 PVAR 模型，并结合脉冲响应图，重点考察自然灾害对财政支出和收入的动态影响，在此基础上度量自然灾害的财政成本。综合上述分析，本书主要得出以下几点结论：第一，PVAR 模型回归结果显示，从全国范围来看，平均每年为 1.119%；分区域来看，东北、东部、中部和西部地区，平均每年自然灾害财政成本分别为 0.89%、-2.63%、1.4%和 2.75%。第二，从经济增长的视角出发，政府救灾支出存在最优规模，全国层面的单一门槛值为 0.095%，各经济区域除东部地区外，东北、中部和西部地区均具有单一门槛值，政府救灾支出最优规模分别为

0.0903%、0.108%和0.196%。由此可知，自然灾害财政成本远大于政府救灾支出最优规模。第三，当仅考虑保险作为灾前财政成本唯一的救灾资金融资工具时，保险放大财政资金的最大额度占 GDP 的比重为 1.024%，东北、中部和西部地区，保险放大的最大金额占 GDP 的比重分别为 0.7997%、1.292%和2.554%。

第七章　我国巨灾保险制度设计与实施

本章将在第四章分析的自然灾害对经济增长的影响以及相应的影响路径，政府救灾支出在自然灾害宏观经济影响的调节作用；第五章构建的 Mixed Erlang-Pareto 组合分布对巨灾风险的度量和纯保费的估计，以及以地震灾害为例，验证了财政巨灾指数保险可以平滑财政救灾支出的波动风险；第六章自然灾害财政成本的估计，政府最优救灾支出规模以及巨灾保险在应急管理中最大分担额度等基础上，基于中国特殊的“举国”灾害救助体制，设计具有中国特色的巨灾保险制度。值得我们注意的是，鉴于“举国体制”中，政府财政支出占有最大比重，较易导致政府履行灾后救助和重建所面临的财政风险。为此，本章在巨灾保险制度设计中引入了政府财政巨灾指数保险，以期缓解财政支出压力，平滑财政波动性风险。最终，构建了融入保险机制的灾害风险管理架构，最大限度发挥巨灾保险这一市场化风险管理和损失补偿机制。

第一节　我国巨灾保险制度设计的理念和要素

中国幅员辽阔、地貌复杂，跨越多个气象带，各经济区域的自然灾害特征、经济发展水平以及文化习俗等存在较大差异。因此，中国巨灾保险制度的建立，在充分考虑地震、洪水、台风、干旱等灾害的规律和特征时，也要充分考虑不同地区面临的灾害类型，分区域、分险种以及分保障对象，逐步建立中国特色的巨灾保险制度体系。从应对巨灾风险角度设计保险，既不同于完全的商业保险，又不同于政府的制度安排，对于国家治理体系和治理制度中的巨灾保险制度安排，需要基于政府引导作用，充分发挥市场经济体制下的资源配置作用和全社会参与的力量。

一、我国巨灾保险制度设计的理念

（一）政府引导、市场运作，相互协调

中国巨灾保险制度应坚持政府和市场协同运作的模式，这既是巨灾保险的准公共产品属性决定的，也是立足于我国财政收支和保险公司发展现状的必然选择。政府引导，并非政府主办，主要是指政府在巨灾保险制度的建设和运行中，通过出台相关法律法规、提供保费补贴以及承担“兜底责任”等方式，不

断推进巨灾保险制度建设，确保巨灾保险制度持续有效运行。保险公司可以通过风险共担、分层负担的巨灾保险制度设计，将多方灾害风险管理主体联系起来，构建完善的多元化、多层次的灾害风险管理体系。此外，由于巨灾保险制度实施中涉及的利益主体和相关部门较多，统筹协调各方利益关系可能存在一定困难，这些工作可以通过政府立法、税收、财政、行政干预等措施进行综合协调，进而推动巨灾保险制度的建设。

（二）因地制宜，试点先行

我国各地自然灾害风险、文化和社会经济发展水平差异较大，开展巨灾保险应考虑各地区的实际情况。如果简单地采用全国统一的巨灾保险制度模式，势必导致一些省份的参保积极性不高，甚至出现逆选择。但如果仅仅以省为单位，又可能出现投保率不足，风险难以有效分散等问题。因此，在巨灾保险制度建设的初期，采用以区域为单位，并结合不同区域巨灾风险暴露情况以及区域的经济发展情况，分区域、分灾种开展巨灾保险制度的试点工作。通过这些试点，积累经验，待条件成熟时，可以建立全国统一的巨灾保险制度体系，各省也可以根据自身的发展情况和自然灾害的特点试点特色巨灾保险产品。

（三）建立国家和区域巨灾保险基金

中国应建立国家巨灾保险基金，下设区域巨灾保险基金，通过这个平台，一是对接中央财政的资源，并通过各种风险处理技术和金融工具、适度放大基金的保障能力；二是在全国范围内统筹巨灾保险基金，通过再保险等方式，能够较好地平滑区域巨灾保险基金经营的波动性，为区域巨灾保险制度提供保障；三是通过调整不同区域巨灾保险基金的政策和条件，体现对欠发达区域巨灾保险基金的支持，实现转移支付功能。此外，通过区域巨灾保险基金平台，可以保障区域保险经办机构的支付能力。但从我国国情和行政管理的实际看，统筹巨灾保险基金需要一个因势利导、循序渐进的过程，应当有一个度。

巨灾保险基金的统筹模式主要有三种：第一，以多层次分散为主线，以市场运作为基础，以政府支持为支撑，形成多级风险分担机制下的省级巨灾保险基金模式。第二，以多层次分散为主线，以市场运作为基础，以政府支持为支撑，形成多级风险分担机制下的中央巨灾保险基金模式。第三，以多层次分散为主线，以市场运作为基础，以政府支持为支撑，形成多级风险分担机制下的省级与中央相结合的巨灾保险基金模式。这三种模式架构既注重发挥投保人防灾减损职责，又注重发挥保险、再保险等市场机制的巨灾风险分散作用，也注重中央、地方财政对巨灾风险的分担赔付以及中央政府作为最后再保险人的职责承担，从而最大限度地发挥各个相关层级主体分散巨灾风险的积极性与有效性。

（四）保基本、广覆盖，适度强制

“保基本”要求巨灾保险制度优先保障与国际民生相关的对象，如农业生产、农民住宅和城市居民住宅等，而企事业单位的财产则可以通过商业保险解决。“广覆盖”要求巨灾保险的开展需要一定的覆盖面，否则风险不能进行有效分散。“适度强制”要求巨灾保险制度建设，特别是制度建设初期，对于风险较高地区需要适度的强制手段。如果采用自愿投保的方式，在人民群众风险和投保意识不足的情形下，可能会降低巨灾保险的覆盖率，不能实现巨灾保险基金的有效积累，一旦发生巨灾，则大多数人得不到巨灾保险的补偿，制度就不能很好地体现巨灾保险的社会效益。因此，巨灾保险制度的适度强制，可以提高巨灾保险的参保率和覆盖率，进而获得充足的损失理赔数据，进一步提高保险公司的经营效益，巨灾保险基金的进一步积累，形成良性、有序循环发展。

（五）求同存异，丰富巨灾保险产品种类

巨灾保险的特点决定了制度建设尽可能统一，这样有利于提高巨灾保险的覆盖率，实现巨灾保险基金在更大范围内统筹。但如果各经济区域经济发展水平、自然灾害特点以及地理环境等存在较大差异，实行全国统一的巨灾保险制度可能存在较大的局限性，这就需要各经济区域根据本地区自然灾害情况，进一步开发细分保险产品，并且各险种的制度设计也要与各区域的自然灾害风险特点相协调。从各国巨灾保险制度的实践来看，巨灾保险制度的设计在综合考虑本国或地区环境、制度、经济和社会的基础上，设计符合国家和地区实际情况的巨灾保险制度。根据巨灾风险影响的范围和强度，有的险种宜在全国范围内进行推广，有的险种则在特定地区开展可能更加的科学，如美国洪水保险计划针对全国范围，但地震保险主要覆盖加利福尼亚州。

二、我国巨灾保险制度设计的主要要素

从国内外的巨灾保险制度的相关文献研究以及建立和运行实践情况来看，巨灾保险制度设计主要包括模式的选择、基金归集与管理、风险分散机制、责任触发条件与限额、损失评估与定价、保险标的和保障范围以及制度的执行需要的相关法律法规等要素。

（一）风险责任主体

巨灾保险制度的风险责任主要包括社会财务风险、政府财政风险和专业累积风险，对应三个基本保险体系：第一，社会财务风险的保险体系以居民个人和商业主体为风险责任主体，是建立巨灾保险制度的基础，主要以个体利益责任风险为承保对象，如物质财产损失、人身伤亡、营业中断等，巨灾保险模式可以是各类商业保险和政策性保险。第二，政府财政风险保险体系的风险责任

主体是各级政府，保障的是政府因履行公共责任而产生的财政支出，主要是弥补其财政支出不足，财政巨灾指数保险可以作为其保障制度的主要结构。第三，专业累积风险保险体系，风险主体为保险公司、再保险公司和资本市场，主要是巨灾保险制度的实施机构，因承保社会财务和政府财政风险而产生的累积风险责任，在自身不断经营、分散巨灾风险的能力时，同时需要政府提供立法保障、税收优惠等政策支持，标志着一个地区保险业的发展水平。

（二）模式选择

在政府主导模式下，政府需要承担无限赔付责任，充当“最后保险人”的角色，政府财政支出压力较大。在中国经济转轨、国际贸易形势复杂以及新冠疫情反复无常的情况下，财政收入呈现出收紧的趋势，对巨灾风险损失进行补偿的能力可能十分有限。因此，政府主导的巨灾保险模式不适用于中国。在市场主导模式下，市场承担全部巨灾风险，政府参与风险分散过程，在保险市场尚不发达的中国，居民风险和保险意识不高，完全靠自愿购买巨灾保险产品可能导致投保率偏低，风险基金积累效率低。此外，巨灾保险的供给也可能存在巨灾损失数据积累不足，定价机制缺乏科学性以及服务经验不足等问题。因此，中国也不宜采取市场主导的巨灾保险模式，政府和市场相互结合的巨灾保险模式是中国的最优选择，能够充分发挥政府和市场的各自优势，协同运作，共同分担巨灾风险损失责任。

（三）巨灾保险基金归集与管理

基金归集主要指巨灾保险基金的筹资渠道和规模问题。从一些国家或地区的试点经验来看，巨灾保险基金成立初期的财政注资是主要来源渠道。此外，还包括保险人保费收入一定比例的转入，社会公众和慈善机构的捐赠以及巨灾保险基金的投资收益等。从巨灾保险的性质来看，一定规模的巨灾保险基金可以发挥再保险的职能，承担超过一定赔款额度的赔付责任，保障保险产品的持续供给和保险公司的稳健经营。但如果由各级政府财政全额拨付，可能会给经济发展水平较低区域的政府带来财政压力，也可能挤占其他领域的财政专项拨款。因此，在巨灾保险制度开展初期，针对风险较高区域，在“保基本、广覆盖”的基础上，可以采用强制手段投保，并计提保费收入的一定比例，这样基金归集的成本相对较低，而且有利于巨灾保险基金的快速积累。

（四）风险分散机制

巨灾风险造成的损失巨大，难以通过单一力量实现巨灾风险的有效分散。多数巨灾保险制度试点国家或地区采取分层分散巨灾风险的手段。就中国而言，同样应遵循风险分层、多元主体共同分担的基本原则，建立包括投保人、保险人、再保险人、巨灾保险基金以及政府作为最后承担者的多层次、多元化的巨灾风险分担体系，实现巨灾风险的最大限度分散。此外，当多层次的巨灾风险分散体系仍不能解决偿付能力问题时，可以采用“回调机制”①，这样的“敞口”制度安排，偿付能力这个关键问题可以在一定程度上得到解决，同时，也为巨灾风险评估等技术难题提供了便利，为不断推进、加快和完善中国巨灾保险制度的试点和建设工作奠定了必要的基础。

（五）责任触发条件与赔偿限额

巨灾保险责任的确定需要解决责任触发条件和赔偿限额两个问题。触发条件是指使巨灾保险合同预先设定的触发值，主要用来确定保险公司需要承担的赔付责任，农业保险可以将综合损失率或赔付率设定为触发条件，巨灾指数保险可以将灾害等级设定为触发条件。赔偿限额是指巨灾保险制度各层级承担的最高赔付额，通过设定赔偿限额，可以确保巨灾保险的偿付能力。赔偿限额的确定需要考虑以下几个方面内容：一是在考虑再保险、巨灾风险证券化等因素情形下，科学估量巨灾保险总的承保能力。二是根据区域风险程度、保险需求和供给情况以及经济发展水平等，可以将总的承保能力在各个区域进行合理分配和调剂。三是随着保险公司不断积累经验，承保能力的不断提高，可在自身承保能力范围内逐步提高赔偿限额，以及各区域之间重新配置额度。

（六）损失评估与定价

巨灾风险和一般风险存在较大差异，具有发生率低、损失率大的特点，呈现显著的“尖峰厚尾”特性，这给巨灾风险评估带来一定困难。在弥补巨灾风险评估带来的定价误差方面的不足时，一是可以通过财政支持解决，如发行特别债券、承担“兜底”责任等。二是可以利用再保险和资本市场，拓宽巨灾风险分散渠道。三是可以采用“回调机制”。在定价中，应坚持简单化、设防导向、费率公平、准公共产品属性等原则，其中，简单化原则要求费率结构简单，容易理解和接受；设防导向原则要求承保标的物符合一定的设防标准，同时可以采用费率折扣的举措对投保人进行激励，如设防标准高、风险低的地区采用较高的费率折扣率；费率公平原则要求费率高低和风险大小相对应的条件下，尽量实行相对统一的定价。巨灾保险产品的准公共产品属性要求费率的制定遵循保本微利的原则，具有一定的普惠性。

（七）保险标的和保障范围

基础民生是政府行使社会管理职能首要保障的领域，因此，巨灾保险制度设计应当把与国计民生相关的对象作为重点承保对象。“国计”应当将农业生

① 当发生特别巨大的巨灾损失，这个损失超过了国家巨灾保险制度设计承受的程度时，在必要的前提条件和法定程序下，允许巨灾保险制度启动“回调机制”，按照偿付能力与总损失的比例进行赔偿。

产作为重点，我国农业生产环境相对恶劣，抵御灾害风险的能力相对弱，应当是我国巨灾保险制度关注的重点。“民生”应当将居民的住宅作为另一重点，特别是住宅地震保险，各国实践中也均是将居民住宅作为巨灾保险保障的重点。我国的居民住宅可以分为城市居民住宅和农村农民住房，而由于农村住宅的风险承受能力相对较弱，应当是我国巨灾保险制度关注的另一个重点。

第二节　我国巨灾保险制度的具体设计

本书针对中国巨灾保险制度的设计，在承保灾因的选择上，主要针对表4-9、表4-10和表4-11中对经济增长和各经济部门产生显著影响的自然灾害，主要设置单项巨灾保险产品（如干旱、洪水、台风和地震）或综合巨灾保险产品（包含多灾因）。在保险标的选择上，针对表4-15至表4-17中自然灾害对经济增长的相应路径，并结合“国计民生”的基本理念，主要选取农业、农村和城市住宅，以及人身伤亡为基本保障对象。在财政巨灾指数保险设计上以政府救灾支出和自然灾害交互项的显著为正，且自然灾害对经济增长显著为正，即救灾支出的增加可以调节自然灾害对经济增长的影响，作为开展政府财政巨灾指数保险的依据（见表4-20）。在保险费率和保险限额的确定上，主要以Mixed Erlang-Pareto组合分布对巨灾风险的度量和保费估计为基础，并以地震、洪水灾害为例进行分析（见表5-4至表5-11）。在巨灾保险制度设计中，基金规模、财政支出规模以及保险在灾害管理中最大分担责任，分别以自然灾害财政成本、政府最优救灾支出以及两者的差额分别进行度量（见表6-3至表6-10）。

为和上文实证分析顺序相呼应，本书首先就全国层面的巨灾保险制度设计进行介绍，其次分区域介绍巨灾保险制度设计。但在具体的实践中，结合我国国情，巨灾保险制度建设初期应以区域为单位逐步开展，因地制宜，求同存异。待条件成熟时，再建立全国统一的巨灾保险体系。考虑到灾害保障需求的综合性、保险服务的便利性以及保险经营的稳定性，逐步会将地震、洪水、干旱、台风等各种巨灾风险责任集中于一张保单，使保险服务的界面尽量简化，提高巨灾保险的参保率，扩大巨灾保险基金积累规模。巨灾保险制度险种设计的全国和区域框架如图7-1所示。

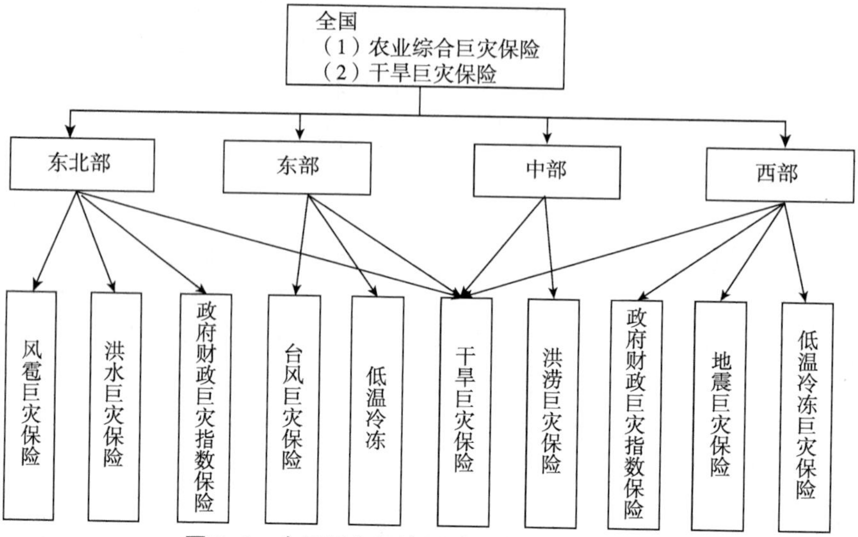

图 7-1　全国及各经济区域巨灾保险险种设计

一、全国层面的巨灾保险制度设计

由第四章表 4-9 可知，自然灾害总体对农业增长率有显著的负向作用，干旱对农业增长率有显著的负向作用。因此，可以在全国范围内开展包括干旱、洪水、台风、地震、风雹、低温冷冻等多灾因的农业综合巨灾保险和单项干旱巨灾保险。

（一）农业综合巨灾保险

1. 农业综合巨灾保险的风险分散机制

针对全国层面的农业综合巨灾保险风险分散机制，本书采取中央级巨灾保险基金参与的“五级风险分担”模式，并采用多灾因条件下农业保险经办机构的赔付率作为各层级损失分担界限的触发条件。各主体风险分担安排如下：

（1）投保人。投保人是农业综合巨灾保险的保障对象，是第一层级风险承担者，农业综合巨灾保险合同中免赔额或免赔率的设定，可以达到避免投保人的逆向选择和道德风险的目的。

（2）农业综合巨灾保险经办机构。作为经营风险的管理机构，农业综合巨灾保险经办机构一般是商业保险公司或共保体，是风险分担机制的第二层级风险承担者，可以采用多灾因条件下农业综合巨灾保险经办机构的赔付率和损失率界定其最高赔付限额，如综合赔付率在 150%以下的风险可由农业综合巨灾保险经办机构承担。

（3）国内与国际再保险市场。作为第三层级农业综合巨灾保险风险分担机制的承担者，国内与国际再保险市场转移其承担的农业巨灾风险主要通过比例再保险或超额再保险等方式，一般以综合赔付率界定其最高赔付限额，如赔付率在150%~300%的风险可由再保险市场进行承担。

（4）中央农业巨灾保险基金。作为第四层级农业综合巨灾保险风险的承担者。中央农业巨灾保险基金主要承担赔付率或赔款支出超过再保险限额之上的部分，如年度赔付率在300%以上的部分由中央农业巨灾保险基金承担。

（5）中央政府。中央政府作为农业巨灾风险分担机制的最后风险保障，即第五层级风险承担者，确保农业综合巨灾保险的可持续运营。当中央政府资金紧缺时，可以进行紧急融资、贷款或者发行特别国债等。

此外，当仅考虑保险作为灾前唯一的救灾资金融资工具时，将自然灾害财政成本和政府最优救灾支出的差额作为保险放大财政资金的最大额度，此时通过保险这一融资工具融资的规模占GDP的比重为1.024%，即巨灾保险在风险分散机制中的最大责任分担额度为1.024%。

2. 农业综合巨灾保险基金的归集

（1）农业综合巨灾保险基金的筹集规模

由第六章表6-3估计结果可知，自然灾害对财政收支的主要影响是，在10%的显著性水平上，平均而言，从全国范围来看，自然灾害平均每年财政成本为1.119%。本书以自然灾害造成的财政成本作为衡量巨灾保险基金筹集规模的指标。由此可知，农业综合巨灾保险基金的筹集规模可粗略估计为1.119%。

（2）农业综合巨灾保险基金的融资渠道

针对全国层面的农业综合巨灾保险基金的筹资模式，为便于基金的迅速筹集，本书主要通过以下渠道进行融资：

第一，财政支出。作为巨灾保险基金启动资金的财政支出，是农业巨灾保险基金的重要来源渠道之一。各地区的巨灾保险基金规模可以依据自身财政收支情况、灾害风险特点等确定，中央和地方财政可以直接拨付一定比例的预算，为巨灾保险基金提供一定规模的资金支持。对于高风险和低收入地区，在财政拨款成立巨灾保险基金外，还需予以保费补贴以及将每年的财政救助资金的年度余额结转到巨灾保险基金等。本书以财政救灾支出的最优规模作为财政支出的衡量标准。由表6-3可知，在全国层面，政府救灾支出最优规模为当年GDP的0.095%，因此，财政支出的规模可以控制在0.095%。

第二，保费收入转入。保险公司通过销售巨灾保险产品获得一定规模的保费收入，保险公司可以将一定比例的保费收入计提到巨灾保险基金中。农业巨灾保险的实践经验表明，一般10%的保费收入计提到巨灾保险基金中比较合适（王和，2013）。

第三，巨灾保险基金的投资收益。通过委托专业的基金公司对巨灾保险基金进行运作，可以获得一定规模的投资收益。一方面，投资收益不仅能够用于基金日常管理与运营支出，而且投资收益逐年滚存，能够促进基金规模的积累，用于大灾年份的超额损失赔付；另一方面，巨灾保险基金还可与相关防灾、减灾、救灾等机构和部门合作，将投资收益的一部分用于防灾、减灾支出，增强抵御巨灾风险的能力。

第四，当年农业生产增加值的提取。巨灾保险基金可以根据其所属的类别进行有针对性的设计，如农业巨灾保险基金，可以将各经济区域每年一定比例的农业生产增加值计提到农业巨灾保险基金中，直到积累到农业巨灾保险基金的最优规模。

第五，农业综合巨灾保险保费所得税减免和补贴预算结余转入。农业综合巨灾保险经办机构开展该保险项目所减免的所得税，以及中央财政每年给予的保费补贴的结余部分都可以注入农业巨灾保险基金中。

第六，资本市场。资本市场能够有效承担巨灾风险，增强巨灾保险基金的融资效率与融资能力。相比于保险市场，资本市场有着更加巨大的资金实力和风险容纳能力，可以通过巨灾保险连接证券实现风险分散。巨灾保险基金以资本市场作为融资途径之一，可以实现风险的有效转移，提高承保能力；发行巨灾债券，将可保巨灾风险转化成可交易的金融债券，通过交易将巨灾风险分散至资本市场。此外，我国保险市场与资本市场的发展和成熟能够促进融资方式的进一步丰富，有助于设计并推广更复杂的如巨灾债券等巨灾保险衍生产品。

3. 基金管理

中国可以成立巨灾保险基金管理委员会，负责基金的设计、指导管理和监督协调工作，且具有一定的行政色彩，确保基金管理工作的权威性，提高统筹效率。中国巨灾保险基金具有非营利性的性质，相当于国家再保险项目，承担超过国内外再保险公司赔付限额以上部分的赔付责任。中国巨灾保险基金管理委员会可以采用“统分结合”的模式，分别按照自然灾害、事故灾难、公共卫生和社会安全事件等分类建立巨灾保险基金，各司其职、各负其责。此外，还可以根据灾害发生频度、影响程度以及灾害风险管理的需要等，在自然灾害巨灾保险基金下设立农业、地震、洪水、干旱和台风等各子基金，并在中央巨灾保险基金的总体统领下，实现各分类基金之间的统筹与调剂。

根据中国各经济区域自然灾害风险特点、发展状况以及财政分权管理的特点等，巨灾保险基金可以采用中央和各经济区域“两级管理”的模式，即设立中央和区域两级巨灾保险基金模式。中央巨灾保险基金由中国巨灾保险基金管理委员会进行管理，其职责主要包括：第一，审议、通过区域巨灾保险基金管理运营的方针和策略；第二，审议、通过区域巨灾保险基金年度以及中长期发展计划；第三，对区域巨灾保险基金年度计划的执行情况进行审查；第四，审定区域巨灾保险基金的风险管理、投资管理以及信息披露等制度的合规性；第五，筹集巨灾保险基金，包括集中商业保险公司的保费和中央政府财政的拨款；第六，指导、协调各区域建立巨灾风险分散机制。此外，各经济区域可根据本地区自然灾害发生频度、影响程度等分别设立各项自然灾害子基金。

鉴于各个经济区域包括若干省份，设立专门机构管理区域巨灾保险基金可能存在一定的协调困难，因此区域巨灾保险基金可暂时由区域共保体进行运营管理，并接受中国巨灾保险基金管理委员会和区域政府的监督管理。共保体的主要职责为：第一，发展与完善巨灾保险，统筹规划和组织实施巨灾风险评估与区划工作；第二，对巨灾保险基金进行投资管理，并负责管理自然灾害数据库与信息系统建设；第三，开展巨灾保险宣传教育工作；第四，制订损失分担计划，设计国际再保险分保策略和资本市场融资方案；第五，就区域巨灾保险基金管理运营中的情况和问题向区域政府部门报告；第六，区域巨灾保险基金单独建账、长期积累、专款专用，保证巨灾保险的可持续经营。

这种“统分结合”“两级管理”的模式不但可以兼顾各经济区域巨灾风险和财政能力的差异，而且能够充分发挥各级政府在管理巨灾风险基金的作用，提高基金的使用效率。中央巨灾保险基金可以通过“再保险”的方式对各经济区域巨灾保险基金提供支持，体现了中央巨灾保险基金的转移支付功能。建立中央和区域级巨灾保险基金，符合中国目前中央和地方两级财政体制，可以充分发挥并调动各级政府在巨灾风险分散机制中的作用，因地制宜地实现区域内巨灾风险一定程度的平衡与分散。参考王和（2020），框架结构如图 7-2 所示：

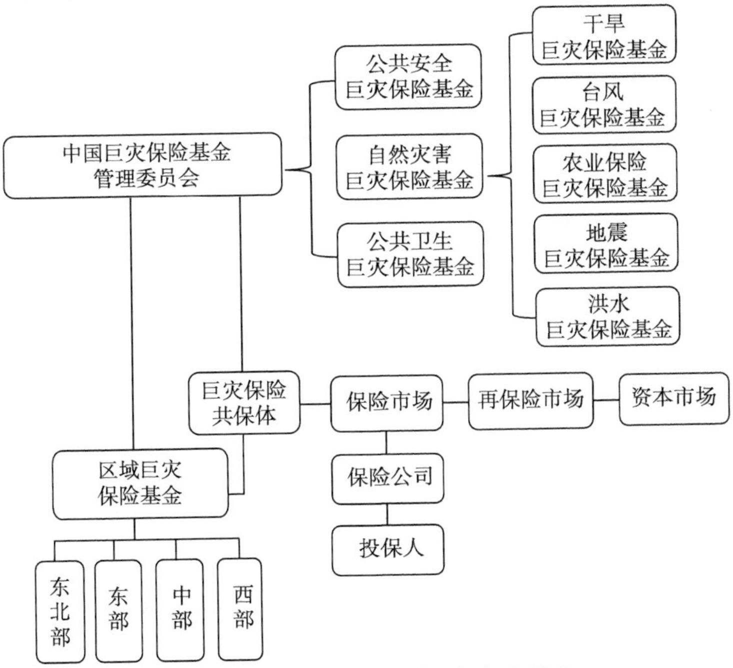

图 7-2 巨灾保险基金管理框架和结构

当巨灾保险制度基本成熟，尤其是巨灾保险基金积累达到一定规模后，可以设立全国层面的巨灾保险共保体，作为管理巨灾保险业务和巨灾保险基金的行业自治组织，同时作为各保险人、再保险人和资本市场管理、协调和交互的平台。此外，共保体还承担制定相关政策、开发产品以及精算定价等职责，推动巨灾保险制度平稳运行。巨灾保险共保体可以在前期“城乡居民住宅地震巨灾保险”实践的基础上，依托“中国城乡居民住宅地震巨灾保险共同体”和上海保险交易所“共保体+区块链”平台，扩大范围，增加职能。

这里需要说明的是，干旱、台风、农业、地震和洪水全国层面的巨灾保险基金和区域层面的巨灾保险基金履行上述全国和区域巨灾保险基金职能。

4. 保险标的和保障范围

农业包括种植业和养殖业。种植业风险主要受自然地理环境的影响，而养殖业风险更多地受人为管理因素的影响。因此，自然灾害风险对种植业的损害更大。同时，现阶段我国政策性农业保险开展主要以种植作物为承保标的，巨灾风险分散机制的设计也主要针对种植业保险进行设计。为此，本书主要以种植业巨灾保险为研究对象。我国农业综合巨灾保险的承保对象主要以种植作物为主，为因自然灾害，如干旱、洪水、风雹、台风、地震、低温冷冻等造成的投保农作物经济损失提供风险保障的一种保险。赔偿标准可以根据农产品所处的生长时期、受灾程度等按比例分段赔付。

5. 模式选择

我国农业保险起步较晚，但发展迅速。各地区根据本地实际情况，主要进行了五种农业保险模式，分别为“安信模式”、“安盟模式”、“互助制模式”、“共保体模式”和“安华模式”①，这些经营模式大多是以政府为主、商业保险公司为辅的运作模式，已不适应我国现阶段经济社会发展现状，不符合党的十九届四中全会提出的要充分调动和发挥市场和社会成员的力量在资源配置中的作用的最新经济制度政策，需要作出适当调整，推进政府引导下的农业巨灾保险运作模式，优先发挥市场机制的作用，并给予农业综合巨灾保险经营机构一定的税收优惠、适当的保费补贴、提供再保险以及制定法律制度等相关政策支持。此外，2012 年颁布的《农业保险条例》从法律层面对“政府引导、财政支持、商业经营”的运作模式给予了充分的肯定，指明了农业保险的可持续发展模式，是现阶段我国农业保险发展的最优选择。因此，本书建议农业综合巨灾保险的运行模式采用“政府引导、财政支持、商业经营”的运作模式，即农户作为投保人进行自愿参保的模式，政府给予一定的保费补贴，并可借助上海保险交易所“共保体+区块链”平台进行线上交易和理赔工作。

① 分别对应专业农业保险公司、商业保险公司、相互保险公司、政府和商业保险公司共保和保险公司委托代办的经营模式。

（二）干旱巨灾保险制度

受季风气候影响，中国降水时空分布不均，干旱灾害具有发生率高、损失大、影响范围广和持续时间长的特点，对中国经济社会的发展产生了极大的阻碍作用。但在现行的政策性农业保险中，多数将干旱列为除外责任，即使将干旱列为承保责任范围，大多有较高的免赔率（需要达到一定的受灾率），不能满足农户一般损失的赔付需求。因此，中国亟须建立干旱巨灾保险制度，扩大干旱巨灾保险范围，增加干旱巨灾保险险种，以有效应对干旱造成的损失。干旱巨灾保险同农业巨灾保险类似，同样需要合理的制度安排，通过国家立法、健全管理体制、设立巨灾保险基金、完善监督管理等形成统一的制度框架。中国干旱巨灾保险制度总体框架应该是综合考虑地区间财政收入和承担能力不平衡、干旱风险差异大的基本国情，先行试点、循序渐进地构建一个政府政策引导、商业保险公司积极参与的干旱巨灾保险制度体系。具体制度框架设计有以下几点。

1. 干旱巨灾风险分散机制

在全国层面上，为便于干旱巨灾保险基金的统筹，本书对干旱巨灾保险的风险分散机制同样实行“五级风险分担机制”，并以干旱灾因的赔付率和损失率作为各层级损失分担界限的触发条件。各主体风险分担安排如下：

（1）投保人。投保人是干旱巨灾保险的保障对象，是干旱巨灾保险风险分担机制的第一层级风险承担者，通常可在干旱巨灾保险合同中通过设定免赔额或免赔率的方式，达到避免投保人的逆向选择和道德风险的目的。

（2）保险人。保险人是干旱巨灾保险风险分担机制的第二层级风险承担者，一般采用干旱巨灾保险经办机构干旱灾因的赔付率和损失率界定其最高赔付限额，如赔付率在200%以下的风险可由干旱巨灾保险经办机构承担。

（3）国内与国际再保险市场。第三层级干旱巨灾保险风险分担机制的承担者是国内与国际再保险市场，其转移承担的干旱风险责任主要通过比例再保险或超额再保险等方式，一般以干旱灾因赔付率和损失率界定其最高赔付限额，如赔付率在200%~300%的风险可由国内与国际再保险市场进行承担。

（4）中央干旱巨灾保险基金。该层主要承担干旱巨灾保险赔付率或赔款支出超过再保险限额之上的赔款，如赔付率在300%以上的部分。

（5）中央政府。作为干旱巨灾保险风险分担机制的最后承担者，中央政府是第五层级风险承担者。当中央政府资金紧缺时，可以进行紧急融资、贷款或者发行债券等，并接受社会捐赠。

此外，当仅考虑保险作为灾前财政救灾资金唯一的融资工具时，保险放大财政资金的最大额度占 GDP 的比重为：（平均每年干旱灾害经济损失占自然灾害经济损失的比重）×1.024%，约为 0.164%（0.16×1.024%），即巨灾保险责任分担额度占 GDP 的比重为 0.164%。

2. 干旱巨灾保险基金的归集

（1）干旱巨灾保险基金的筹集规模

由第六章表 6-3 估计结果可知，在 10%的显著性水平上，从全国范围来看，自然灾害 3 年内造成的财政成本为 3.357%，平均每年财政成本为 1.119%。1990—2018 年，干旱的财政成本平均每年为：（平均每年干旱灾害经济损失占自然灾害经济损失的比重）×平均每年自然灾害财政成本 1.119%，约为 0.179%（0.16×1.119%）[①]，即干旱巨灾保险基金的筹集规模。

（2）干旱巨灾保险基金的融资渠道

第一，财政支出。作为干旱巨灾保险基金启动资金的财政支出，是干旱巨灾保险基金来源的重要渠道之一。各地区应根据区域发展状况和干旱灾害发生频度、影响强度确定干旱巨灾保险基金的规模，中央和地方财政可以按预算的一定比例直接拨付，为干旱巨灾保险基金提供一定规模的资金支持。对于高风险和低收入地区，在财政拨款成立干旱巨灾保险基金外，还需予以保费补贴以及将每年的财政救助资金的年度余额结转到干旱巨灾保险基金等。本书以财政救灾支出的最优规模作为财政支出的衡量标准，各类自然灾害保险的基金规模，按 1990—2018 年，平均每年某一自然灾害类别经济损失占自然灾害总体经济损失的比重确定（下同）。我们由第六章表 6-9 可知，在全国层面，干旱灾害财政支出的规模可以估计为：（平均每年干旱灾害经济损失占自然灾害经济损失的比重）×政府最优救灾支出规模 0.095%，约为 0.0152%（0.16×0.095%）。

第二，干旱巨灾保险保费收入转入。保险公司通过销售巨灾保险产品获得一定规模的保费收入，保险公司可以将一定比例的保费计提到干旱巨灾保险基金中，如假定将保费收入的 10%计提到干旱巨灾保险基金中。

第三，干旱巨灾保险基金的投资收益。干旱巨灾保险基金通过委托具备一定基金管理资质的基金公司进行运作，进而获得一定规模的投资收益。一方面，投资收益不仅能够用于基金日常管理与运营支出，而且能够扩大累积基金规模，投资收益逐年滚存，用于大灾年份的超额损失赔付；另一方面，干旱巨灾保险基金还可与相关防灾减灾救灾等机构和部门合作，将投资收益的一部分用于防灾减灾支出，增强抵御干旱巨灾风险的能力。

第四，干旱巨灾保险保费所得税减免和补贴预算结余转入。干旱巨灾保险基金的来源还可以是保险人开办干旱巨灾保险的所得税减免，以及每年中央财政干旱巨灾保险保费补贴预算的结余部分。

第五，资本市场。资本市场能够有效承担巨灾风险，增强巨灾保险基金的

① 1990—2018 年，平均每年干旱灾害经济损失/平均每年自然灾害直接经济损失 = 0.16，以下各类自然灾害损失/平均每年自然灾害直接经济损失同样进行计算。

融资效率与融资能力。相比于保险市场，资本市场有着更加巨大的资金实力和风险容纳能力，可以通过巨灾保险连接证券实现风险分散。巨灾保险基金以资本市场作为融资途径之一，可以实现风险的有效转移，提高承保能力；发行巨灾债券，将可保巨灾风险转化成可交易的金融债券，通过交易将巨灾风险分散至资本市场。此外，我国保险市场与资本市场的发展和成熟能够促进融资方式的进一步丰富，有助于设计并推广更复杂的如巨灾债券等巨灾保险衍生产品。

3. 干旱巨灾保险的保障范围和运作模式

（1）单项干旱巨灾保险产品

参照国际上现有的巨灾保险模式，结合中国国情，干旱巨灾保险制度同样应采取政府引导、市场运作、多层次分散干旱巨灾风险的运作模式。干旱巨灾保险责任范围可以包括巨灾风险本身、次生风险，或与干旱巨灾风险相关的其他风险所造成的损失和相关直接费用。由于干旱主要造成农作物损失，故本书设计的单项干旱巨灾保险的投保人为种植农作物的农户，农户自愿投保，保障范围主要是干旱造成的农作物直接经济损失，对其他间接损失、无形损失等不在干旱巨灾保险制度考虑的责任范围内，以体现干旱巨灾保险保基本这一特点。

（2）干旱巨灾保险纳入政策性巨灾保险

目前，全国部分地区开展的政策性农业保险，将干旱灾害纳入承保责任范围，但免赔率较高，经济损失较小的农户利益得不到保障。因此，为了使农户的利益得到更好的保障，在设计干旱巨灾保险嵌入政策性农业保险实施方式下的运作模式时，可以对一些地区的政策性农业保险险种的保险金额、费率、免赔额（率）等条款进行修订，如可以在现行的政策性农业巨灾保险的基础上，降低干旱巨灾保险的免赔率，进一步激发农户和保险公司参加农业保险的积极性。按照政策性农业巨灾保险的运作模式，进行自愿投保。

（3）干旱巨灾保险嵌入商业农业保险的实施方式

考虑到我国农业保险发展较早，相对比较成熟，目前大多数农业保险险种中都包含干旱风险责任，暂时维持现状，干旱责任风险仍然嵌入农业保险制度中，作为农业保险某一主险的保险责任之一。确保干旱灾害一旦发生，农业保险的理赔程序启动，农户得到保险责任规定范围内的赔偿。

4. 单项干旱巨灾保险产品保险费率和保险限额

巨灾保险费率必须符合准公共产品价格理论，必须为保险关系各方所接受。费率高低应基本反映风险区划内保险标的所面临的干旱灾害风险的大小，以缩小费率差距。保险费率和保险限额可以根据损失率进行确定，在数据可得下，可以根据本书构建的 Mix Erlang-Pareto 巨灾风险评估模型进行保险费和保险限额的估计，这里可以以经济损失有 85%的可能性不超过某一额度值界定为保险限额。此外，也可在现行的以损失率和赔付率为基础的前提下，考虑以损失额为依据界定各级风险层承担的责任额度。由于单项干旱巨灾保险在全国层面进行开展，故保险费率主要采取中央补贴的模式，农户进行自愿购买。

二、东北地区巨灾保险制度设计

由第四章表 4-10 可知，自然灾害总体对经济增长产生显著的正向作用，但对农业产生显著的负向作用；分灾害类型来看，干旱、洪水和风雹灾害都对农业产生显著的负向影响。鉴于自然灾害总体对农业增长率有显著负向影响，自然灾害对经济增长有显著的正向效应，以及政府救灾支出增加促进了自然灾害经济增长效应（见表 4-20），且实证分析得出政府财政巨灾指数保险能够平滑财政支出波动风险，再加上该地区财政资金相对短缺。因此，在东北地区开展多灾因（包括干旱、洪水等）农业财政巨灾指数保险，以及干旱、洪水等单项巨灾保险产品。由于目前开展的政策性农业保险都包含风雹灾害，且风雹灾害造成的经济损失相对较小，暂时维持现状，风雹灾害仍然嵌入政策性农业保险制度中，作为政策性农业保险某一主险的保险责任之一，确保风雹灾害一旦发生，政策性农业保险的理赔程序启动，农户得到保险责任规定范围内的赔偿。最终建立在政府引导下，政策性农业保险为主导、特色商业性涉农保险以及各项单项巨灾保险为补充，农户自助互助、保险产品丰富化、保险服务不断优化提升的综合灾害风险保障发展模式。

（一）东北地区农业财政巨灾指数保险

基于东北地区各类自然灾害的频繁发生，财政资金相对不足的问题，保险公司或共保体可以开展农业财政巨灾指数保险。政府通过购买农业财政巨灾指数保险服务，能够确保灾害发生后，各级政府具备充足的财政资金，用于履行灾后恢复重建、农民救助等职责，从而使财政预算在受灾年和无灾年都能确保刚性和平衡。东北地区开展农业财政巨灾指数保险具有以下优点：第一，农业财政巨灾指数保险以预先设定的参数作为理赔依据，使理赔公开透明，效率更高；第二，重点保障农业，扶贫主题突出；第三，可以平滑受灾年份财政支出波动风险，并可以作为为政府精准扶贫的有力推手，助力农业生产稳定发展，保障粮食安全。

1. 农业财政巨灾指数保险分散机制

鉴于东北地区农业产业在经济中占有重要地位，灾害频发，财政资金相对不足，本部分针对农业财政巨灾指数保险的风险分散机制，采取中央级和省级巨灾保险基金相结合的分担模式。各主体风险分担安排如下：

（1）投保人。政府作为投保人是农业财政巨灾指数保险风险分担机制第一层级风险承担者。值得注意的是，农业财政巨灾指数保险的投保人为政府。政府可以将最优政府救灾支出作为自留额，由第六章表 6-10 可知，政府救灾支出占 GDP 的比重为 0. 0903%，故政府作为投保人自留额可以限定为 0. 0903%。

（2）保险人。保险人是农业财政巨灾指数保险风险分担机制的第二层级风险承担者，为提高抵御灾害风险的能力，农业财政巨灾指数保险经办机构可以是保险公司组成的共保体。此外，保险人除了通过国内与国际再保险市场进行分保外，还可以在资本市场发行巨灾债券和购买金融衍生产品，实现巨灾风险的进一步分散。

（3）国内与国际再保险市场。第三层级的承担者是国内与国际再保险市场，其转移承担的农业财政巨灾风险责任主要通过比例再保险或超额再保险等方式。

（4）区域农业巨灾保险基金。第四层级的风险承担者是区域农业财政巨灾保险基金，该层主要承担区域超过再保险人巨灾赔付标准的赔付责任。

（5）中央农业巨灾保险基金。第五层级的风险承担者是中央农业巨灾保险基金，该层主要承担超过区域农业巨灾保险基金的赔付责任。当中央农业巨灾保险基金承担最后的兜底责任时，可以认为是中央政府给予保险经办机构的政策优惠。当基金耗尽时，中央政府可以以转移支付的形式进行援助。

2. 农业财政巨灾指数保险基金的归集

（1）农业财政巨灾指数保险基金的筹集规模

由第六章表 6-5 估计结果可知，自然灾害对东北地区财政的主要影响是，在 10%的显著水平上，平均而言，东北地区 3 年内自然灾害财政成本为 2. 66%，平均每年自然灾害财政成本为 0. 89%。因此，农业财政巨灾指数保险筹集的基金规模可以粗略估计为 0. 89%。

（2）农业财政巨灾指数保险基金的融资渠道

第一，政府救灾支出转入。政府在最优救灾支出的范围内，可以在支付农业财政巨灾指数保险保费之后，将剩余资金转入农业巨灾保险基金中。

第二，保费收入转入。保险公司作为经营风险的企业，可以通过和政府进行沟通和谈判，达成合作协议，劝导政府购买财政巨灾指数保险，获得保费收入，这时，保险公司可以将一定比例的保费收入计提到农业财政巨灾指数保险基金中。

第三，农业巨灾保险基金的投资收益。农业财政巨灾指数保险基金通过委托具备一定基金管理资质的基金公司进行运作，进而获得一定规模的投资收益。一方面，投资收益不仅能够用于基金日常管理与运营支出，而且能够扩大累积基金规模，投资收益逐年滚存，用于大灾年份超额损失的赔付；另一方面，巨灾保险基金还可与相关防灾、减灾、救灾等机构和部门合作，将投资收益的一部分用于防灾减灾支出，增强抵御巨灾风险的能力。

第四，当年农业生产增加值的提取。可以将各经济区域每年一定比例的农业生产增加值计提到农业财政巨灾指数保险基金中，直到基金积累达到最优规模。

第五，农业财政巨灾指数保险保费所得税减免和补贴预算结余转入。农业财政巨灾保险基金的来源还可以是农业保险经办机构开办该保险业务的所得税减免。此外，还包括灾害发生较少年份保费盈余资金扣除相关的经营费用的转入。

3. 保障范围和模式选择

东北地区各类自然灾害对农业产生显著负向影响，因此，多灾因的政府财政巨灾指数保险，可以将干旱、洪水、风雹、低温冷冻等自然灾害都纳入保险保障范围。在保险期间内，当观测到的灾害指数超过预先设定的指数标准时，保险人按照保险合同的约定，将补偿金额直接赔付给政府，由政府对保险资金进行重新分配。这里，指数的确定可以根据历年干旱、降水等对东北地区农作物造成的灾害损失，并应用卫星遥感技术和气象监测技术等共同确定。政府财政巨灾指数保险主要采取商业保险公司或共保体主导为主，政府作为投保人主要进行一些防灾减损、政策支持和税收优惠服务。

4. 保险费率和赔偿限额

在财政巨灾指数保险条件下，保险费率的确定可以依据损失率，保险限额的确定可以以自然灾害财政成本和政府最优救灾支出的差额确定。由于当仅考虑保险作为灾前财政成本唯一的救灾资金融资工具时，东北地区，保险放大的最大金额占 GDP 的比重为 0.7997%，因此，可以将保险限额界定为 GDP 的 0.7997%。

（二）东北地区洪水巨灾保险制度设计

1. 风险分散机制

鉴于东北地区财政资金较为短缺，本书对洪水巨灾保险分散机制实行“六级风险分担机制”，这里，包括省级和中央级洪水巨灾保险基金。在数据可得的前提下，可以按照单一洪水灾害事故的损失限额进行分层风险分散（见表 5-11），限于数据的可得性，本部分以全球洪水灾害损失为例，分析风险承担主体各层级的分担额度。

（1）投保人。投保人是洪水巨灾保险的保障对象，是洪水巨灾保险风险分担机制的第一层级风险承担者，通常可在洪水巨灾保险合同中通过设定免赔额或免赔率的方式，达到避免投保人的逆向选择和道德风险的目的。

（2）洪水巨灾保险经办机构。第二层级风险承担者是洪水巨灾保险经办机构，这里假定按照单一洪水灾害事故的损失限额进行分层风险分散。如表 5-11 所示，一般承担 0~13.408 亿美元的经济损失。

（3）国内与国际再保险市场。第三层级洪水巨灾保险风险分担机制的承担者是国内与国际再保险市场，其转移承担的洪水风险责任主要通过比例再保险或超额再保险等方式，一般承担 13.408 亿~22.758 亿美元的经济损失。

（4）区域洪水巨灾保险基金。该层主要承担洪水巨灾保险赔款支出超过再保险限额之上的赔款，一般承担 22.758 亿~239.582 亿美元的经济损失。此外，可通过发行巨灾债券将风险转移到资本市场。

（5）中央洪水巨灾保险基金。当区域洪水巨灾保险基金不足以赔付洪水巨灾损失时，可由中央洪水巨灾保险基金进行赔付，一般承担 239.582 亿~475.525 亿美元的经济损失，直至基金全部消耗完毕。此外，同样可通过发行巨灾债券将风险转移到资本市场。

（6）区域政府。区域政府作为洪水巨灾保险风险分担机制的最后承担者，即第六层级风险承担者，承担中央洪水巨灾保险基金赔付不足的部分，即赔付大于 475.525 亿美元的经济损失。当区域政府资金紧缺时，可以进行紧急融资、贷款、发行特别债券以及实行回调机制。

此外，当仅考虑保险作为灾前财政成本唯一的救灾资金融资工具时，东北地区，巨灾保险责任分担额度占 GDP 的比重为：（东北地区平均每年洪水灾害经济损失占自然灾害经济损失的比重）×0.7997%，约为 0.36%（0.45×0.7997%）。

2. 洪水巨灾保险基金的归集

（1）洪水巨灾保险基金的筹集规模

由第六章表 6-5 估计结果可知，自然灾害对财政的主要影响是：在 10%的显著水平上，平均每年东北地区自然灾害财政成本为 0.89%。1990—2018 年，东北地区洪水灾害每年的财政成本平均为：（平均每年洪水灾害经济损失占自然灾害经济损失的比重）×平均每年财政成本 0.89%，约为 0.401%（0.45×0.89%），所以洪水巨灾基金的筹集规模约占 GDP 的 0.401%。

（2）洪水巨灾保险基金的融资渠道

第一，财政支出。财政支出是洪水巨灾保险基金重要的资金来源之一，也是最稳固的融资渠道。中央财政、区域财政依据各自财政支出能力提供配套资金，各区域不同省份根据区域内洪水灾害风险区划的结果，或根据各省经济总量和受灾人口数情况，确定经济区域相关省份的“资金权重”，实行差异化的筹资比例。此外，经济区域内各省政府也可将每年防洪资金预算的一定比例计提到区域洪水保险巨灾基金，并将所减免的税收也一并转入巨灾保险基金账户管理。财政支出的最优规模约为：（东北地区平均每年洪水灾害经济损失占自然灾害经济损失的比重）×政府最优救灾支出规模 0.0903%，约为 0.041%（0.45×0.0903%）。

第二，保费收入转入。保险公司通过销售洪水巨灾保险产品获得一定规模的保费收入。保险公司可以将一定比例的保费计提到洪水巨灾保险基金中。根据中央洪水巨灾保险基金赔付责任与区域洪水巨灾保险基金赔付责任之比测算，区域洪水巨灾保险经办机构每年计提洪水保险保费收入的一定比例分别划转至区域和中央洪水巨灾保险基金。

第三，洪水巨灾保险基金的投资收益。这里，洪水巨灾保险基金包括中央和区域巨灾保险基金，其通过委托具备一定基金管理资质的基金公司进行运作，进而获得一定规模的投资收益，一方面，投资收益不仅能够用于基金日常管理与运营支出，而且能够扩大累积基金规模，投资收益逐年滚存，用于大灾年份超额损失赔付；另一方面，巨灾保险基金还可与相关防灾减灾救灾等机构和部门合作，将投资收益的一部分用于防灾减灾支出，增强抵御巨灾风险的能力。

第四，洪水巨灾保险保费所得税减免和补贴预算结余转入。洪水巨灾保险基金资金的来源还可以是洪水巨灾保险经办机构开办洪水巨灾保险的所得税减免，以及每年区域政府洪水巨灾保险保费补贴预算的结余部分。此外，还可以包括洪水巨灾保险经办机构在扣除一定管理费用之后保费盈余的一定比例。

第五，资本市场。巨灾保险基金以资本市场作为融资途径之一，可以实现风险的有效转移，提高承保能力；通过发行巨灾债券，可将可保巨灾风险转化成可交易的金融债券，通过交易将巨灾风险分散至资本市场。

3. 保障范围和运行模式

洪水巨灾保险主要包括城市和农村两个保障体系，其中城市主要包括三个保险保障体系，分别为居民住宅、企事业单位财产和公共利益财产，农村主要包括两个保险保障体系，分别为农村住房和农业生产（主要指种植业）。

（1）城市洪水保障体系

根据中国目前的财政能力及对巨灾风险的抵御能力，对居民住宅、企事业单位财产及公共利益财产采取不同的洪水保险运作模式。在洪水风险高的地区，面向居民住宅，实行强制性的单项洪水巨灾保险，未投保的居民不能享受国家的灾后救助。低风险地区可以采取自愿投保的运作模式。居民认为保障范围不够的，可根据自身情况购买家庭财产保险作为补充，对于已经购买包含洪水保险责任的家庭财产保险投保人，属于政策性洪水保险补贴范围内的，享受保费补贴。对于企业财产、事业单位财产及公共利益财产，现有财产保险综合险责任已涵盖洪水灾害风险，由于其抵御风险的能力相对较强，可以仍然采用市场化运作的商业保险模式，由现有财产保险综合险进行保障。此外，现阶段享受财政补贴的洪水保险，主要为居民住宅和室内财产提供基本水平的保障，即满足被保险人恢复基本生活的需要，不包括抵御巨灾风险同样较弱的小型企业。因此，随着洪水保险的不断试点和发展，可以考虑逐步提高洪水保险的保障水平和保障范围，并将小型企业纳入保障范围。

（2）农村洪水保障体系

第一，农村住房洪水保险子体系建设。中国目前在福建、浙江等地区试点的农村住房综合灾害保险的保障范围和水平都比较有限。对于易受洪水威胁的高风险地区，可以以国家洪水风险区划图作为参考标准，以政府统保的方式，采取强制性单项洪水巨灾保险，并实行和农村住房综合灾害保险产品并行的机制。一方面，对于农村住房综合灾害保险尚未推广的地区，大力推行农村住房单项洪水巨灾保险；另一方面，对于开展农村住房综合灾害保险的地区，在综合保险责任中必须涵盖洪水灾害，确保洪水灾害的风险保障。

第二，农业生产洪水保险子体系建设。2007 年以后，政策性农业保险业务取得了快速发展，保障范围不断扩大，强农惠农的作用得到了有效的释放，其保险责任范围涵盖洪水、地震、干旱、台风、冰雹、低温冷冻等多灾种在内的综合保险责任，对洪水灾害风险起到了一定的保障作用。此外，也可以按照因地制宜的原则，开展单项洪水巨灾保险，其中，强制性的单项洪水巨灾保险覆盖范围可以选择当地大范围种植，或对当地农业发展起主导作用的农作物，对其他农产品可以进行自愿投保。还可以根据收入水平、自身风险特点、需求情况等，提供洪水巨灾保险产品附加险，或者投保与农业相关的其他保险产品，如农业生产工具、农业生产资料等创新型保险产品，以满足更高层次的保障需求。随着农业指数型、“保险+期货”等保险产品的不断发展与推广，探索指数型、“保险+”等保险产品在我国的应用已经成为未来农业保险产品发展的趋势。因此，在我国现有的农业保险保障体系的基础上，一方面着力推广现有的政策性农业保险，并适当提高洪水灾害风险多发区的保障范围和水平；另一方面在我国逐步推进单项洪水巨灾保险产品、农业指数型和“保险+”等保险产品的发展，构建涵盖洪水灾害风险责任的全面的风险保障体系。

4. 保险费率和保险限额

（1）保险费率

保险费率应综合考虑致灾体和承载体两个因素，即保险标的所在区域的洪水风险特征及受洪水灾害影响的易损性。通过历史洪水损失经验数据，结合气象、水文数据以及地面高程数据，实现洪水灾害风险的区划管理，本书主要以中国四大经济区域作为风险区划，并根据实际情况的变化，不断细化、修订和完善，实现从致灾体的角度对洪水灾害强度进行衡量，这构成了洪水保险定价的第一个主要影响因素；洪水保险定价中另外一个主要影响因素为承载体受洪水灾害风险的易损性，在城市住宅、农房洪水保险中，建筑物的结构、楼层高低、抗洪标准都将作为洪水保险定价的核心因素；对于农业洪水保险，种植业保险主要考虑的定价因素包括标的耐水性、生长期等。除此之外，为了鼓励地方政府采取积极的洪水灾害预防措施，可以根据洪水灾害预防措施的实施情况，给予一定的费率优惠，促进建筑物抗洪设防水平的不断提升。

鉴于我国现有的自然灾害损失数据记录中，有关每次洪水发生导致的经济损失记录的较少，本书根据达特茅斯学院洪水气象台数据库，应用 Mixed Erlang-Pareto 组合分布对全球洪水损失数据进行整体拟合。虽然具体应用到我国洪水巨灾损失情况时，计算结果会有所出入，但在数据资料充分的情况下，完全可以将该组合模型应用到我国洪水损失数据，为开展洪水保险并制定准确合理的保费提供基础。由表 4-10 可知，当用 Mixed Erlang-Pareto 分布计算洪水巨灾纯保费时，在假如全球公民都购买洪水巨灾保险情况下，则人均保费为 2.9 美元左右。仅以平均水平来看，完全在我国个人可支付的能力范围内。我们可根据区域洪水巨灾风险特点、经济水平、建筑物的结构特点等，按一定比例进行调整。此外，为体现政府对于洪水保险的主导和支持作用，提高公众投保的积极性，扩大洪水保险的覆盖率，参考政策性农业保险保费补贴的制度模式，保费由中央财政、地方财政和投保人分别按一定比例承担。对于经济发展水平较高的地区，地方财政和投保人可适当增加保费的支付比例；对于经济落后地区，中央财政保费补贴则可适当地提高支付比例，以保证洪水保险业务持续稳定地发展。

（2）保险限额

表 4-11 说明对洪水损失分布运用 Mixed Erlang-Pareto 组合分布进行拟合的情况下，有 85%的概率认为一次洪水导致的直接经济损失不超过 13.408 亿美元。

鉴于本书按照现有文献相关研究设定地震巨灾保险经办机构一般承担 0~13.408 亿美元的经济损失，以及我国再保险市场不发达。因此，我们仅将保险人承担的风险分层限额设定为洪水保险合同的赔付限额，即保险限额为 13.408 亿美元。进一步地，随着再保险市场的逐步发展以及资本市场的不断完善，可适当地提高保险限额水平。

（三）东北地区干旱巨灾保险制度设计

1. 风险分散机制

鉴于东北部地区政府财政资金存在一定不足，本书对干旱巨灾风险分散机制实行“六级风险分担机制”。各层级承担的赔偿责任同全国范围内干旱巨灾保险，以损失率和赔付率作为各层级风险承担额度的依据。在数据可得的情况下，也可以应用本书构建的 Mixed Erlang-Pareto 组合分布对干旱灾害损失进行风险度量，考虑以损失额为依据界定各级风险层承担的责任额度。

（1）投保人。投保人是干旱巨灾保险的保障对象，是干旱巨灾保险风险分担机制的第一层级风险承担者，通常可在干旱巨灾保险合同中通过设定免赔额或免赔率的方式，达到避免投保人的逆向选择和道德风险的目的。

（2）保险人。保险人是干旱巨灾保险风险分担机制的第二层级风险承担者，一般采用干旱巨灾保险经办机构的赔付率和损失率界定其最高赔付限额，如赔付率在200%以下的风险可由干旱巨灾保险经办机构承担。

（3）国内与国际再保险市场。国内与国际再保险市场是第三层级干旱巨灾保险风险分担机制的承担者，其转移承担的干旱风险责任主要通过比例再保险或超额再保险等方式，一般以干旱灾因赔付率和损失率界定其最高赔付限额，如赔付率在150%～200%的风险可由国内与国际再保险市场进行承担。

（4）区域干旱巨灾保险基金。该层主要承担洪水巨灾保险赔款支出超过再保险限额之上的赔款，如承担赔付率在150%～300%的经济损失。此外，可通过发行巨灾债券将风险转移到资本市场。

（5）中央干旱巨灾保险基金。当区域洪水巨灾保险基金不足以赔付洪水巨灾损失时，可由中央洪水巨灾保险基金进行赔付，如承担赔付率在300%之上的经济损失，直至基金全部消耗完毕。此外，同样可通过发行巨灾债券将风险转移到资本市场。

（6）区域政府。区域政府作为洪水巨灾保险风险分担机制的最后承担者，即第六层级风险承担者，承担中央洪水巨灾保险基金赔付不足的部分。当区域政府资金紧缺时，可以进行紧急融资、贷款、发行特别债券以及实行回调机制。

此外，当仅考虑保险作为灾前财政成本唯一的救灾资金融资工具时，东北地区，干旱巨灾保险责任分担额度占GDP的比重为：（平均每年干旱灾害经济损失占自然灾害经济损失的比重）×0.7997%，约为0.304%（0.38×0.7997%）。

2. 干旱巨灾保险基金的归集

（1）干旱巨灾保险基金的筹集规模

由第六章表6-5估计结果可知，自然灾害对财政的主要影响是：在10%的显著水平上，平均而言，东北地区3年内自然灾害财政成本为2.66%，平均每年自然灾害财政成本为0.89%。1990—2018年，干旱灾害每年的财政成本平均为：（东北地区平均每年干旱灾害经济损失占自然灾害经济损失的比重）×平均每年财政成本0.89%，约为0.338%（0.38×0.89%），即干旱巨灾保险基金的筹集规模为0.338%。

（2）干旱巨灾保险基金的融资渠道

第一，财政支出。财政支出是干旱巨灾保险基金重要的资金来源之一，也是最稳固的融资渠道。区域财政依据各自财政支出能力提供配套资金，各区域不同省份根据区域内洪水灾害风险区划的结果，或根据各省经济总量和受灾人口数情况，确定经济区域相关省份的“资金权重”，实行差异化的筹资比例。此外，经济区域内各省政府也可将每年防洪资金预算的一定比例计提到区域洪水保险巨灾基金，并将所减免的税收也一并转入巨灾保险基金账户管理。财政支出的最优规模约为：（平均每年干旱灾害经济损失占自然灾害经济损失的比重）×政府最优救灾支出规模 0.0903%，约为 0.034%（0.38×0.0903%）。

第二，保费收入转入。保险公司通过销售干旱巨灾保险产品获得一定规模的保费收入，保险公司可以将一定比例的保费计提到干旱巨灾保险基金中。根据中央干旱巨灾保险基金赔付责任与区域干旱巨灾保险基金赔付责任的比例测算，区域干旱巨灾保险经办机构每年计提干旱巨灾保险保费收入的一定比例分别划转至区域和中央干旱巨灾保险基金。

第三，干旱巨灾保险基金的投资收益。这里，干旱巨灾保险基金包括区域和中央两级，其通过委托具备一定基金管理资质的基金公司进行运作，进而获得一定规模的投资收益。一方面，投资收益不仅能够用于基金日常管理与运营支出，而且能够扩大累积基金规模，投资收益逐年滚存，用于大灾年份超额损失的赔付；另一方面，巨灾保险基金还可与相关防灾减灾救灾等机构和部门合作，将投资收益的一部分用于防灾减灾支出，增强抵御巨灾风险的能力。

第四，干旱巨灾保险保费所得税减免和补贴预算结余转入。干旱巨灾保险基金资金的来源还可以是干旱巨灾保险经办机构开办干旱巨灾保险的所得税减免，以及每年区域政府干旱巨灾保险保费补贴预算的结余部分。此外，还可以包括干旱巨灾保险经办机构在扣除一定管理费用之后保费结余的一定比例。

3. 干旱巨灾保险的保障范围和运作模式

（1）单项干旱巨灾保险产品。由于干旱灾害主要造成农作物损失，故本书设计的干旱巨灾保险的保障范围主要是干旱造成的农作物直接经济损失，对其他间接损失、无形损失等不在承保的责任范围内。在运作模式方面，由于东北地区主要以农业产业为主，对干旱灾害的抵御能力较弱，为提高干旱巨灾保险的投保率，扩大干旱巨灾保险基金的规模，可以采取强制投保的方式，中央政府和区域政府可以给予农户一定的保费补贴。

（2）干旱巨灾保险纳入政策性巨灾保险。目前，全国部分地区开展的政策性农业保险，将干旱纳入承保责任范围，但免赔率较高，农作物损失较小的农户的利益得不到保障。因此，为了使农户的利益得到更好的保障，在设计干旱巨灾保险嵌入政策性农业保险实施方式下的运作模式时，可以对一些地区的政策性农业保险险种的保险金额、费率、免赔额（率）等条款进行修订，如可以在现行的政策性农业巨灾保险的基础上，降低干旱巨灾保险的免赔率，进一步激发农户和保险公司参加农业保险的积极性。

（3）干旱巨灾保险嵌入农业保险的实施方式。考虑到我国农业保险发展较早，相对比较成熟，目前大多数农业保险险种中都包含干旱风险责任，暂时维持现状，干旱责任风险仍然嵌入农业保险制度中，作为农业保险某一主险的保险责任之一。确保旱灾一旦发生，农业保险的理赔程序启动，农户得到保险责任规定范围内的赔偿。

4. 单项干旱巨灾保险产品保险费率和保险限额

巨灾保险费率必须符合准公共产品价格理论，必须为保险关系各方所接受。费率高低应基本反映风险区划内保险标的所面临的干旱灾害风险的大小，以缩小费率差距。保险费率和保险限额可以根据损失率确定，在数据可得下，可以根据本书构建的 Mixed Erlang-Pareto 巨灾风险评估模型进行保险费和保险限额的估计，这里可以 85%的可能性一次干旱灾害经济损失不超过某一额度值界定为保险限额。

三、东部地区巨灾保险制度设计

由表 4-10 可知，在东部地区，鉴于干旱灾害对农业产生显著的负向影响以及台风灾害对服务业增长率有显著负向影响，因此在该地区开展单项干旱巨灾保险和单项台风巨灾保险。低温冷冻对工业产生显著的负向影响，但现在企业财产保险综合险中已经包括低温冷冻，维持现行的保险制度不变。

（一）东部地区单项干旱巨灾保险制度设计

1. 风险分散机制

鉴于东部地区经济较为发达，政府财政资金较为充足，本书对干旱巨灾风险分散机制实行“五级风险分担机制”。

（1）投保人。投保人是干旱巨灾保险的保障对象，是干旱巨灾保险风险分担机制的第一层级风险承担者，通常可在干旱巨灾保险合同中通过设定免赔额或免赔率的方式，达到避免投保人的逆向选择和道德风险的目的。

（2）保险人。保险人是干旱巨灾保险风险分担机制的第二层级风险承担者，一般采用干旱巨灾保险经办机构的赔付率和损失率界定其最高赔付限额，如赔付率在 200%以下的风险可由干旱巨灾保险经办机构承担。

（3）国内与国际再保险市场。国内与国际再保险市场是第三层级干旱巨灾保险风险分担机制的承担者，其转移承担的干旱风险责任主要通过比例再保险或超额再保险等方式，一般以干旱灾因赔付率和损失率界定其最高赔付限额，如赔付率在 150%~200%的风险可由国内与国际再保险市场进行承担。

（4）区域干旱巨灾保险基金。该层主要承担干旱巨灾保险赔款支出超过再保险限额之上的赔款，如承担赔付率在 300%以上的经济损失。此外，可通过发行巨灾债券将风险转移到资本市场。

（5）区域政府。区域政府作为干旱巨灾保险风险分担机制的最后承担者，即第六层级风险承担者，承担区域巨灾保险基金赔付不足的部分。当区域政府资金紧缺时，可以进行紧急融资、贷款、发行特别债券以及实行回调机制。

2. 干旱巨灾保险基金的归集

（1）干旱巨灾保险基金的筹集规模

由第六章表6-3可知，东部地区，平均每年自然灾害财政成本为-2.63%。自然灾害财政成本为负，说明东部地区自然灾害对财政支出的影响较小。为此，在数据可得的情形下，可以运用Mixed Erlang-Pareto组合分布对保险公司承担的保险限额进行估计，如一次干旱损失85%可能性的最大损失额界定为最高限额，然后应用该限额减去保险公司实际承保能力，即可粗略地估计为干旱巨灾保险基金的筹资规模。

（2）干旱巨灾保险基金的融资渠道

鉴于东部地区财政资金较为充足，中央政府不给予相应的财政补贴，干旱巨灾保险基金的融资渠道包括以下几个方面。

第一，财政支出。该区域政府可将财政救助支出的一定比例计提到干旱巨灾保险基金中，作为鼓励商业保险公司开展干旱巨灾保险的政策支持，各省份可按人口比重进行比例计提，直到达到一定规模。

第二，保费收入转入。保险公司通过销售干旱巨灾保险产品获得一定规模的保费收入，保险公司可以将一定比例的保费计提到区域干旱巨灾保险基金中。

第三，干旱巨灾保险基金的投资收益。保险公司通过委托具备一定基金管理资质的基金公司进行运作，进而获得一定规模的投资收益。一方面，投资收益不仅能够用于基金日常管理与运营支出，而且能够扩大累积基金规模，投资收益逐年滚存，用于大灾年份的超额损失赔付；另一方面，巨灾保险基金还可与相关防灾、减灾、救灾等机构和部门合作，将投资收益的一部分用于防灾减灾支出，增强抵御巨灾风险的能力。

第四，干旱巨灾保险保费所得税减免和补贴预算结余转入。干旱巨灾保险基金资金的来源还可以是干旱巨灾保险经办机构开办干旱巨灾保险的所得税减免，以及每年区域政府干旱巨灾保险保费补贴预算的结余部分。此外，还可以包括干旱巨灾保险经办机构在扣除一定管理费用之后保费结余的一定比例。

第五，资本市场。东部地区金融市场较为发达，巨灾保险基金运营机构可通过发行巨灾债券，将可保巨灾风险转化成可交易的金融债券，通过交易将巨灾风险分散至资本市场，实现风险的有效转移，提高承保能力。

3. 干旱巨灾保险的保障范围和运作模式

（1）单项干旱巨灾保险产品。由于干旱主要造成农作物损失，故本书设计的干旱保险的保障范围主要是干旱造成的农作物直接经济损失。由于东部地区经济较为发达，对农业产业的依赖度较低，抵御干旱灾害风险的能力较强，东部地区干旱巨灾保险制度采取政府引导、市场运作，农户自愿投保，多层次分散干旱巨灾风险的运作模式。此外，充足的地区产量、价格、农业和气象数据是进行指数保险产品开发的必要前提，鉴于东部地区，具有较完善的气象监测、物价数据、区域分布、产业结构、人口分布等与灾害相关的信息系统，为巨灾类指数保险的费率厘定、经营模式和触发机制提供数据基础，所以在该地区开展的单项干旱巨灾保险产品，主要以指数型保险产品为主。

（2）干旱巨灾保险纳入政策性巨灾保险。目前，全国部分地区开展的政策性农业保险，将干旱纳入承保责任范围，但免赔率较高，农作物损失较小的农户的利益得不到保障。因此，为了使农户的利益得到更好的保障，在设计干旱巨灾保险嵌入政策性农业保险实施方式下的运作模式时，可以对一些地区的政策性农业保险险种的保险金额、费率、免赔额（率）等条款进行修订，如可以在现行的政策性农业巨灾保险的基础上，降低干旱巨灾保险的免赔率，进一步激发农户和保险公司参加农业保险的积极性。

（3）干旱巨灾保险嵌入商业农业保险的实施方式。考虑到我国农业保险发展较早，相对比较成熟，目前大多数农业保险险种中都包含干旱风险责任，暂时维持现状，干旱责任风险仍然嵌入农业保险制度中，作为农业保险某一主险的保险责任之一。确保干旱灾害一旦发生，农业保险的理赔程序启动，农户得到保险责任规定范围内的赔偿。

4. 单一干旱保险产品保险费和保险限额

保险费率和保险限额可以根据损失率确定，在数据可得的条件下，可以根据本书构建的 Mixed Erlang-Pareto 巨灾风险评估模型进行保险费和保险限额的估计，这里可以 85%的可能性一次干旱灾害经济损失不超过某一额度值界定为保险限额。

（二）东部地区台风巨灾保险制度

1. 风险分散机制

鉴于东部地区政府财政资金较为充足，本书对台风巨灾风险分散机制实行区域巨灾保险基金的“五级风险分担机制”，并以台风灾因的赔付率和损失率，在数据可获得的前提下，可以按照单一台风灾害事故的损失限额，作为各层级损失分担界限的触发条件。本书按照单一台风灾害事故的损失限额界定各主体风险分担额，具体安排如下：

（1）投保人。投保人是台风巨灾保险的保障对象，是台风巨灾保险风险分担机制的第一层级风险承担者，通常可在台风巨灾保险合同中通过设定免赔额或免赔率的方式，达到避免投保人的逆向选择和道德风险的目的。

（2）台风巨灾保险经办机构。台风巨灾保险经办机构一般是承保台风巨灾风险的保险人，是台风巨灾保险风险分担机制的第二层级风险承担者，可以按照单一台风灾害事故的损失限额界定，如承担一次台风灾害 85%可能性最大损失之内的经济损失。

（3）国内与国际再保险市场。第三层级风险分担机制的承担者是国内与国际再保险市场，其转移承担的台风风险责任主要通过比例再保险或超额再保险等方式，如85%可能性最大损失额和90%可能性最大损失额之间的部分可由国内与国际再保险市场进行承担。

（4）区域台风巨灾保险基金。该层主要承担台风巨灾保险赔付率或赔款支出超过再保险限额之上的赔款，如90%可能性最大损失额和95%可能性最大损失额之间的赔付额可由区域台风巨灾保险基金进行承担。

（5）区域政府。区域政府作为台风巨灾保险风险分担机制的最后承担者，即第五层级风险承担者，承担中央地震巨灾保险基金赔付不足的部分，赔付损失超过95%可能性最大损失额的部分。当区域政府资金紧缺时，可以进行紧急融资、贷款或者发行债券以及实行回调机制等。

2. 台风巨灾保险基金的归集

（1）台风巨灾保险基金的筹集规模

由第六章表6-5可知，东部地区，平均每年自然灾害财政成本为-2.63%。自然灾害财政成本为负，说明东部地区自然灾害对财政支出的影响较小。为此，在数据可得的情形下，可以运用Mixed Erlang-Pareto组合分布对保险公司承担的保险限额进行估计，如85%可能性最大损失额，然后应用该限额减去保险公司实际承保能力，即可粗略地估计为台风巨灾保险基金的筹资规模。

（2）台风巨灾保险基金的融资渠道

鉴于东部地区财政资金较为充足，中央政府不给予相应的财政补贴，台风巨灾保险基金的融资渠道包括以下几个方面。

第一，财政支出。该区域政府可将财政救助支出的一定比例计提到台风巨灾保险基金中，作为鼓励商业保险公司开展台风巨灾保险的政策支持，各省份可按人口比重进行比例计提，直至达到一定规模。

第二，保费收入转入。保险公司通过销售台风巨灾保险产品获得一定规模的保费收入，保险公司可以将一定比例的保费计提到区域台风巨灾保险基金中。

第三，台风巨灾保险基金的投资收益。保险公司通过委托具备一定基金管理资质的基金公司进行运作，进而获得一定规模的投资收益。一方面，投资收益不仅能够用于基金日常管理与运营支出，而且能够扩大累积基金规模，投资收益逐年滚存，用于大灾年份的超额损失赔付；另一方面，巨灾保险基金还可与相关防灾减灾救灾等机构和部门合作，将投资收益的一部分用于防灾减灾支出，增强抵御巨灾风险的能力。

第四，台风巨灾保险保费所得税减免和补贴预算结余转入。台风巨灾保险基金资金的来源还可以是台风巨灾保险经办机构开办台风巨灾保险的所得税减免，以及每年区域政府台风巨灾保险保费补贴预算的结余部分。此外，还可以包括台风巨灾保险经办机构在扣除一定管理费用之后保费结余的一定比例。

第五，资本市场。东部地区金融市场较为发达，可将其作为有效融资途径之一。巨灾保险基金运营机构可通过发行巨灾债券，将可保巨灾风险转化成可交易的金融债券，通过交易将巨灾风险分散至资本市场，实现风险的有效转移，提高承保能力。

3. 台风巨灾保险的保障范围和运作模式

由表4-10和表4-16可知，台风灾害主要造成服务业的损失，对农业的影响不大，且主要通过影响全要素生产率这一路径。为此，本书设计的台风巨灾保险承保范围主要以居民住宅、企事业单位财产以及公共利益财产为主。根据中国目前的财政能力及对巨灾风险的抵御能力，对居民住宅、企事业单位财产及公共利益财产采取不同的台风巨灾保险运作模式。在台风风险高的地区，面向居民住宅实行强制性的单项台风巨灾保险，未投保的居民不能享受国家的灾后救助。低风险地区可以采取自愿投保的运作模式。对于企业财产、事业单位财产及公共利益财产，由于其抵御风险的能力相对较强，采用市场化运作的商业保险模式，自愿购买台风巨灾保险。此外，台风巨灾保险应将不在企业财产保险保障范围内的小型企业，纳入承保范围内，同样采用市场化运作的商业保险模式，但对小型企业要求一定设防标准。同干旱巨灾保险产品类似，东部地区的台风巨灾保险产品，同样以指数型保险产品为主。

4. 单项台风巨灾保险产品保险费率和保险限额

在数据可得下，根据本书构建的 Mixed Erlang-Pareto 组合分布对台风进行风险度量和纯保费估计，并可以将保险人承担的风险分层限额设定为台风保险合同的赔付限额，如可以85%的可能性一次台风灾害经济损失不超过某一额度值界定为保险限额。随着保险公司承保技术的不断提高，台风赔付数据的不断积累，再保险市场的逐步发展以及资本市场的不断完善，可以适当地调整台风巨灾保险的费率和保险限额水平。

四、中部地区巨灾保险制度设计

中部地区巨灾保险制度设计包括洪水巨灾保险和干旱巨灾保险，在风险分层，基金筹集渠道，保险保障范围和运作模式，以及保险费率和保险责任限额的确定和东北地区一致，不同点主要体现在以下几点。

（一）中部地区洪水巨灾保险制度

1. 风险分散机制

紧急融资。在洪水巨灾保险基金不足以支付其承担的赔付额度时，作为最后承担者的区域政府可以采取紧急融资举措，当仅考虑保险作为灾前财政成本唯一的救灾资金融资工具时，中部地区，保险放大财政资金的最大金额占 GDP

的比重为：（中部地区平均每年洪水灾害经济损失占中部地区自然灾害经济损失的比重）×1.292%，约为0.698%（0.54×1.292%），即干旱巨灾保险承担的责任额度约占GDP的0.698%。

2. 洪水巨灾保险基金归集

（1）洪水巨灾保险基金的筹集规模

由第六章表6-5估计结果可知，自然灾害对财政的主要影响是：在10%的显著水平上，中部地区平均每年自然灾害财政成本为1.4%。1990—2018年洪水灾害每年的财政成本平均为：（中部地区平均每年洪水灾害经济损失占中部地区自然灾害经济损失的比重）×平均每年财政成本1.4%，约为0.756%（0.54×1.4%）。

（2）洪水巨灾保险基金的融资渠道

财政支出。由第六章表6-10估计结果可知，财政支出的最优规模约为：（中部地区平均每年洪水灾害经济损失占中部地区自然灾害经济损失的比重）×政府最优救灾支出规模0.108%，约为0.058%（0.54×0.108%）。

（二）中部地区干旱巨灾保险

1. 风险分散机制

紧急融资。在台风巨灾保险基金不足以支付其承担的赔付额度时，作为最后承担者的区域政府可以采取紧急融资举措，当仅考虑保险作为灾前财政成本唯一的救灾资金融资工具时，中部地区，保险放大财政资金的最大金额占GDP的比重为：（中部地区平均每年干旱灾害经济损失占中部地区自然灾害经济损失的比重）×1.292%，约为0.349%（0.27×1.292%），即台风巨灾保险承担的责任额度约占GDP的0.349%。

2. 干旱巨灾保险基金的归集

（1）干旱巨灾保险基金的筹集规模

由第六章表6-5估计结果可知，自然灾害对财政的主要影响是，在10%的显著水平上，平均而言，中部地区3年内自然灾害财政成本为4.19%，平均每年自然灾害财政成本为1.4%。1990—2018年洪水灾害每年的财政成本平均为：（中部地区平均每年干旱灾害经济损失占中部地区自然灾害经济损失的比重）×平均每年财政成本1.4%，约为0.378%（0.27×1.4%），即干旱巨灾保险基金的筹集规模约占GDP的比重为0.378%。

（2）干旱巨灾保险基金的融资渠道

财政支出。由第六章表6-10估计结果可知，财政支出的最优规模约为：（中部地区平均每年干旱灾害经济损失占中部地区自然灾害经济损失的比重）×政府最优救灾支出规模0.108%，约为0.029%（0.27×0.108%）。

五、西部地区巨灾保险制度设计

（一）西部地区财政巨灾指数保险制度

由表 4-11、表 4-20 可知，西部地区自然灾害总体对经济增长产生显著正向影响，而这种促进作用主要是由于政府救灾支出的调节作用，自然灾害总体对农业产生显著负向影响。分灾害类型来看，干旱、低温冷冻都对农业产生显著的负向作用，地震对经济增长有抑制作用，且这种抑制作用，主要是通过影响经济增长的资本存量、人力资本和全要素生产率三个路径产生的。鉴于前面的分析，救灾支出能够缓解自然灾害对经济增长的影响，且实证分析得出政府财政指数保险能够平滑财政支出波动风险，再加上该地区财政资金相对短缺，故在该区域开展财政巨灾指数保险具有一定实践意义。因此，可以在西部地区开展政府财政巨灾指数保险，以及干旱、地震等单项巨灾保险产品。虽然低温冷冻对该地区农业增长造成了一定负向影响，但鉴于低温冷冻灾害造成的损失总体较小，现有的政策性农业保险中也涵盖了低温冷冻灾害，故维持现有的险种不变。这里，由第四章表 4-17 自然灾害对经济增长的影响路径可知，与东北地区不同的是政府财政巨灾指数保险的保险标的为农作物和人身伤亡等。

1. 财政巨灾指数保险风险分散机制

鉴于西部地区财政资金相对匮乏，本部分针对财政巨灾指数保险分散机制，采取区域巨灾保险基金与中央巨灾保险基金相结合的模式，各主体风险分担安排如下：

（1）投保人。投保人是财政巨灾指数保险风险分担机制第一层级风险承担者。财政巨灾指数保险可以在一定范围内解决受灾地区政府因巨灾导致财政救灾资金不足的问题。由第六章表 6-10 可知，政府可以将最优政府救灾支出作为自留额，为 0. 196%。

（2）财政巨灾指数保险经办机构。第二层级的风险承担者是财政巨灾指数保险经办机构，为有效分散财政巨灾风险，提高承保能力，该经办机构可以是多家保险公司组成的共保体，共保体也可以通过购买再保险的形式进一步将财政巨灾风险分散。

（3）国内与国际再保险市场。第三层级的风险承担者是国内与国际再保险市场，可以通过比例再保险或赔付率超赔（额）再保险等方式转移部分其承担的财政巨灾指数保险巨灾风险。

（4）区域财政巨灾指数保险巨灾基金。第四层级的风险承担者是区域财政巨灾指数保险基金。该层主要承担区域财政巨灾指数保险经办机构和再保险机构年度赔款支出总额超过一定赔付标准的部分。

（5）中央巨灾保险基金。第五层级风险承担者是中央巨灾保险基金，鉴于西部地区经济发展落后，财政资金相对短缺，所以中央巨灾保险基金可以认为是中央政府的转移救助支付。该层主要承担赔偿超过区域财政巨灾指数保险巨灾基金的部分。

2. 财政巨灾指数保险基金的归集

（1）财政巨灾指数保险基金的筹集规模

由第六章表 6-5 估计结果可知，自然灾害对西部地区财政的主要影响是，在 10%的显著水平上，平均而言，西部地区 3 年内自然灾害财政成本为 8.25%，平均每年自然灾害财政成本为 2.75%。因此，西部地区财政巨灾指数保险基金的筹集规模为 2.75%。

（2）巨灾保险基金的融资渠道

第一，政府救灾支出转入。政府在最优救灾支出的范围内，可以在支付农业财政巨灾指数保险保费之后，将剩余资金转入农业巨灾保险基金中。

第二，保费收入转入。保险公司可以将一定比例的保费计提到巨灾保险基金中。

第三，巨灾保险基金的投资收益。巨灾保险基金通过委托具备一定基金管理资质的基金公司进行运作，进而获得一定规模的投资收益。一方面，投资收益不仅能够用于基金日常管理与运营支出，而且能够扩大累积基金规模，投资收益逐年滚存，用于大灾年份的超额损失赔付；另一方面，巨灾保险基金还可与相关防灾、减灾、救灾等机构和部门合作，将投资收益的一部分用于防灾、减灾支出，增强抵御巨灾风险的能力。

第四，当年农业生产增加值的提取。可以将各经济区域每年一定比例的农业生产增加值计提到农业巨灾保险基金中，直到农业巨灾保险基金规模积累到一定最优规模。

第五，农业保险保费所得税减免和补贴预算结余转入。农业巨灾保险基金资金的来源还可以是农业保险经办机构开办农业综合巨灾保险的所得税减免。此外，还可以包括灾害发生较少年份保费剩余资金扣除相关的经营费用的转入。

3. 保障范围和运作模式

西部地区各类自然灾害对农业产生显著负向影响，且自然灾害也对人民群众的生命造成一定影响，因此，在该地区开展的财政巨灾指数保险，不仅将干旱、洪水、风雹、低温冷冻等自然灾害都纳入保险保障范围，而且也包括这些灾害造成的人身伤亡等。在保险期间内，当观测到的灾害指数超过预先设定的指数标准时，保险人按照保险合同的约定，将补偿金额直接赔付给政府，由政府对保险资金进行重新分配。政府财政巨灾指数保险主要采取以商业保险公司或商业保险公司组成的共保体为主，政府作为投保人主要进行一些防灾减损服务，政府可根据自身财政资金情况进行自愿投保。

4. 保险费率和赔偿限额

保险费率根据损失额确定，当仅考虑保险作为灾前财政成本唯一的救灾资金融资工具时，西部地区，保险放大的最大金额占 GDP 的比重分别为 2.554%，该巨灾保险的责任分担额度可以作为保险人或共保体的赔偿限额。

（二）西部地区地震巨灾保险制度

1. 风险分散机制

鉴于西部地区财政资金较为短缺，本书对地震巨灾风险分散机制实行“六级风险分担机制”，即区域和中央两级地震巨灾保险基金模式。地震巨灾保险风险分散机制可以按照单一地震灾害事故的损失限额确定分层额度（见表 5-5），虽然地震损失数据为全国范围内的数据，但地震灾害主要集中在西部地区，仍然具有一定的参考价值。

（1）投保人。第一层级风险承担者是投保人，是地震巨灾保险的保障对象，通常可在地震巨灾保险合同中通过设定免赔额或免赔率的方式，达到避免投保人的逆向选择和道德风险的目的。

（2）地震巨灾保险经办机构。第二层级风险承担者是地震巨灾保险经办机构，这里假定按照单一地震灾害事故的损失限额进行分层风险分散。如表 5-5 所示，一般承担 0~26.51 亿元的经济损失。

（3）国内与国际再保险市场。第三层级地震巨灾保险风险分担机制的承担者是国内与国际再保险市场，其转移承担的地震风险责任主要通过比例再保险或超额再保险等方式，一般承担 26.51 亿~82.03 亿元的经济损失。

（4）区域地震巨灾保险基金。该巨灾保险基金主要承担超过原保险和再保险赔款限额之上的部分，一般承担 82.03 亿~359.26 亿元的经济损失。此外，该区域巨灾保险基金可通过发行巨灾债券将巨灾风险转移到国内和国外资本市场。

（5）中央地震巨灾保险基金。当地震巨灾损失超过区域地震巨灾保险基金赔付限额时，可由中央地震巨灾保险基金进行赔付，即赔付 82.03 亿~359.26 亿元的经济损失，直至基金全部消耗完毕。此外，同样可通过发行巨灾债券将风险转移到资本市场。

（6）区域政府。区域政府作为地震巨灾保险风险分担机制的最后承担者，即第六层级风险承担者，承担中央地震巨灾保险基金赔付不足的部分，赔付损失超过 359.26 亿元的经济损失，当区域政府资金紧缺时，可以进行紧急融资、贷款、发行特别债券以及实行回调机制。

此外，当仅考虑保险作为灾前财政成本唯一的救灾资金融资工具时，西部地区，地震巨灾保险责任分担额度占 GDP 的比重为：（平均每年地震灾害经济损失占自然灾害经济损失的比重）×2.554%，约为 1.047%（0.41×2.554%）。

2. 地震巨灾保险基金的归集

(1) 地震巨灾保险基金的筹集规模

由第六章表 6-5 估计结果可知，自然灾害对西部地区财政的主要影响是，在 10%的显著水平上，西部地区平均每年自然灾害的财政成本为 2.75%。1990—2018 年，地震灾害每年的财政成本平均为：（平均每年地震灾害经济损失占自然灾害经济损失的比重）×平均每年财政成本 2.75%。由此可知，地震巨灾保险基金的筹集规模粗略估计为 1.128%（0.41×2.75%）。

(2) 地震巨灾保险基金的融资渠道

第一，财政投入。全国居民住宅地震保险基金委员会根据地震灾害风险状况和中央财政、各省财政情况，确定地震巨灾保险基金各级政府财政注资的预算建议，如各区域不同省份根据区域内地震灾害风险区划的结果，或根据各省经济总量和受灾人口数情况，确定经济区域相关省份的“资金权重”，实行差异化的筹资比例。一是采用“定期投入”的方式。财政充足时，每年按一定比例投入地震保险基金以不断充实壮大资金积累。二是采用“承诺给付”的方式。对于西部地方财政相对困难的省份，可以采用承诺方式，或者授信方式解决财政资金不到位的问题。地震保险先行开展，中央财政和地方财政承诺当地震灾害发生后给予资金支持用于灾后赔付。此外，经济区域内各省政府也可将每年防洪资金预算的一定比例计提到区域地震保险巨灾基金，并将所减免的税收也一并转入巨灾保险基金账户管理。由第六章表 6-10 估计结果可知，财政支出的规模约为：（平均每年地震经济损失占自然灾害经济损失的比重）×政府救灾支出最优规模 0.196%，约为 0.08%（0.41×0.196%）。

第二，保费收入转入。保险公司通过销售该地震保险产品获得保费收入，在扣除相关管理费用后，保险公司可以将保费收入的一定比例计提到地震巨灾保险基金中。区域地震巨灾保险经办机构可以根据中央地震巨灾保险基金与区域地震巨灾保险基金赔付责任的比重，每年计提地震保险保费收入的一定比例分别划转至区域和中央地震巨灾保险基金。

第三，住房公积金的转入。地震巨灾保险基金分筹集可以参照和结合“住房公共维修基金”的模式，要求购买商品房的居民将一定比例的购房款缴交“地震巨灾保险基金”。同时，缴付“住房公共维修基金”的金额可相应地降低，以免增加购房者的经济负担。此外，对于在启动地震巨灾保险基金方案前的购房者，可以将一定比例已经缴交的住房公积金直接划拨到地震巨灾保险基金账户。另外，当购买房屋的居民使用银行贷款时，强制其投保地震保险，银行将地震保险购买凭证作为办理住屋房贷的基本条件。

第四，地震巨灾保险基金的投资收益。巨灾保险基金通过委托具备一定基金管理资质的基金公司进行运作，进而获得一定规模的投资收益。一方面，投资收益不仅能够用于基金日常管理与运营支出，而且能够扩大累积基金规模，投资收益逐年滚存，用于大灾年份的超额损失赔付；另一方面，巨灾保险基金还可与相关防灾减灾救灾等机构和部门合作，将投资收益的一部分用于防灾减灾支出，增强抵御巨灾风险的能力。

第五，地震巨灾保险保费所得税减免和补贴预算的结余转入。可以将保险经办机构开办地震巨灾保险的所得税减免纳入地震巨灾保险基金，还可以将每年区域政府地震巨灾保险保费补贴预算的结余部分转入。此外，还可以包括灾害发生较少年份保费剩余资金扣除相关的经营费用。

第六，探索发行地震彩票。探索发行地震彩票的形式充实地震保险基金，通过基金投资回报不断积累壮大。鼓励各类社会捐助，通过慈善事业不断充实壮大地震巨灾保险基金。

3. 保险范围和模式选择

本书设计的政府主导，市场运作的地震巨灾保险制度主要以居民住宅和人身伤亡为保险标的，区分城市和农村，即主要分为城市和农村两个保障体系。值得注意的是，由第四章表 4-11 估计结果可知，地震灾害对人力资本造成了显著的影响，可以通过影响人力资本对经济增长产生显著影响。所以将人身伤亡纳入城市和农村地震巨灾保险产品保障体系。

（1）城市地震巨灾保险体系

居民住宅、企事业单位财产、公共利益财产以及人身伤亡等都纳入城市保障体系责任范围内。针对地震发生风险较高的地区，可从财产保险责任条款中分离出地震灾害风险，开展单项地震巨灾保险产品，并采取政府统保的方式进行强制推行，以便提高覆盖率和地震巨灾保险基金的积累。

（2）农村地震巨灾保险体系

一方面，对于农民住房综合灾害保险难以推广的地区，强制推行地震巨灾保险，保障对象为农民住宅和因地震灾害导致的人员伤亡；另一方面，对于农民住房综合灾害保险需求较好的地区，通过主险和附加险的方式，将地震灾害这一单项灾种分离出来，开发单一保险责任的地震保险附加险产品，与农民住房综合灾害保险产品捆绑强制销售。

4. 保险费率和保险限额

（1）保险费率

地震灾害风险的大小主要由地震危险性、承灾体脆弱性和暴露度等因素决定，是未来一定年限内，某一地区可能遭遇到的地震损失。在地震风险区划方面，中国地震局于 2001 年 8 月 1 日，颁布实施了中国第一张地震风险参数图，为一般建设工程的抗震鉴定和设防要求鉴定提供了一定标准，但对于核电站等设防要求高的特殊工程、资料缺乏的边远地区、地质条件复杂的区域不应直接采用该标准，需做专门研究。在承载体脆弱性和暴露度方面，建筑物是受地震影响最大的承载体，其倒塌是造成人员伤亡和财产损失的最主要因素。目前，我国对建筑物的脆弱性和分布研究相对滞后。根据其不同建筑物结构的抗震性的差异实行不同的费率，可防止逆选择，费率制定更加科学、合理；另外，可以鼓励建筑物设防能力的提高。在风险区划方面，我国已经开展部分研究。综合考虑地震的危险性、承载体脆弱性和暴露度等因素，评估得到的中国县级单元地震灾害风险分布图，对费率厘定具有重要意义。但是，受限于承载体脆弱性和暴露度研究滞后，风险评估和区划工作仍不能够完全满足定价的需求，需进一步加强相关研究。由表 4-6 可知，当用 Mixed Erlang-Pareto 分布计算地震巨灾纯保费时，在假设全民参与地震巨灾保险下，人均保费为 12～13 元；当参保率为 30%时，应用 Mixed Erlang-Pareto 分布计算地震巨灾纯保费时，人均保费为 40～43 元。值得注意的是，这里的地震损失数据主要是居民住宅损失，故当保险标的是居民住宅时，保费为 40～43 元，如果加上人身伤亡，相应的保费水平将会提高。

（2）保险限额

保险金额的设定应充分考虑区域经济发展状况、居民收入和需求以及政府保险费补贴能力，并结合住房的材料结构、平均在建成本等因素，确定各区域的保险金额。表 4-4 说明在对地震损失数据运用 Mixed Erlang-Pareto 组合分布进行拟合的情况下，一般有 85%的概率认为发生一次地震的直接经济损失不超过 26. 51 亿元。鉴于本书按照现有文献相关研究设定地震巨灾保险经办机构一般承担 0～26. 51 亿元的经济损失，以及我国再保险市场不发达，因此，我们仅将保险人承担的风险分层限额设定为地震保险合同的赔付限额，即保险限额为 26. 51 亿元。随着再保险市场的逐步发展和资本市场的不断完善，不断提高保险限额水平。

（三）西部地区干旱巨灾保险制度

西部地区干旱巨灾指数保险同东北和中部地区，不同点同样体现在以下几个方面：

1. 风险分散机制

紧急融资。在干旱巨灾保险基金不足以支付其承担的赔付额度时，作为最后担保人的区域政府可以采取紧急融资举措，当仅考虑保险作为灾前财政成本唯一的救灾资金融资工具时，西部地区，保险放大财政资金的最大金额占 GDP 的比重为：（平均每年西部地区干旱灾害经济损失占西部地区自然灾害经济损失的比重）×2. 554%（0. 15×2. 554%），约为 0. 383%，即西部地区干旱巨灾保险承担的最大额度为 0. 383%。

2. 干旱巨灾保险基金的归集

(1) 干旱巨灾保险基金的筹集规模

由第六章表 6-5 估计结果可知，平均而言，西部地区平均每年自然灾害财政成本为 2.75%。1990—2018 年，洪水灾害每年的财政成本平均为：(平均每年西部地区干旱灾害经济损失占西部地区自然灾害经济损失的比重) ×平均每年财政成本 2.75%，约为 0.413% (0.15×2.75%)。

(2) 干旱巨灾保险基金的融资渠道

财政支出。由第六章表 6-10 估计结果可知，财政支出的最优规模约为：(平均每年西部地区干旱灾害经济损失占西部地区自然灾害经济损失的比重)×政府最优救灾支出规模 0.196%，约为 0.0294% (0.15×0.196%)。

第三节　融入保险机制的灾害风险管理框架构建

一、灾害风险管理基本观点

(一) 阶段划分模型

阶段划分模型主要包括四阶段模型、九阶段模型和四阶段循环模型，是最常见的灾害风险管理模型。四阶段模型包括预评估、风险评价、可容忍度和接受性判断以及风险管理四个过程 (见图 7-3)，由国际风险管理理事会推荐使用。四阶段循环模型包括备灾、救灾、重建和恢复四个过程 (见图 7-4)，由冈田宪夫教授等提出。九阶段模型包括发现问题和设置场景、评估主要危险区、度量可能性和危险、风险排序、设置想要的结果、制订方案、选择策略、实施策略以及检测评估和调整九个阶段 (见图 7-5)，由加拿大政府采用。

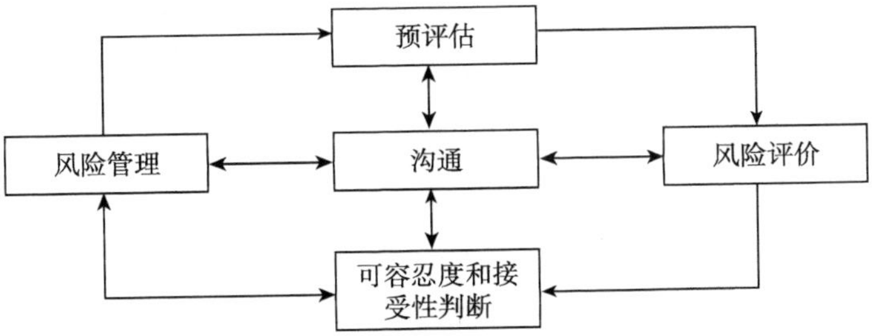

图 7-3　四阶段模型

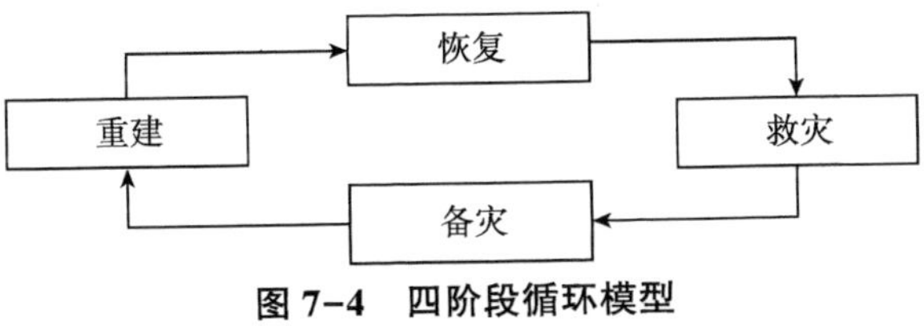

图 7-4　四阶段循环模型

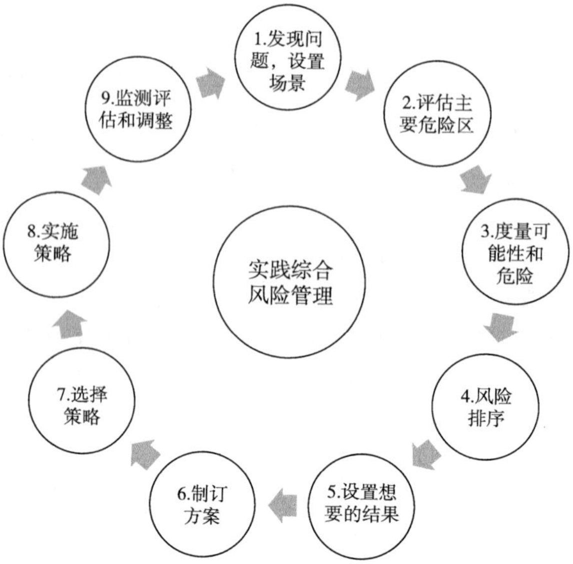

图 7-5　九阶段模型

（二）梯形架构

由下往上的风险意识块、量化分析块和优化决策块三个组成部分构成了风险管理的梯形架构（见图 7-6）。风险管理的梯形架构的基础是风险意识块，主要涉及社会层级、社会生产结构、文化习俗和立法过程等。量化分析块是风险管理的梯形架构的核心和支柱，支撑整个梯形架构，包括风险评估的灾害损失分布、灾害模型参数估计等量化技术方面的研究内容，其工作质量取决于相关数学模型的准确性。优化决策块由一系列的风险管理决策目标构成，处于梯形架构的顶端，是风险管理的终端。一般认为，灾害风险管理是将灾前预防、灾中救助和灾后恢复三个过程融为一体管理模式，梯形架构突破了这种传统观念，表明了灾害风险管理并不限于某种特定的模式，人们依据灾害风险管理的相关目标和条件，可以构建必要的灾害风险管理体系。

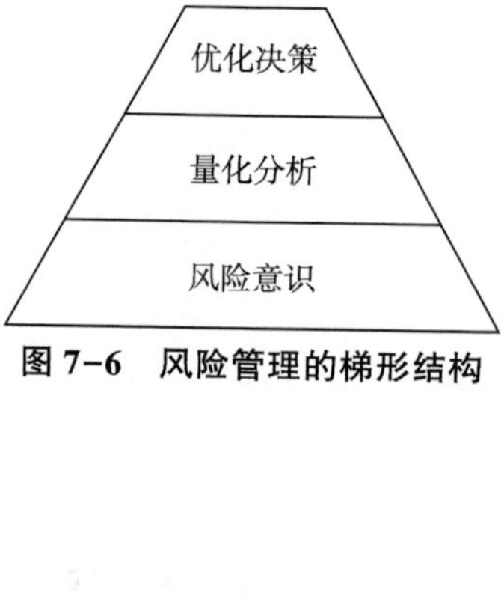

图 7-6　风险管理的梯形结构

（三）社会—生态系统综合风险管理的凝聚力模式

1. 综合风险管理

综合风险管理是将政治、经济、文化和社会等各要素进行统筹，从全球、全灾种、全过程、全方位、全社会的视角出发进行的灾害风险防范，实现风险管理的结构和功能综合，其中结构综合包括安全设防、救灾救济、应急响应和风险转移，功能综合包括备灾、应急、恢复和重建，并注重政府、企业、社区、公众的信息沟通和协调互动。

2. 社会—生态系统

“社会—生态系统”是可持续发展科学和地理学研究的重点对象。灾害与风险系统既是风险防范研究的对象，也是典型的社会—生态系统，包括相互关联，且紧密互动的社会、经济、制度和生态各子系统。自然灾害风险的防范，不仅强调狭义层面的由地震、地质、气象水文、海洋、生物等自然致灾因子导致的多灾因综合灾害风险，还包括各种衍生风险方面的管理体系，这里的衍生风险包括与自然致灾因子相关的人为灾害和环境灾害风险；不仅强调国家和地方层面，还涵盖全球和区域层面；不仅包括防灾减灾的工程性措施和非工程性措施，还包括结构性措施和功能性措施，其中结构性措施包括设防、救助、应对与风险转移，功能性措施包括备灾、应急、恢复与安置和重建；还强调不同需求下的备灾与救灾；在特定的国家或区域社会、经济、政治和文化条件下，要充分发挥国家、区域、社区、企业、个人以及国际组织的作用，实现灾害风险从地方、企业、国家、区域上升至全球进行全面的分散，形成一个完整的社会—生态系统。

3. 凝聚力

“凝聚力”是系统内在的状态属性，与系统的“结构和功能”有关，是对系统“凝心”和“聚力”能力的一种测量和表述，凝聚力的概念模型可形象、直观地表现为如图 7-7 所示（史培军等，2014）。政府、事业、企业和个人四个部分组成了风险管理的主体，首先四个部分在各自的维度上分别进行单主体的联合；其次四个主体进行联合，并作用于特定的社会、经济、生态和制度环境中，这些子系统进一步聚合和凝练，形成凝聚后的整体综合系统，具有合作、协作、沟通和建设功能。最大化提升凝聚力的目标是实现综合风险管理全过程中各系统之间的协同运作，以及系统结构和功能的优化。这里，实现这一目标的核心是良好的制度设计，通过制度设计，协调各方力量、形成合力，能够有效地发挥各个灾害风险利益相关者功能，增强抵御灾害风险的能力，提高减灾资源的利用效率，实现效益最大化。

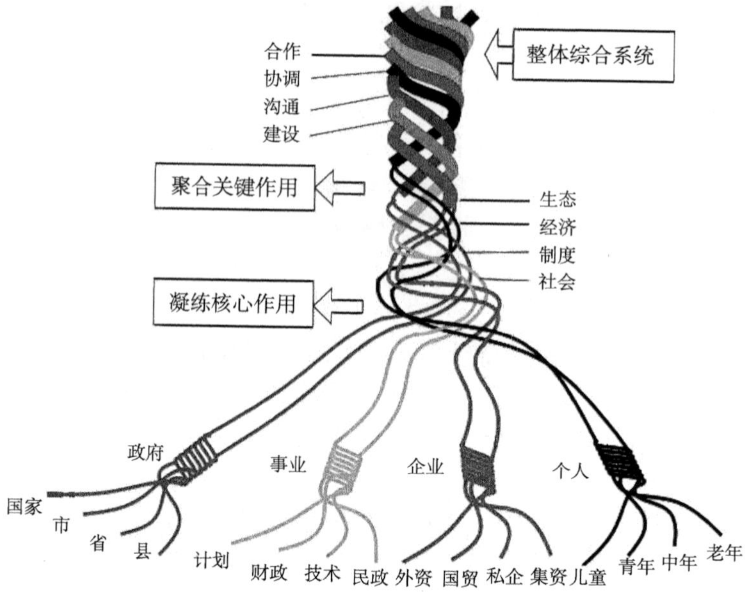

图 7-7　社会—生态系统综合风险防范凝聚力概念模型

4. 社会—生态系统综合风险管理的凝聚力模式

社会—生态系统综合灾害风险管理的凝聚力模式如图 7-8 所示（史培军等，2014）。

在特定的政治、社会、经济和文化背景下，通过凝练和聚合政府、事业、企业和个人的核心作用，发挥协调、合作、建设和沟通等关键功能，形成灾害风险管理的综合体系。这里，应用协同宽容、协同约束、协同放大和协同分散的系统原理，通过社会认知普及化、成本分摊合理化、组合优化智能化和费用效益最大化等一系列手段，实现社会—生态系统共识最高、成本最低、福利最大和风险最小的综合风险管理的目标。这一系列过程的实现，主要通过改变系统和制度的结构和功能。政府的角色定位和作用在此转变中至关重要。政府要通过完善机制、体制，使应对灾害风险的各个环节相互沟通和协调。在机构职能设计上，必须实现基本设防、应急管理、风险转移、救灾救济的协同优化；在风险管理周期上，应强化备灾、应急、恢复、重建各环节的统筹安排。通过合理的经济、产业、土地利用和生态等的结构布局与调整，有效地实现生态服务、环境友好、资源节约与区域发展的各项功能，从而全面提高综合灾害风险防范的能力。

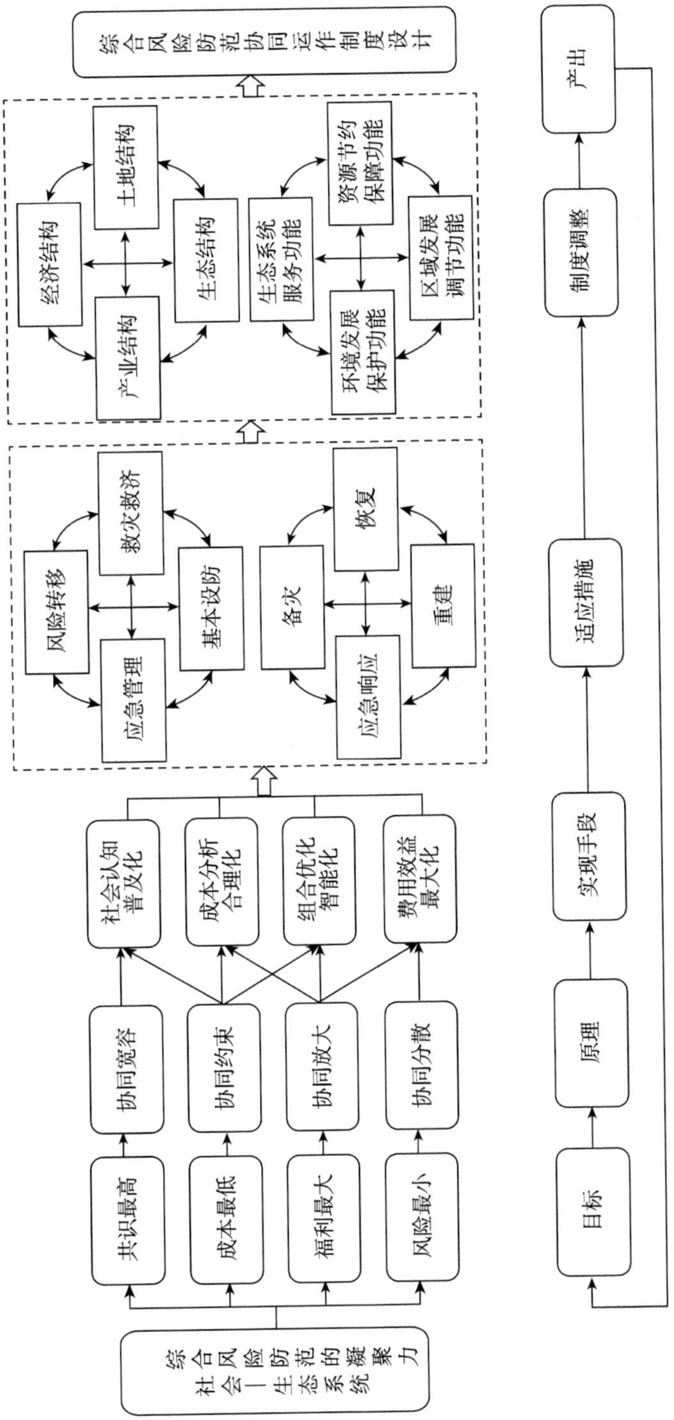

图7-8　社会—生态系统综合风险管理的凝聚力模式

以上关于灾害风险管理理论的基本观点，都详细阐述了风险管理的步骤，但缺乏对保险机制嵌入风险管理的相关阐释。虽然史培军等（2014）提出，在政治、经济、文化与社会建设中，需要全面渗入保险服务，并将保险这一市场化风险管理手段渗透到综合灾害风险管理的各个领域，实现一种合作、分担和接替的新机制，但在其提出的综合灾害风险管理体系的框架中并未有所体现。保险的风险分散和损失补偿功能根植于“灾害风险管理”的概念和范畴中，在防范、控制、减少灾害风险以及损失补偿方面发挥着重要的作用。在风险防范中，如保险防灾防损活动和服务的内容相当丰富，从承保时的危险评估到承保后的安全检查，从受灾时的抢险救灾到灾后的原因查找和物质损失处理，都可以贯穿保险防灾防损工作内容。因此，要建立“政府支持、市场运作、协同推进”的灾害保险模式，全面提升保险业在灾害管理体系中的地位。同时，根据党中央提出的做好国家防灾减灾救灾体系建设的战略部署，要求保险业要发展成为服务国家治理体系和治理能力现代化的重要支撑的战略思想。为此，本书对灾害风险管理概念的界定为：国家综合灾害风险管理体系建设实质内容就是中国新型的灾害风险管理体系建设，而保险作为灾害风险管理体系中的重要组成部分，需要在应对各类传统和新型风险中有所作为的指导思想。

二、融入保险机制的灾害风险管理体系基本思想

在长期的灾害救助实践中，我国自然灾害的救灾与灾后重建等涉灾支出更多表现的是一种“举国体制”，这种巨灾救助和重建体系可以迅速集中各种资源和力量，并对突发事件进行灵活的处置。从历史和客观的视角看，灾害救助的“举国体制”能够集中力量办大事，充分发挥社会政治制度优势，符合我国国情，能够使公共资源和力量在抢险救灾和控制疫情中高效、快速、大规模地调动，加快了灾后重建和生产生活恢复，并最大限度地减少人员伤亡和财产损失，如 1998 年长江流域洪水、2008 年汶川地震和 2020 年的抗击疫情，充分显示了“举国体制”的优越性。但也会导致政府财政负担过重，面临财政支出压力。党的十九届四中全会明确提出，构建社会主义市场经济条件下关键核心技术攻关“新型举国体制”。这里“举国”不仅要举政府和财政之力，更多的是强调市场在资源配置中的作用，充分调动和发挥市场和社会成员的力量，尤其是要将保险这一市场化风险管理机制嵌入新型“举国”灾害治理体系中，充分释放保险在风险管理方面的专业优势，提升巨灾风险治理方面的总效率，推动巨灾风险治理体系的全面整合和重构，构建符合时代要求的“新型举国体制”，即新型灾害风险管理体系。

基于以上认识，并结合现阶段中国的社会经济发展状况和防灾减灾工程建设存在薄弱环节等，本书提出，新型灾害风险管理体系需要把握的是工程性防

灾减灾管理措施和财务性的风险转移与损失补偿机制下的灾害保险制度的有机结合，强调保险在灾害风险管理体系中的作用。融入保险的风险管理与保险保障机制的新型灾害风险管理体系建设，是充分利用市场机制（保险），将保险融入防灾减灾救灾相关国家战略，帮助政府解决风险治理，创新社会公共管理服务的体现。这有利于调动包括政府、市场和社会成员在内的多元主体参与，有效利用和调配政府与市场的各种资源，实现对灾害风险的全过程、多层次、多渠道、多手段管理。针对中国巨灾风险的国情和矛盾要害，我们需要基于联合国倡导的防灾减灾指引和中国政府关于灾害保险制度与自然灾害防治体系建设战略部署，将保险的风险管理机制与损失补偿机制融入国家自然灾害防治与防灾减灾救灾体系，使巨灾保险真正成为国家灾害风险管理体系中的重要组成部分。

三、融入保险机制的灾害风险管理体系框架构建和分析

（一）融入保险机制的灾害风险管理体系框架构建

新时代下城市面临的重大灾害系统性风险特征，以政府为主体的、着重灾后救助与灾害重建的城市灾害风险管理已不能适应维护现代城市公共安全与突发重大环境灾害要求，需要拓展政府、市场和社会多元参与的，涵盖防灾、减灾、救灾和灾后重建全过程的，工程性防御措施与财务性风险分散与化解机制，及其配套的保险风险管理服务相结合的全新的灾害风险管理体系。因此，本书结合系统科学、灾害学、保险学、风险管理和社会治理等理论，将保险机制嵌入灾害风险管理体系中，充分释放保险的风险分散与管理功能。创新性地提出新型灾害风险管理体系，如图 7-9 所示。

新型灾害风险管理体系体现了保险机制嵌入灾害风险管理体系需要采取政府和市场相结合的模式，将保险的市场化风险分散、风险管理以及损失补偿等功能嵌入灾害风险的预防、减灾救灾、应急管理、灾后救助与恢复重建各环节，重构灾害风险管理体系，形成政府主导、市场化运行、多层次分布、全社会参与的工程性防灾减灾机制与非工程性风险防范机制的结合，最终使保险的参与功能释放，实现风险分散的多元化，防灾减灾体系多元化，保险产品丰富化，风险认知、风险监测等增强的目的，全面提升全社会抵御灾害风险的综合防范能力。

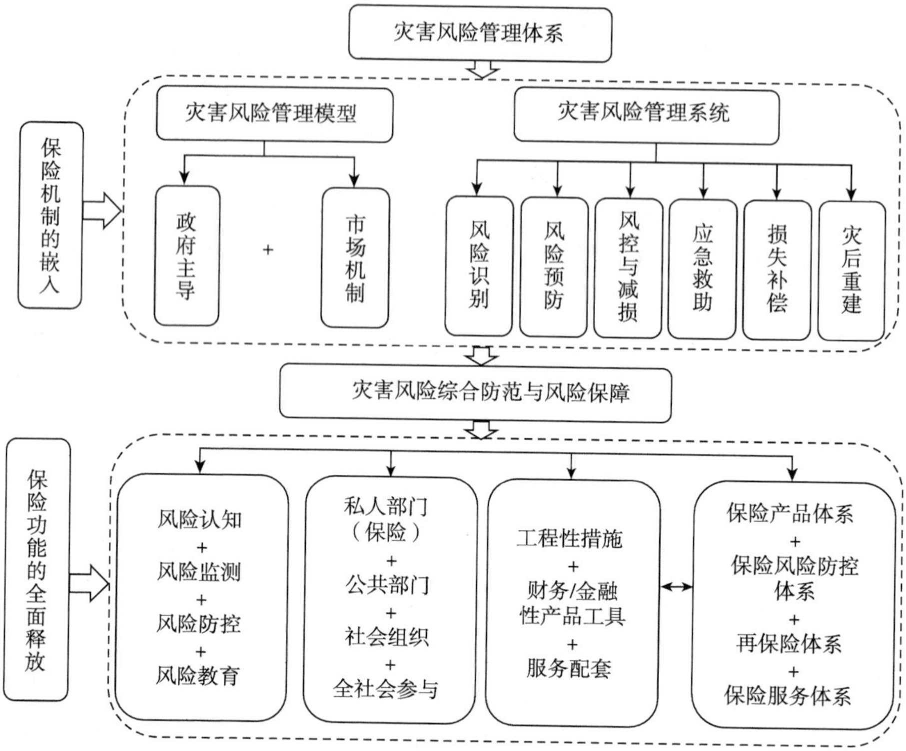

图 7-9　新型灾害风险管理体系

（二）新型灾害风险管理体系需要各方主体的共同参与

新型灾害风险管理体系需要各方主体的共同参与，具体来看，政府、保险公司和个人的职责主要体现在以下几个方面：

1. 政府。第一，协同各方力量，共同抵御灾害风险。新型灾害风险管理体系要求整合各方力量资源，共同抵御灾害风险。政府在不断推进社会、经济、政治和文化的建设中，应该协同整合灾害风险管理的各方资源，充分调动各参与方的积极性，实现资源利用效率和效益提高的共同目标，如采取充分发挥联合国的作用，加强区域减灾合作平台建设和加大提升灾害设防能力的投入等举措。第二，中国政府应当出台支持保险业发展的各项政策。一是政府应该认识到保险在补偿灾害损失以及在国家防灾减灾体系中分担灾害风险的重要性，将保险业的定位提高到国家发展战略层面，并树立保险可以参与社会治理的正确观念，改变过去灾害救助的“举国”模式，使保险这一市场化机制承担更多的损失补偿和灾后恢复重建责任。二是加大对保险业的支持力度。政府对保险业发展的支持可以体现在立法保障、税收优惠以及提高保险教育投资等方面。三是政府可以作为保险产品的购买者和保费补贴者，并提倡企业、社会组织以及居民家庭与个人通过购买保险提高自身保障能力，最终使保费支出成为社会各方经济体的必要支出，并促使保险成为国家灾害风险管理体系的重要组成部分。

2. 保险公司。首先，保险公司通过对灾害损失数据和理赔数据进行分析，可以发现灾害发生规律，并告知投保人存在较高风险的环节，并把提供风险预警服务作为降低灾害损失的重要职责。其次，保险公司通过风险防范检查，发现风险事故隐患，可以向投保人进行反馈，并予以防灾减损技术上的指导和帮助，达到风险防控的目的。例如，在企业财产保险方面，通过聘请专家和技术人员可以协助企业对可能存在的水灾、火灾等安全隐患进行整改，提供相应的技术支持，并为企业提供全面的风险管理方案。此外，还可以向投保企业提供气象灾害预警信息，并推动防洪预案的编制等。再次，通过其遍布全国的服务网点，保险公司可以为客户提供风险管理的网络支持服务；通过深入社区、事业机关单位以及企业等进行防灾减灾培训，防灾减损和应急知识宣传，普及避险技能和自救互助方法等方式，提升公众的防灾减损技能和意识。最后，保险公司可以迅速赶赴重大保险事故现场参与抢险救灾，协助处理残余物资并防止灾害的进一步蔓延。因此，保险公司通过为客户提供灾前预防、灾中应急和灾后恢复等全面的灾害风险管理服务，能够最大限度地降低客户损失。

3. 企业、事业单位和个人。第一，企业。企业在处置自身灾害风险时，应不断总结经验，提高应对灾害风险的能力。但企业面临处置风险专业性不足以及处置成本过高的问题，可能影响其正常的经营活动。为此，企业科学地识别和确定自身能够接受的风险、可控制的风险以及需要转移的风险，通过购买相关保险产品，将风险防范融入产品生产的各个环节，并作为基本生产成本，全面提高企业防范灾害风险的能力。第二，事业单位和个人。在事业单位层面，对从事防灾减灾相关研究工作的科研院所和高等院校，除了购买保险转移自身风险以及提高风险防范水平外，要深入研究灾害系统的复杂性，完善相关的预警和信息服务体系，实现防灾减灾技术开发方面的突破。例如，信息网络安全领域、高新技术、流行性疾病、环境污染等方面的风险研究，助力保险公司开发相关保险产品，诸如数据被窃保险、深空探测器故障保险、流行性疾病保险以及环境污染责任保险等产品，充分发挥保险在稳定社会发展与保护生产力方面的作用。在个人层面，个人要通过防灾减灾教育、应急培训和演练等渠道，掌握防灾减灾的基本常识和应急逃生的基本技能，还要积极购买各种灾害保险产品等举措，全面培育安全文化，提高个人灾害风险意识、防范灾害以及自救与互救的能力与水平。

（三）保险机制嵌入新型灾害风险管理过程分析

综合风险管理的功能体系是指备灾、应急、恢复重建等环境风险防范周期的三个环节。灾害风险管理的基本内容包括监测、预警、设防、救助、恢复和重建。其中，监测、预警和设防被一些学者统称为“备灾”，救助又被称为

“应急”。恢复和重建常常被认为是一体的工作。本书综合环境风险防范周期环节和灾害风险管理的内容，将备灾环节定义为监测、预警和设防三个灾前风险转移的安排过程，将救助称为“应急”。因此，新型灾害风险管理过程分为备灾、应急和恢复重建三个过程，保险机制嵌入灾害风险管理体系中，其在灾害风险管理过程中的功能释放主要体现在以下几个方面。

1. 备灾。首先，监测预警。保险不仅具有灾后损失补偿的功能，还具有风险监测预警的功能。保险业是长期经营风险的单位，积累了丰富的应对各种灾害风险的经验，可以在防范风险、减少损失方面发挥重大作用，是防灾减灾社会组织体系的重要组成部分。保险业主要通过以下几种方式发挥监测预警功能：第一，通过制定保险条款和保险限额来进行防灾减损。保险人可以通过设定保险合同条款的方式，达到防灾防损的目的。一是在保险条款设计方面，明确被保险人必须履行保证保险财产的安全的义务。二是在保险理赔方面，财产保险合同中规定，被保险人应尽可能采取措施对受灾财产进行抢救，防止灾害损失进一步扩大。三是保险合同中规定的费率优惠、免赔率等条款，都能提高被保险人的防灾减灾积极性。第二，保险公司提供防灾减损服务。保险公司是经营风险的专业单位，其风险管理部门可以运用相关的技术和设备，跟踪、监测保险标的的风险状况，研制各种防灾减损技术以及有关安全技术标准的制定等，能够把防灾防损技术与保险紧密、有效地结合起来。例如，有的保险公司制定了有关防灾防损工作方面的管理规定，实施防火、防洪以及防台等技术规范等。此外，保险公司通过与防灾减损科研机构、院校的合作，以及加强与消防、安监、气象、防汛等专业防灾减灾部门的通力合作，可以提高对灾害风险的认识、评估以及处置的科学性和准确性，提高资源使用效率和灾害风险管理能力。其次，设防。在公共安全方面，保险通过费率的价格引导作用和技术标准，可以提高我国基础设施和重大工程的设防水平。如因保险的介入，智利、新西兰这些国家的建筑物建筑标准非常严格，从而达到了降低人员伤亡和财产损失的目的。最后，风险转移的灾前和灾后安排。灾害风险的转移工具通常包括灾前和灾后两大类。灾前风险转移工具主要包括保险和再保险两种，辅以巨灾债券和金融衍生品；灾后风险转移工具主要包括政府财政救灾资金、国际援助、保险赔款以及社会捐赠等。但保险相较于其他风险管理手段，能够确保被保险人灾后获得快速、足够的资金进行恢复重建工作。另外，中国保险市场通过引入更多的中资、外资再保险公司，可以通过再保险的形式将原保险公司承保的巨灾风险得以在全球范围内进行分散，最终实现保险公司经营的稳健、可持续化。

2. 应急。保险不仅在实施科学防灾减灾以及构筑多方参与的灾害救助体系中发挥着不可替代的作用，还在灾害应急救助中起到了重要作用。在应急灾害救助中，保险可以充分发挥自身的网络优势，积极做好灾后理赔工作，保证了理赔资金快速到达灾民手中。此外，在美国、日本等发达国家，社会组织和志愿者成为应急灾害管理体系的重要组成部分。随着中国灾害风险管理体系的不断完善，社会组织、志愿者等社会力量正逐渐成为灾害救助的重要力量。社会组织和应急志愿者在参与应急救援工作时，政府除了保障他们的法律地位以及制定引导社会力量参与救灾的激励政策外，还应该为他们投保相关的保险，如人身意外伤害保险，确保社会组织成员和志愿者的人身安全。在保险保障体系下，助力政府初步形成“政府主导、多方参与、协调联动、共同应对”的多元化应急救助格局。

3. 恢复与重建。保险补偿资金的迅速到位，有助于灾后生产生活的快速恢复，减轻灾害风险社会对经济生活的负面冲击，促进社会经济生活平稳运行。虽然可以在较短的时间内获得财政救助资金，但一般来说，审批程序复杂，效率往往较低。在灾害发生的初期，国内外灾害救助经验表明，救灾资金的充足对防止灾害损失的蔓延和增加起到显著的积极作用，进而能够有效地阻断直接灾害损失造成的间接损失。此外，国际保险赔偿资金的流入，既能避免财政赤字的增加，又能刺激灾后经济的发展，对我国保险业的偿付能力产生的影响较小。

第四节　本章小结

本书对中国巨灾保险制度的设计，在承保灾因（开展巨灾保险类别）选择上，主要针对表 4-9 至表 4-11 对经济增长和各经济部门产生显著影响的自然灾害，主要设置单项巨灾保险产品（如干旱、洪水和地震）或综合巨灾保险产品。在保险标的选择上，主要针对表 4-15 至表 4-17 自然灾害对经济增长的影响路径，并结合“国计民生”的基本理念，主要选取农业、农村和城市住宅，以及人身伤亡为基本保障对象。在财政巨灾指数保险设计上以政府救灾支出和自然灾害交互项的显著为正，且自然灾害能够促进经济增长，作为开展政府财政巨灾指数保险的依据，即救灾支出的增加可以调节自然灾害对经济增长的影响。

为和实证分析顺序相呼应，本书首先就全国层面的巨灾保险制度设计进行介绍，然后分区域介绍巨灾保险制度设计。在巨灾保险制度设计的基础上，构建了融入保险机制的新型灾害风险管理体系，该体系需要采取政府和市场相结合的模式，将保险的市场化风险分散、风险管理以及损失补偿等功能嵌入灾害风险的预防、减灾救灾、应急管理、灾后救助与恢复重建各环节，重构灾害风险管理体系，形成政府主导、市场化运行、多层次分布、全社会参与的工程性防灾减灾机制与非工程性风险防范机制的结合，全面提升全社会抵御灾害风险的综合防范能力。

第八章　结论与相关建议

第一节　主要结论

一、关于自然灾害对经济增长的影响及影响机制的总结

本书采用系统 GMM 方法，考察了自然灾害对我国经济增长以及各经济部门农业、工业、服务业增长率的影响以及相应的影响路径。研究结果表明：第一，不同自然灾害对经济增长及各经济部门的影响不同，但对农业部门的影响最大。第二，东北地区和西部地区的经济增长对自然灾害更为敏感，受到影响的部门更多，影响程度更大。第三，自然灾害对经济增长的促进作用，主要是通过资本存量的增加。从救灾支出比例和自然灾害的交互项来看，各经济地区交互项的系数都为正。其中，全国、东北地区和西部地区交互项分别在 10%、5%和 1%水平上显著。这表明，政府救灾支出的增加能够在一定程度上提升全国、东北地区和西部地区自然灾害对经济增长的促进作用。

二、关于巨灾损失风险度量与纯保费估计总结

本书以地震灾害和洪水灾害损失数据为例，应用 Mixed Erlang-Pareto 组合分布对损失数据进行整体拟合，并通过组合 QQ 图、组合 PP 图和负对数 PP 图等诊断图，对 Mixed Erlang-Pareto 组合模型对地震损失数据进行整体拟合的适用性进行检验。以上研究结果表明：Mixed Erlang-Pareto 分布可以对地震和洪水巨灾损失数据进行有效的拟合；当参保率为 30%时，应用 Mixed Erlang-Pareto 分布计算地震巨灾纯保费时，人均保费为 40~43 元。同样地，本书应用同样的框架对洪水风险进行损失评估，结果表明全球人均保费为 2.9 美元。接着，本书以地震巨灾为例，根据我国 1990—2018 年的地震损失数据，通过构建地震巨灾救灾支出负担积累模型，预测了 2019—2026 年不同保险金额下政府财政救灾支出负担积累的变动情况，并以此检验保险对财政波动风险的平滑效果。当地震财政巨灾指数保险保额分别为 50 亿元、100 亿元、150 亿元和 200 亿元时，可以使财政救灾负担积累分别下降 0.0019%、0.0028%、0.0033% 和 0.0047%，并且 200 亿元保额基本上可以平滑财政救灾支出的波动性风险。

三、关于巨灾保险责任分担总结

本书依据中国 1990—2018 年 31 个省份省际面板数据建立 PVAR 模型，并结合脉冲响应图，重点考察自然灾害对财政支出和收入的动态影响，在此基础上度量了自然灾害的财政成本，主要得出以下几点结论：第一，PVAR 模型回归结果显示，从全国范围来看，平均每年自然灾害财政成本为 1.119%。从脉冲响应和累积脉冲响应结果来看，自然灾害对财政支出具有正向滞后影响，对财政收入具有负向滞后影响。第二，自然灾害财政成本具有区域异质性，东北、东部、中部和西部地区平均每年自然灾害财政成本分别为 0.89%、-2.63%、1.4%和 2.75%。第三，从经济增长的视角出发，政府救灾支出存在最优规模，全国层面的单一门槛值为 0.095%，各经济区域除东部地区外，东北、中部和西部地区均具有单一门槛值，政府救灾支出最优规模分别为 0.0903%、0.108%和 0.196%。由此可知，自然灾害财政成本远大于政府救灾支出最优规模。当巨灾保险责任分担额度界定为自然灾害财政成本和政府救灾支出最优规模两者的差额时，此时仅考虑保险作为灾前财政成本唯一的救灾资金融资工具时，巨灾保险责任分担额度占 GDP 的比重为 1.024%，东北、中部和西部地区占 GDP 的比重分别为 0.7997%、1.292%和 2.554%。

四、关于我国巨灾保险制度总结

本书对我国巨灾保险制度的设计，在承保灾因选择和开办险种类别的确定上，主要针对自然灾害对经济增长的影响和相应的影响路径，以及政府救灾支出在调节自然灾害对经济增长的影响基础上；在巨灾保险费率水平和风险分层承担额度，主要依据 Mixed Erlang-Pareto 组合分布对巨灾风险进行度量和巨灾风险纯保费估计；在巨灾保险基金规模和财政支出度量上，主要依据自然灾害财政成本和政府最优救灾支出确定，并以二者的差额界定巨灾保险责任分担额度，即放大财政资金的规模。在此基础上，结合“国计民生”的基本理念，主要选取农业、农村和城市住宅，以及人身伤亡为基本保障对象，基于重大自然灾害宏观经济影响对我国巨灾保险制度进行设计，具体为：在全国层面开展农业综合巨灾保险、单项干旱巨灾保险；在东北开展农业财政巨灾指数保险、干旱巨灾保险、洪水巨灾保险以及风雹巨灾保险；在农业政策保险中维持不变；在东部开展单项台风巨灾保险和单项干旱巨灾保险；在中部开展洪水巨灾保险和干旱巨灾保险；在西部开展财政巨灾指数保险、单项干旱巨灾保险、单项地震巨灾保险以及低温冷冻巨灾保险；在农业政策保险中维持不变。在巨灾保险制度设计的基础上，构建了融入保险机制的新型灾害风险管理体系。

第二节　相关建议

本书基于国家安全观的战略高度，从完善应急管理体系和平安中国建设对发展巨灾保险的迫切需要出发，研究与灾害风险管理体系有机融合的巨灾保险制度，以破解巨大的应急救灾和重建资金缺口与灾害管理体系中的巨灾保险保障机制缺位的难题，为落实、完善“十四五”时期的应急管理体系，发展巨灾保险，提高防灾减灾综合能力根本任务，提供决策依据。政府、保险公司和个人在保障巨灾保险制度运行和完善方面起着重大作用。为此，本书提出以下几点对策建议。

一、政府需要对巨灾保险制度的实施提供多元支持

（一）完善法律法规和监管体系，做好顶层设计

目前，我国尚缺乏完善的巨灾保险法律、法规和监管体系。以地震灾害为例，目前颁布的法律制度，对灾害救助资金的来源和使用管理等缺乏具体规定，难以为地震灾害救助资金的筹措和使用提供充分的法律保障。此外，我国尚未形成如《地震保险法》等地震灾害风险管理的专项立法。地震相关法律的实施细则和部门规章有待完善，而且现行的地震相关法律仅限于国家层面，各地方政府没有结合本地区所面临的特殊情况，制定与国家层面相衔接的地方性法律、法规。因此，为使巨灾保险在我国健康发展，首先需要政府提供必要的制度保证和监督，倡导建立覆盖全国、运转有效的巨灾保险制度。政府可以参照其他国家的相关立法，如《巨灾保险管理暂行条例》或《巨灾风险补偿法》及其实施细则，建立涵盖巨灾保险的定位、市场进出规则、业务范围、补贴政策、财税优惠政策、保险人的支持政策、投保人的利益保护政策、监管人的职责与权利、风险监管和控制等内容的法律、法规和监管体系。同时，政府在立法时，要注意立法的标准化和国际化，以便商业保险公司与国际风险市场顺利对接，着眼持久发展。此外，通过政策制定明确巨灾保险在国家巨灾管理中的作用和地位，提高到国家安全观的战略高度，明确巨灾保险对巨灾的风险分散作用和对经济稳步发展以及灾后重建的作用，将巨灾保险纳入国家防灾减灾工作内容中，做好顶层制度设计，统筹安排，防止在巨灾保险制度实施过程中出现碎片化的现象。

（二）制订针对性的防灾减灾规划，走循环经济发展道路

第一，对于各经济地区而言，要针对不同自然灾害类型对区域以及不同经济部门的增长的影响，制订更具针对性的防灾减灾规划，实现对各种自然灾害有效地预防和应对，尽可能减少灾害所带来的损失。具体地，如东北地区应加

强抗旱工程建设，东部地区提高抵御低温冷冻的能力以及西部地区应增强防御地震灾害的能力等；从自然灾害的影响路径来看，东北、中部和西部地区应防范风雹灾害对资本存量的影响，东部地区防范低温冷冻对资本存量的影响，以及台风灾害对全要素生产率的影响等。此外，可以增加全国的防洪设施和新技术的投入来降低洪水灾害对经济的影响。而对于中部和西部地区，可以通过提高教育质量，改善产业结构和人力资本水平以及应用新技术等举措提高对灾害风险的应对能力。

第二，由政府救灾支出和自然灾害的交互项系数为正可知，自然灾害短期内对全国、东北和西部地区的经济增长的促进作用可能正是政府救灾投资需求支出增加的拉动作用。总体来看，自然灾害对我国经济的促进作用，主要在于资本的积累。由此可推知，我国自然灾害的增长效应，可能更多的是由于政府救灾支出增加而引起的投资需求增加，进而带动了经济增长，促进短期的经济繁荣。这种情况主要存在于生产相对过剩、内需相对不足的经济社会中，在我国当前经济结构转型和经济下行压力大的背景下，这一手段不具有持续性。因此，我们在经济发展中应高度重视防灾减灾工作，强化自然资源保护和可持续性发展的理念，优化产业增长方式和布局，比如，鉴于农业对自然灾害的敏感度较高，应促进产业结构调整，降低农业在国内生产总值中的比重，提高其他产业在国内生产总值中的比重，从而使经济基础多元化，走循环经济发展道路，实现社会—经济—环境的可持续协调发展。

（三）建立多部门协作制度，完善巨灾损失数据库

本书根据数据资料的获取情况，计算了全国地震巨灾保险人均纯保费，潜在假定是全国各地区实行统一的保险费率。但我国地域广阔，不同地区的地震风险情况及经济发展水平表现出明显的差异性。此外，鉴于我国现有的自然灾害损失数据记录中有关每次洪水发生的经济损失记录较少，本书根据达特茅斯学院洪水气象台数据库，应用 Mixed Erlang-Pareto 组合模型对全球洪水损失数据进行整体拟合。虽然具体应用到我国洪水巨灾情况时，计算结果会有所出入，但在数据资料充分的情况下，完全可以将该组合模型应用到我国洪水损失数据，为开展洪水保险并制定准确合理的保费提供基础。因此，政府需要建立跨部门、多领域之间的有效协作机制，在保险公司、应急管理部门、住建部、国家防总和气象部门等主体之间搭建数据获取“绿色通道”，以形成基础数据分析、科研分析、风险管理、有效应对的完整减损减灾体系和风险管理体系，建立包括气象数据、巨灾数据、物价数据、农业亩产量等信息的统一数据平台，为巨灾保险产品的完善和研发提供数据支持。以地震巨灾保险为例，在获取充足的数据资料的情况下，根据各地区的地震风险损失特点、地区经济发展状况、财政补贴和税收支持政策等因素来进行风险区划，制定差异化的保险

费率，具有现实意义。进一步地，在获取与每次地震灾害损失密切相关的震级、烈度、震源深度等物理参数以及地震灾害损失、受灾人口、人口密度等宏观经济指标的条件下，可以应用本书构建的组合模型开发相应的地震巨灾指数保险产品，解决查勘、理赔难的问题。

（四）增强财政支持力度，将巨灾保险纳入政府预算中

增强财政支持力度应该从两方面着手，一方面，适当地提高巨灾保险的保费补贴水平，提高公众的购买力，扩大巨灾保险的覆盖面；同时，也能够使巨灾保险能够与其他保险产品进行公平竞争。另一方面，财政支持也体现在将巨灾保险纳入政策性保险的范畴，使巨灾保险享受中央财政补贴，也包括在合理范围内尽可能地提高补贴额度，增大巨灾保险的保障水平。此外，也可将巨灾保险纳入政府预算中。本书研究表明，政府通过购买巨灾财政指数保险，替代自身灾害救助与灾后重建支出，可以平滑财政救灾支出的波动风险。由此可知，政府购买巨灾财政指数保险有一定的必要性。政府可将购买地震巨灾财政指数保险的资金纳入财政预算范畴，作为财政收支预算体系的重要组成部分，不但可平滑由于自然灾害发生而被动调整的财政预算，而且可加强预算的严肃性和稳定性，提高财政预算绩效。此外，针对设计的财政巨灾指数保险产品，可以先行试点，在相关试点地区用预备费购买巨灾保险，在此基础上对该保险产品进行进一步推广。一方面，一旦发生重大自然灾害，则由保险资金对自然灾害中造成的损失以及灾后重建进行对口的、对应度较高的资金支持。另一方面，在保险市场较为发达的地区以及自然灾害频发的地区进行一些先行的尝试，这并不影响预算整体结构，又能够得到一些预期的经验和教训。

（五）建立应急财政准备金或自然灾害基金制度

PVAR 模型回归以及脉冲响应和累积脉冲响应结果表明，从全国范围来看，自然灾害在前两年使财政支出增加，在灾后当年使财政收入减少。因此，收入的减少和救灾支出的增加，是影响中国财政收支平衡的一个不容忽略的因素。为此，针对中等强度、频繁发生的自然灾害，我国可以建立应急财政准备金制度；针对高强度、频繁发生的自然灾害，可以建立专项自然灾害基金制度。因地制宜搭建自然灾害财政成本风险分散管理框架。由 PVAR 模型回归结果可知，自然灾害财政成本存在区域异质性。这就需要各经济区域因地制宜的搭建自然灾害财政成本融资工具框架。例如，东部地区基本上属于自然灾害财政成本较低范畴，参照图 6-3，应对自然灾害的手段可以以应急财政准备金和调整预算为主，以自然灾害基金为辅；东北部、中部和西部地区基本上属于自然灾害财政成本较高范畴，应对自然灾害的手段可以以自然灾害专项基金为主，辅以补充预算和重新分配预算支出优先级。

二、保险公司要提高供给巨灾保险的积极性

（一）不断推进巨灾保险产品创新，提高产品设计的科学性

在本书分区域设计巨灾保险制度的基础上，主要依据“保基本、广覆盖”的原则，选择农业产业、居民住宅、人身伤亡等为承保对象，保险公司可以根据各区域和各省份灾害风险特点、经济发展水平、需求情况等，在政策支持、数据可得的条件下，一方面着力推广本书设计的巨灾保险产品，并适当提高灾害风险多发区的保障范围和水平；另一方面逐步推进创新型、特色型巨灾保险产品的发展，构建涵盖各类灾害风险责任的全面的风险保障体系。同时，产品创新需要立足于我国巨灾保险产品市场的实际需求，并使保险合同的内容和流程尽可能简化，做好出险后的理赔服务，提高巨灾保险产品的可接受性。此外，保险机构要认清自身定位和承担的社会责任，积极争取政府及相关职能部门对巨灾保险项目的支持。在充分的市场调研基础上，不断提高巨灾保险产品研发的积极性，建立损失数据库和合理科学的损失模型，合理设计产品赔付标准和定价标准，提高产品设计的科学性。

（二）做好巨灾保险再保险，完善巨灾风险分散机制

巨灾保险具有高风险聚集性，一旦达到触发机制就会引发大量赔款。在国际上，分散巨灾保险风险的主要手段是再保险机制。建议保险公司对接国际再保险市场，根据自身偿付能力承担一定比例风险责任，同时，积极参与国际再保险市场对巨灾管理的研究课题，及时吸收国际先进经验完善我国巨灾保险机制。还可以研究开发巨灾债券、巨灾期权等适合资本市场特点的非传统风险转移证券化产品，作为再保险风险分散机制的补充，使资本市场对巨灾保险的风险分散和支持作用可以充分发挥。最终实现将具备风险管理与保险保障功能的巨灾保险机制嵌入灾害防治、减灾救灾、应急管理、灾后救助与恢复重建各环节，建设政府引导、市场化运行、巨灾风险的多层次分散和全社会参与的巨灾保险制度，使工程性防灾减灾机制与非工程性、市场化的防范化解巨灾风险的保险机制的有机结合，构建新型灾害风险管理体系，有效提升我国应对各种巨灾风险的防治能力和重大灾害下经济运行韧性。

三、提高消费者的投保意识

自然灾害影响最大的经济部门是农业部门，为此，本书设计的巨灾保险产品大多针对农业生产。但是对于农户而言，个人支付能力可能较弱，风险观念不强，对保险产品认识可能不足，投保意识较低，这会影响巨灾保险产品的销售和巨灾保险市场的拓展。这一方面需要保险公司积极地对消费者特别是农户进行支付意愿调研，并广泛地对巨灾保险产品进行宣传；另一方面需要政府提

高对贫困地区农户保费的补贴力度，并加强对农村干部和技术人员的培训，普及相关巨灾保险知识，切实让广大消费者了解巨灾保险在补偿自身经济损失、保障个人利益方面的作用，进而提高巨灾保险的参保率，推动巨灾保险的有效实施。

参考文献

[1] 保罗·安东尼·萨缪尔森．经济学［M］．北京：中国发展出版社，2006.

[2] 白俊红，刘宇英．对外直接投资能否改善中国的资源错配［J］．中国工业经济，2018（1）：60-78.

[3] 陈华，赵俊燕．巨灾保险体系构建研究：一个国际比较的视角［J］．金融理论与实践，2008（9）：76-81.

[4] 冯俏彬．应急财政——基于自然灾害的资金保障体系研究［M］．北京：经济科学出版社，2011.

[5] 郭显光．救灾支出分配模型及应用［J］．数量经济技术经济研究，1998（12）：3-5.

[6] 郝军章，崔玉杰．基于POT模型的巨灾风险度量与保险模式研究——以地震风险为例［J］．数理统计与管理，2016（1）：132-141.

[7] 姜瑞华，郭跃．我国巨灾的基本特征及管理制度设计的探讨［J］．沈阳师范大学学报（自然科学版），2009，27（1）：124-128.

[8] 贾美芹．略论我国自然灾害对宏观经济增长的影响——基于内生经济增长理论视角［J］．经济问题，2013（8）：54-57+82.

[9] 景鹏，郑伟．国有资本划转养老保险基金与劳动力长期供给［J］．经济研究，2019，54（6）：55-71.

[10] 贾俊雪，郭庆旺．财政规则、经济增长与政府债务规模［J］．世界经济，2011，34（1）：73-92.

[11] 李云仙，董志伟，钱振伟．基于混合模型对地震巨灾风险的分析［J］．数理统计与管理，2017（4）：571-580.

[12] 赵黎明，王忠．基于ARIMA模型的我国自然灾害救助支出研究（1978—2007）［J］．天津大学学报（社会科学版），2010（3）：193-196.

[13] 李洪，程锋，全小庆，等．保险资金在我国应急管理体系中的作用及地位重塑［J］．宏观经济研究，2010（10）：64-70.

[14] 雷晓康．责任保险：政府应急管理成本的有效分担［J］．理论学刊，2018（5）：40-47.

[15] 刘易斯．经济增长理论［M］．上海：上海三联书店，1994.

[16] 刘智勇，李海峥，等. 人力资本结构高级化与经济增长——兼论东中西部地区差距的形成和缩小 [J]. 经济研究，2018 (3)：50-63.

[17] 林向洋，郑通彦，等. 2017 年中国大陆地震灾害损失评述 [J]. 防灾减灾科技学院学报，2018，20 (3)：52-58.

[18] 李全. 指数保险撬动财政救助的中国实践 [J]. 农经，2018 (12)：34-36.

[19] 孙伟，牛津津. 关于我国地震灾害损失分布函数的研究 [J]. 统计与决策，2008 (13)：4-5.

[20] 邵腾伟，冉光和. 基于 POT-GPD 损失分布的农业自然灾害 VaR 估算 [J]. 统计研究，2011 (7)：79-84.

[21] 沈蕾. 美国的巨灾保险制度及其启示 [J]. 华东经济管理，2008 (9)：145-149.

[22] 孙开. 应急财政资金的保障机制与制度化管理研究 [J]. 财贸经济，2013 (3)：13-20.

[23] 史培军，汪明，胡小兵，等. 社会—生态系统综合风险防范的凝聚力模式 [J]. 地理学报，2014，69 (6)：863-876.

[24] 史培军. 论综合风险防范体系中的保险功用 [J]. 保险研究，2014 (11)：7-12.

[25] 史培军，袁艺. 重特大自然灾害综合评估 [J]. 地理科学进展，2014，33 (9)：1145-1151.

[26] 田玲，姚鹏. 我国巨灾保险基金规模研究——以地震风险为例 [J]. 保险研究，2013 (4)：13-21.

[27] 田玲，吴亚玲，沈祥成. 基于 CVaR 的地震巨灾保险基金规模测算 [J]. 经济评论，2016 (4)：141-150.

[28] 田玲，彭菁翌，王正文. 承保能力最大化条件下我国巨灾保险基金规模测算 [J]. 保险研究，2013 (11)：24-31.

[29] 田玲，高俊. 灾害风险、福利损失与政府最优救助计划 [J]. 经济管理，2012 (1)：173-181.

[30] 王艺明，陈美兰，王晓. 自然灾害对长期经济增长的影响 [J]. 经济管理，2008 (Z1)：144-150.

[31] 吴先华，顾炯，郭际. 自然灾害阻碍了经济增长吗——来自中国和 OECD 国家的实证研究 [J]. 江海学刊，2014 (1)：92-98.

[32] 魏钢，焦洁. 财政治理结构与巨灾保险 [J]. 金融博览，2017 (7)：58-59.

[33] 王和. 2010 年我国财产保险市场综述 [J]. 中国保险，2011 (2)：

10-15.

[34] 吴吉东，等. 自然灾害经济影响评估理论与实践 [M]. 北京：科学出版社，2018.

[35] 王华. 中国 GDP 数据修订与全要素生产率测算：1952—2015 [J]. 经济学动态，2018 (8)：39-53.

[36] 韦倩，王安，王杰. 中国沿海地区的崛起：市场的力量 [J]. 经济研究，2014，49 (8)：170-183.

[37] 王和，王银成. 中国地震保险研究 [M]. 北京：中国金融出版社，2013.

[38] 王和. "新型举国体制"下巨灾保险新出发 [J]. 清华金融评论，2020 (5)：85-89.

[39] 解强. 极值理论在巨灾损失拟合中的应用 [J]. 金融发展研究，2008 (7)：68-71.

[40] 肖海清，孟生旺. 极值理论及其在巨灾再保险定价中的应用 [J]. 数理统计与管理，2013 (2)：240-246.

[41] 谢家智. 我国自然灾害损失补偿机制研究 [J]. 自然灾害学报，2004 (4)：28-32.

[42] 许飞琼. 保险业在国家（地区）防灾减灾中的战略定位与发展 [J]. 教学与研究，2012 (6)：22-29.

[43] 许闲，张涵博. 财政波动风险与保险平滑机制：以地震灾害救助为例 [J]. 财经研究，2016 (5)：28-42.

[44] 杨萍. 自然灾害对经济增长的影响——基于跨国数据的实证分析 [J]. 财政研究，2012 (12)：49-52.

[45] 姚先国，张海峰，等. 教育、人力资本与地区经济差异 [J]. 经济研究，2008 (5)：47-57.

[46] 余泳泽. 中国省际全要素生产率动态空间收敛性研究 [J]. 世界经济，2015 (10)：30-55.

[47] 严成樑. 延迟退休、财政支出结构调整与养老金替代率 [J]. 金融研究，2017 (9)：51-66.

[48] 卓志，丁元昊. 巨灾风险：可保性与可负担性 [J]. 统计研究，2011，28 (9)：74-79.

[49] 周贺君，金燕生. 巨灾债券的一种定价模型 [J]. 数学理论，2009 (11)：44-45.

[50] 卓志，王伟哲. 巨灾风险厚尾分布：POT 模型及其应用 [J]. 保险研究，2011 (8)：15-19.

致谢

2016年9月16日，我正式成为南开大学2016级保险学专业的博士研究生。可能是由于硕士研究生期间发表了几篇小论文，抑或是从小学开始，便对写作充满了浓厚的兴趣，对于博士期间的论文写作，我是充满信心的，但却完全不知道我需要面临太多困难。值得庆幸的是，自己坚持了下来，5年南开学习生活，这里需要感谢太多陪伴、指导和鼓励我的家人、老师、同学、师兄、师妹……

首先，感谢我的博士研究生导师刘玮教授5年前接收了我，有幸成为南开大学保险学专业的博士研究生，开启了南开大学值得怀念的博士求学生涯；感谢老师对我博士论文选题、论文框架的搭建，以及论文写作的悉心指导，在论文写作过程中，老师提出了太多建设性的修改意见，犹记得老师为了指导我的论文修改，很晚才回家，而那天也是老师孩子的生日，感觉特别愧疚。此外，刘玮老师的博闻强识、豁达的胸襟、锐意进取以及精益求精的精神深深地鞭策着我，也为我今后从事教学、科研工作树立了最好的榜样！还要感谢我博士生涯中传授我知识，给予我帮助的各位授课老师，包括张连增老师、江生忠老师、陈孝伟老师。

其次，在南开大学博士生涯中，得到了很多师兄、师姐、师弟、师妹的帮助。秦小静师姐在我最痛苦的日子里陪伴了我两个月；刘佳师兄总是在我遇到困难的时候鼓励我，并给予我择业方面的指导；马玉秀师姐，在论文选题、论文框架的构建上提出了许多宝贵的意见；沈雨欣师妹、李真师妹、杨玉涵师妹在生活上给予了我太多的关照，和她们在一起，总能感到快乐，缓解了我学习上的压力；梁玉双师妹、朱芷昕师妹在我后期找工作过程中关于面试的仪表仪态、PPT制作和展示方面给予了我很多指导。

再次，感谢我在南开求学期间有幸认识、值得我学习的同学。王缔同学在R语言软件的学习中帮助了我很多，并给予了我很多数学推理方面的指导；张瀚文同学在我论文写作和投稿时，不厌其烦地帮着我修改论文，且在投稿期刊选择方面也提出了许多建议；陈蒨同学在我计量软件学习方面，给予了我悉心指导！此外，还有娄敏同学、黄志国同学等，有幸相识、相知，他们给予了我太多的帮助，为我求学生涯增添了太多的快乐，是我今后生活一笔宝贵的友谊财富！

最后，感谢我的父母一直以来对我的支持，是他们“面朝黄土背朝天”的辛勤耕耘，对我的学业提供了物质上的保障，使我可以安心完成学业。父母精神的鼓励，始终是我坚持不懈最重要的动力！无论他们劳作多么的辛苦，只要我打电话，他们总是耐心地倾听我，并给予我最温暖的慰藉，暖透心扉！还要感谢孙启平同学，陪伴我渡过了艰难的2018年至2020年！

郭　静

2021年5月于金融学院341室